Revista
DEL COLEGIO DE ABOGADOS DE PUERTO RICO

2009

FUNDADA EL 1RO DE ENERO DE 1914

COMISIÓN EDITORIAL	PRESIDENTE
	Lcdo. Luis Rafael Rivera Rivera
	EDITOR
	Lcdo. Carlos C. Gil Ayala
	OTROS MIEMBROS
	Lcdo. Roberto A. Fernández Quiles
	Lcda. Érika Fontánez Torres
	Lcdo. José Ariel Nazario
	Lcdo. Daniel Nina
	Lcdo. René Pinto Lugo
	Lcdo. Marcos Ramírez Lavandero
	Lcdo. Héctor Serrano Mangual
	Lcda. Carmen Edith Torres
	Lcdo. Ignacio Vidal Cerra

La REVISTA DEL COLEGIO DE ABOGADOS de Puerto Rico es publicada por el Colegio de Abogados, cada tres meses en la Avenida Ponce de León Número 808, Santurce, Puerto Rico 00907. Toda correspondencia relacionada con la Revista debe ser dirigida al Editor, Cond. El Centro II, 500 Muñoz Rivera Ste. 1002, San Juan, PR 00918; e-mail: carlosgil@prtc.net. La Revista no se solidariza, necesariamente, con las opiniones emitidas por los colaboradores; ni es responsable de su contenido. El Colegio de Abogados no se solidariza, necesariamente, con las opiniones publicadas.

The REVISTA DEL COLEGIO DE ABOGADOS is published quarterly at the Colegio de Abogados de Puerto Rico, Ponce de León Ave. 808, Santurce, Puerto Rico, 00907. Subscription price for members is $15.00; other individual subscription $30.00 per year; absent timely notice of termination, subscriptions are automatically renewed upon expiration. Individual issues cost $10.00 and back issues $8.00.

POSTMASTER: Send address changes to REVISTA DEL COLEGIO DE ABOGADOS DE PUERTO RICO. P.O. Box 9021900, Old San Juan, San Juan, P.R. 00902-1900.

COLEGIO DE ABOGADOS DE PUERTO RICO
JUNTA DE GOBIERNO 2008-2010

PRESIDENTE
Lcdo. Arturo Hernández González

PRIMER VICEPRESIDENTE
Lcdo. Rafael García López

SEGUNDO VICEPRESIDENTE
Lcdo. Edgardo Hernández Vélez

TESORERO
Lcdo. Héctor Sostre Narváez

SUBTESORERO
Lcdo. Heriberto Martínez Madera

SECRETARIA
Lcda. Evelyn González Vargas

SUBSECRETARIA
Lcda. Liudmila Ortiz Marrero

VOCALES
Lcdo. Gabriel Rubio Castro
Lcdo. José Dávila Borrero
Lcda. Ivonne Lozada Rosas
Lcda. María Consuelo Sáez Burgos

MIEMBRO EX-OFICIO
Lcdo. Julio Fontanet Maldonado

DIRECTOR EJECUTIVO
Lcdo. José M. Montalvo Trías

CONSEJO DE PRESIDENTES
Lcdo. Arturo Negrón García
Lcdo. José Raúl Cancio
Lcdo. Rodolfo Cruz Contreras
Lcdo. Abrahán Díaz González
Lcda. Nora L. Rodríguez Matías
Lcdo. Graciany Miranda Marchand
Lcdo. Noel Colón Martínez
Lcdo. Ángel L. Tapia Flores
Lcdo. William Fred Santiago
Lcdo. Luis F. Camacho
Lcdo. José M. Sagardía Pérez
Lcdo. Carlos R. Noriega Rodríguez
Lcdo. Harry Anduze Montaño
Lcdo. Manuel F. Arraiza Reyes
Lcdo. Eduardo Villanueva Muñoz
Lcdo. Jaime Ruberté Santiago
Lcdo. Arturo Luis Dávila Toro
Lcdo. Carlos Mondríguez Torres
Lcdo. Julio Fontanet Maldonado
Lcda. Celina Romany Siaca

DELEGADOS
Lcdo. Nelson Soto Cardona
Lcdo. José M. Pérez Villanueva
Lcdo. Francisco Ortiz Bonilla
Lcdo. Rafael Pérez Cintrón
Lcdo. Jaime Bonel González Maldonado
Lcdo. Manuel Torres Delgado
Lcdo. Ramón Rivera Grau
Lcdo. Edwin Castro Fontanez
Lcdo. Julio C. Torres Morales
Lcdo. Abigail Feliciano Gómez
Lcdo. José Osvaldo Cotto Luna
Lcdo. Jesús Jiménez
Lcdo. Luis Ortiz Carrasquillo
Lcdo. Nelson Torres
Lcdo. Miguel Montalvo Delgado
Lcdo. Evelyn García López
Lcdo. Julián Claudio Gotay
Lcdo. Julio López Keelan
Lcdo. Luis Russi Dilán
Lcdo. Gumersindo Colón Hernández
Lcdo. Mario Mercado Galarza
Lcdo. Abid Quiñones Portalatín

ÍNDICE

001   A Don Gilberto
       Nota Editorial

005   Apuntes para un anecdotario con mi padre
       Gilberto Concepción Suárez

027   Gilberto Concepción de Gracia: Los orígenes del Partido Independentista Puertorriqueño
       Amalia Alsina Orozco

049   El Colegio, Gilberto y el 65 de Infantería
       Carlos Mondríguez Torres

085   Gilberto Concepción de Gracia y los inicios de la era de la descolonización
       Aarón Gamaliel Ramos

121   Gilberto Concepción de Gracia ante la amarga azúcar y la agridulce industrialización
       Francisco Catalá Oliveras

141   Nacionalidad, ciudadanía y nacionalidad dual: La experiencia de Estados Unidos y México y su relevancia para Puerto Rico
       Rubén Berríos Martínez

A don Gilberto

NOTA EDITORIAL

No es posible, en este 2009, que el Colegio de Abogados de Puerto Rico quede al margen del centenario de Gilberto Concepción de Gracia. En esta hora signada por la adversidad, recordamos a don Gilberto, y su ejemplo anima y fortalece nuestro espíritu, individual y colectivamente. De lo mucho que se ha dicho, hay que decir y se dirá de este distinguido colega, este volumen recoge una pequeña muestra de su vida y obra, así como de lo que éstas han inspirado.

Así, a través de los ojos de su hijo, nos asomamos al Gilberto hombre de familia, dando cátedra amorosa de patriotismo y pulcritud moral a cada paso, en una vida de estrecheces, acortada por la enfermedad, pero amplia y honda en significados, y fructífera como pocas.

De esos frutos se destaca la fundación de un partido político que recoge el anhelo libertario de los puertorriqueños, y, de esa gesta, una estudiosa de su obra nos pone en antecedentes.

Del Gilberto abogado, un ex Presidente de este Colegio nos revela una página poco conocida: su brillante defensa de los soldados injustamente acusados por acciones en la guerra de Corea, tanto en el foro militar como en el legislativo insular.

En ese foro legislativo, parte de sus luchas por la justicia social y de orden económico queda recogida en el aporte de un destacado economista, quien puntualiza el entendimiento del Gilberto legislador de las fuerzas económicas, así como su previsión de las consecuencias funestas de las políticas que se adoptaban hace más de medio siglo.

Acerca de la escena internacional, donde también se distinguió llevando el reclamo de libertad para su patria, un profesor universitario coloca esa gestión descolonizadora en el contexto geopolítico de la época.

Y, como homenaje a esa vida de «valor y sacrificio», el actual presidente del partido fundado por Gilberto Concepción de Gracia, le dedica un esclarecedor ensayo sobre los conceptos de nacionalidad, ciudadanía y ciudadanía dual, de particular relevancia en la discusión del rumbo futuro de nuestra descolonización.

A don Gilberto, con admiración y respeto.

Alberto Medina Carrero
Editor por invitación

Apuntes para un anecdotario con mi padre

Gilberto Concepción Suárez

*Para Pablo Ortiz Ramos,
por su constante estímulo*

Si consideramos que mi hijo menor —de cuatro que tengo— se acerca a los treinta y ocho años, fue muy duro perder a mi padre cuando yo tenía veinticuatro. Aquel hombre con el que realmente nunca viví, pero que estuvo presente cada minuto, era más que nada un amigo, un compañero, un guía benévolo que jamás perdía la paciencia, usaba el grito para acallar o levantaba el puño para imponer criterios. Tenía mucho sentido del humor, pero lo ejercía en la intimidad, con la familia y con los amigos más cercanos. Apenas le escuché lo que entonces era considerada una palabrota más de tres o cuatro veces, nunca dirigida a mí o a mi hermana, y lo más lejos que llegaba en la violencia era a enseñarnos su correa de cuero y pedirnos que la oliéramos para comprobar de qué estaba hecha e imaginar lo doloroso que sería si la aplicaban a nuestras infantiles nalgas.

En eso del sentido del humor y los chistes jamás podré olvidar el día que se molestó con Ernesto Ramos Antonini porque hizo unos comentarios que él consideraba inapropiados delante de mí, que era todavía un niño, aunque no lo entendí hasta muchos años después. Tampoco olvidaré su contestación a la pregunta airada de mi hermana Alma: «¿Por qué te casaste con Abigaíl, si es prima de mi mamá?». Sin titubeo alguno le ripostó: «Porque tu familia me gusta mucho.»

Con mi padre aprendí tantas cosas que es imposible enumerarlas, pero es posible recordar algunas historias que revelan su carácter, sus compromisos y su total respeto a lo que es el amor a todo lo creado, tangible o intangible. Aprendí a amar la independencia nacional, la libertad per-sonal, la vida democrática y la paz. También la música, el arte, la danza, la literatura y hasta el béisbol. Por él fui abogado y por él supe que el dinero y los bienes materiales son solo un medio.

Hemos iniciado la escritura de algunos momentos significativos, grabados en la memoria que, por fortuna, parafraseando a García Márquez, cuando es la del corazón magnifica los buenos momentos y elimina los malos. Por supuesto, en mi caso sé que mi memoria no ha podido borrar lo que no ocurrió.

Tomando prestada la descripción a Juan Antonio Co-rretjer, para empezar, diré que mi padre estaba hecho de acero y de miel.

Mucho antes de tener hijos, sabía en mi corazón de mi hijo varón que llegaría y que tenía nombre. Diez o doce años antes de nacer, ya se llamaba Carlos, por razones ligadas a mi abuela Amparo y también porque no quería que se llamara Gilberto, para que los afectos y desafectos en su vida no fueran, en gran medida, herencia indebida de su padre o de su abuelo.

Se lo dije a mi padre un día, y él me preguntó: «¿No me quieres, al punto que no quieres que tu hijo lleve mi nombre? ¿Tanto te molesta mi cercanía que no quisieras llamarte como yo?».

Le contesté que se equivocaba, que no me había enten-dido, que solamente quería darle más espacio a mi hijo para ser él, por sus propios méritos o deméritos, sin condiciones. A él le quería tanto, le respetaba tanto, le admiraba tanto, que, si no hubiera sido mi padre, le preguntaría a Dios todos los días por qué no me había dado uno como él.

En verdad, si he sido para mis hijos apenas la mitad de lo que fue él para mí, me moriría contento en cualquier instante de lo que me quede por vivir de lo que se perfila ya como una larga vida. Después de todo, ya he vivido siete años más que mi padre.

Mi infancia, desde el punto de vista de mi relación con mi papá, fue muy difícil como curso preparatorio, pero eso yo no habría de saberlo hasta casi dos décadas más tarde. Mi padre era de una nobleza tal, de una reciedumbre tal, de una honradez tal, de unos compromisos tales, de unos afectos tales, de una lealtad tal, de unos conocimientos tales y de una sencillez tal, que impregnó mi existencia toda e involuntariamente me hizo creer que la vida y la gente eran así. El día que descubrí que él estaba tan por encima del resto de los mortales me llevé un susto des-agradable que casi medio siglo más tarde no me he podido quitar.

Todo lo hasta aquí reseñado se puede examinar desde lo que constituye un interminable anecdotario personal im-posible de plasmar en un escrito, aunque reseñable breve-mente como una especie de botón de muestra.

Era el año de 1948. Hacía unos meses que había cum-plido cuatro años y estábamos en el inicio de la campaña electoral. Mi papá tenía que entregar unos documentos en el comité del recién fundado Partido Independentista Puertorriqueño en San Juan, y yo iba con él. Estacionó el automóvil de dos puertas a un costado de la calle y se bajó. Yo permanecí en la parte de atrás del auto-móvil y casi inmediatamente se acercó un camión de recogido de basura que no cabía entre los automóviles estacionados, uno de los cuales era el que conducía mi padre. Uno de los empleados de limpieza se bajó refunfuñando en voz alta, abrió la puerta del automóvil, lo puso en neutro, soltó la emergencia y lo empujó por la cuesta.

A los pocos segundos de ese acto criminal, mi papá, mientras le decía cosas al empleado de la limpieza, corrió calle abajo más veloz que el automóvil, abrió la puerta, se montó y logró detenerlo antes de que se produjera la gran colisión.

Evidentemente, podía llamar a la policía pero no lo hizo. Optó por aleccionar al basurero y hacerlo reflexionar sobre la impruden-cia de su acto, exageradamente mayor que la pequeña ilegalidad de detener el poco tránsito por un momento.

A los cuatro años, yo no sabía bien qué había ocurrido ni cómo había ocurrido, pero sabía que mi héroe y salvador, que me daba vida por segunda vez, era mi padre. Más de veinte años más tarde, tuve otra experiencia vehicular, esta vez siendo yo el conductor, que me habría de evidenciar el carácter de aquel hombre que otra vez pondría en peligro mi vida pero se constituiría en mi salvador. Pero, de eso podemos hablar más adelante.

La situación económica no era muy buena. Un bocadillo en la escuela costaba diez centavos y un jugo o un refresco otros diez. Eso, potencialmente, tenía un impacto económico de un dólar de lunes a viernes. Teníamos el vicio del cine, que hasta hace muy poco no sabía que era heredado de mi padre y de mi madre, que podía representar veinticinco centavos por película y el vicio de la lectura que también representaba cincuenta centavos o más por libro.

Algunos asuntos los tenía resueltos. Abría cajas y aco-modaba libros en la Librería Minerva, a cambio de libros, y vendía chocolates, gomitas y cigarrillos para comprar bole-tos de entrada a los cines Metro, Paramount o Venus, que después se llamaría Ambassador, antes de que desarrollara la técnica de fabricar mis propios boletos.

Sin embargo, siempre había un déficit que se resolvía con el dólar semanal que me daba mi papá los sábados o la centavería que me podía dar abuela Amparo en pago de la recogida de flores y helechos por el vecindario para la pre-paración de coronas de muertos y ramos de novias que ella confeccionaba. Dentro de todo, tenía también que ahorrar para comprar algunas cosas especiales o para enviarle a mi mamá en fechas importantes, que estudiaba en Nueva York. Mis dulces y chocolates me los ganaba haciendo mandados en el colmado de don Goyo. (Don Gregorio Cortés, que había tenido la ocurrencia de nombrar Hernán a su hijo.)

Esto se está haciendo muy largo. El cuento es muy sen-cillo. Tenía mucho coraje con mi papá porque no me había ido a buscar un día, y el próximo sábado que estuve con él, al despedirnos, rechacé el dinero que me ofrecía. El insistió en que lo tomara y contra mi negativa me aleccionó. «Aga-rra el peso, hijo mío», me dijo, «y sigue con coraje conmigo. Si no lo haces, te habrás castigado a ti mismo en lugar de castigarme a mí. Si lo tomas, tú eres un dólar más rico y yo un dólar más pobre.»

Aprendí la lección, agarré mi dólar y reconozco que se me quitó el coraje.

Todos los sábados Alma y yo salíamos con mi papá. Casi siempre íbamos a almorzar y generalmente lo hacíamos en el restaurante El Nilo o en la casa de la abuela Carmela, que a mí me hacía el mejor arroz con tocino que me he comido en la vida. A veces también íbamos al Club Esquife, el restaurante de Suazo, en la laguna San José, a comer pollo que allí le llamaban chicken in the basket, frito y servido en una canastita.

A través de todo el restaurante colgaban de las paredes pequeñas cajas con discos que eran miniaturas de lo que popularmente se llamaban velloneras. Esas máquinas habían adquirido su nombre puertorriqueño porque se operaban depositando una moneda de cinco centavos que en la mayor parte del país llamábamos vellón. Se depositaba esa moneda y se marcaba una pieza musical. Si se depositaba una moneda de veinticinco centavos, a la que llamábamos peseta, se podían marcar seis discos.

Estaba de moda entonces el más popular de los cantantes puertorriqueños, de nombre Felipe Rodríguez, conocido como «La Voz» y que había hecho fama como integrante de dúos, tríos y cuartetos y también como solista. Algunas de sus grabaciones habían tenido un éxito extraordinario, encabezadas por el tango «La última copa». Pero en el corazón de mi papá la grabación más importante y hermosa de «La Voz» era una canción del compositor mexicano Guty Cárdenas llamada «Golondrina viajera». Cuando a mi papá le gustaba algo, le gustaba de verdad y el gen de esa característica era tan fuerte que se manifestaba ampliamente y se transmitía hereditaria-mente, por lo menos a su hijo. Quien tenga dudas en cuanto a él debe examinar su insistencia en la lucha patriótica.

Pero eso último es una disgresión. Lo que iba a decir es que, tan pronto entrábamos al restaurante, él iba directamente a la pequeña vellonera, echaba una peseta, marcaba B-2 seis veces y escuchábamos a Felipe Rodríguez repetirnos «Golondrina viajera» para su deleite.

Confieso que para el mío también.

Mi hermana estudiaba en el Colegio Puertorriqueño de Niñas y yo en el Liceo Puertorriqueño, en Santurce, relati-vamente cerca de donde vivíamos con nuestra abuela ma-terna, su hermana soltera y su madre. En aquella época, Alma, mi adorada y única hermana, tenía casi cinco años más que yo. (Al cabo del tiempo, esa diferencia se fue acortando, la alcancé y le pasé, y al momento de escribir estas líneas, le llevo casi quince años, lo cual cualifica como milagro.)

El Liceo Puertorriqueño ofrecía clases hasta el octavo grado. Cada año, al final, había que indicar si uno regresaba el próximo año a la escuela, para así reservar el espacio. Para cuando estábamos por finalizar el año académico correspondiente a mi sexto grado, a Alma se le metió entre ceja y ceja que quería transferirse a la Escuela Superior de la Universidad de Puerto Rico, mejor conocida por la High de la Universidad o UHS. Mi papá se comprometió a hacer las gestiones para el traslado, y me anunció que yo también debía trasladarme y que tenía la oportunidad de empezar la escuela intermedia en esta otra escuela, en lugar de quedarme sin escuela cuando fuera a iniciar el noveno grado, que era el último que correspondía a la llamada escuela intermedia.

Era evidente que yo habría de rechazar el cambio, que querría estar con mis amigos y cerca de mi casa y que estaba acostumbrado a la enseñanza de la escuela en que estaba. Por supuesto, no hablé del terror que se me producía al pensar en el cambio y en el posible fracaso en una escuela famosa en todo Puerto Rico por su excelencia. Pasaron los terribles días de preocupación y duda y, como nadie me dijo nada, informé en el Liceo que no regresaría al año siguiente porque iba a cambiar de escuela.

Por supuesto, a los once años, yo no sabía evaluar la enorme capacidad de mi padre para escuchar y para actuar, en términos generales, con arreglo a los criterios ajenos y no a los suyos propios. El consiguió el traslado de mi hermana pero jamás mencionó mi nombre porque yo no me quería trasladar.

En septiembre de 1955, mi espacio en el Liceo Puerto-rriqueño había sido ocupado. En la Escuela Intermedia de la Universidad de Puerto Rico no tenían la más remota idea de mi existencia, las escuelas privadas del país estaban llenas a capacidad y las públicas habían comenzado hacía casi un mes. Mi panorama era desolador porque habría de estar un año sin escuela, por mi testadurez y el espíritu democrático de mi padre. El se movilizó instantáneamente y me consiguió cabida en la escuela Puerto Rico High School of Commerce en Río Piedras, de doña Ana G. Méndez, hoy convertida en un enorme complejo universitario con varios recintos.

Ahí termina la anécdota, pero con una secuela. Como resultado de una algarabía estudiantil en mi salón de sépti-mo grado, aunque sin mi participación, la maestra nos pre-guntó por los responsables y, ante el silencio, invitó a todos los niños que tuvieran decencia y dignidad a abandonar el recinto escolar. A ese llamado yo respondí y, aunque fui el único, abandoné el salón y la escuela. Como no tenía dinero, me fui a pie desde Río Piedras en dirección a mi casa en Santurce, un poco a tientas porque yo no conocía en realidad la ruta.

Cuando llegué a mi casa varias horas después, me estaban esperando mi abuela, mi tía abuela, mi bisabuela, mi hermana (mayor entonces) y, ¡oh maravilla!, mi padre en persona, en vivo y a todo color. Mi papá, que tenía una cara de furia que nunca antes le había visto y que nunca más le volvería a ver, mezclada con preocupación e indignación. En la escuela le habían hecho el cuento pero no, como diría Eduardo Galeano, desde el punto de vista de los leones sino de los cazadores. Le habían sacado de una sesión en el Senado de Puerto Rico y ni siquiera le habían podido decir dónde se encontraba su hijo delincuente.

En el mismo momento en que mi padre sacó la correa de cuero para pegarme, corrí a toda velocidad hacia mi árbol favorito, un enorme níspero y de allí me trasladé a uno de mangó, que tenía ramas que colgaban hacia el patio de la vecina, mi amiga doña Trina. Pero, antes de completar el viaje, llegó mi papá, quien se recostó de la verja y me dijo que no me atreviera a saltar.

- Bájate - me dijo.
- De ninguna manera - le dije yo. - Me vas a pegar.
- Claro que te voy a pegar, después de lo que has hecho.

Eso dio margen a que habláramos sobre lo acontecido en la escuela, desde el punto de vista de la maestra (la cazadora) y desde el punto de vista del estudiante (el leoncito). Por ese espíritu democrático que lo habría de acompañar toda su vida y en todas las instancias, acordamos ir a la escuela y hablar con la maestra y con la principal. Me propuso que, si se convencía de mi falta, me habría de pegar, pero yo lo convencí de que lo justo era que yo regresara al árbol y siguiéramos la carrera interrumpida. Aceptó, en aras de ese espíritu democrático mencionado. En realidad, ésa es la anécdota.

El epílogo necesario es sencillo: la maestra aceptó los hechos verdaderos y se excusó. Mi papá y la principal de la escuela la regañaron. Y yo, supongo que con cara de gato satisfecho, le di las gracias y le dije que la quería mucho. A mi papá también le di las gracias por su comprensión, y lo aleccioné sobre dos cosas importantes: oír siempre a los hijos y darles, al menos, cinco centavos para la guagua. Ese último asunto lo comprendió inmediatamente y corrigió la situación.

Es broma, por supuesto. Fui yo el que recibió las lec-ciones que habrían de acompañarme el resto de mi vida. Sus criterios relacionados con la familia, con la vida democrática y con el compromiso con la lucha por la independencia eran absolutos y habrían de acompañarlo a lo largo de toda su vida.

Mi problema de irme de algún lugar con lo que para mí son buenas razones, pero no necesariamente para los demás, me ha acompañado toda la vida. Pero, es posible que no sea mi culpa. A lo mejor es un problema genético.

Mi hermana Alma, entre muchas características adorables, ha sido una de las mejores bailarinas de ballet y de flamenco, entre otras modalidades de la danza, y se inició desde muy niña tomando clases con las legendarias hermanas Gilda Navarra y Ana García, que habrían de fundar Ballets de San Juan. En una ocasión, se habría de producir un recital en el Teatro de la Universidad de Puerto Rico, en el que Alma tendría intervenciones importantes. Toda la orgullosa familia, incluido nuestro padre, por supuesto, estábamos apalabrados para asistir a la función.

Todavía yo era un niño, pero estaba muy atento al diálogo entre mi hermana, mayor que yo entonces, y nuestro padre:

- Con tantos compromisos políticos, yo creo que no vas a ir a verme - le dijo mi hermana.

- Por supuesto que voy a ir, hija querida. Llueva, truene o ventee, allí estaré.

Pero, el destino intentaría derrotar al hombre y sus compromisos. El riñón único que tenía mi papá lo traicionó vil- mente. El amigo, ex-candidato a la gobernación por el Partido Independentista Puertorriqueño en 1948, ex-Presidente de la Cámara de Representantes y dueño del Hospital Susoni en Arecibo, doctor Francisco M. Susoni, y su hijo, el extraordinario cirujano Antonio Susoni Lens lo hospitalizaron. Como lo conocían, le confiscaron la ropa y lo confinaron sin derecho a salir ni al pasillo.

Ni la naturaleza, ni un riñón enfermo, ni toda la familia Susoni iban a detener al papá de Alma. La noche del recital, a mitad del primer ballet, alguien se sentó a mi lado en el Teatro de la Universidad de Puerto Rico. Impropiamente vestido y con chinelas en los pies, allí estaba mi padre en vivo y a todo color. En el intermedio me aclaró mi pregunta silenciosa.

El Hospital Susoni, ubicado cerca de la plaza del recreo de Arecibo y a pocos metros del lugar reservado para los vehículos públicos, tenía ventanas que permitían observar todos los movimientos en los alrededores. Mi padre, «en pelota», se acercó a la ventana, divisó un chofer parecido a él en tamaño, logró comunicarse y lo invitó a subir a la habitación. Al poco rato, le explicó su problema, lo convenció de alquilarle su ropa y su carro, lo acostó en la cama de hospital, se marchó a San Juan guiando sin licencia, cumplió su promesa, aplaudió a mi hermana y le envió su felicitación y un beso conmigo y regresó a Arecibo con la alegría del ratón que se comió el queso sin caer en la ratonera.

Los Susoni nunca lo supieron. Alma y yo guardamos silencio hasta hoy.

Cuando mi padre no estaba en la prédica patriótica o en la interacción familiar, su vida se volcaba en la dirección del arte y los artistas. Él mismo había tocado bombardino en la banda de su pueblo, escribía poemas que nunca fueron publicados y conocía tan bien la literatura que fue profesor de literatura hispanoamericana en Estados Unidos. Escribió crítica de cine, se reunía con musicólogos y tenía comentarios inteligentes con relación a la plástica. Su presencia en el teatro, en los conciertos, en los recitales de piano, de poesía o de danza era casi inevitable y su amistad con los artistas reconocida por todos.

Fueron muchos los artistas que le hicieron reconoci-mientos públicos y privados, que le escribieron dedicatorias en sus libros o que le escribieron bellas piezas de arte. Du-rante su vida o después de su muerte tuvo los mensajes solidarios de figuras ilustres en sus respectivas disciplinas como Julia de Burgos, Iris Martínez, Josemilio González, Luis Llorens

Torres, Luis Palés Matos, Amaury Veray, Pedro Ortiz Dávila (Davilita) o Rafael Scharrón. También tuvo una serenata del trío los Panchos encabezado por Johnny Albino.

Una noche, después de la actividad política, recalamos como lo habíamos hecho en diversas ocasiones en la casa de Sylvia Rexach en los altos de la farmacia de su padre. Allí se encontraba, entre otros amigos, Amaury Veray. Entre conversación y tragos, excepto mi papá que casi nunca tomaba bebidas alcohólicas y yo que era muy joven, pasaron muchas horas al final de las cuales Sylvia se levantó, como lo había hecho Julia de Burgos en Nueva York, e interpretó una bellísima canción que le dedicó a mi papá. Cuando nos íbamos, le pedimos que nos diera copia en algún momento. Supimos entonces que la genial compositora había improvisado la bella melodía y la exquisita poesía, que se habían perdido para siempre, aunque mi padre se la llevó consigo en el corazón.

En una ocasión, con terribles dolores relacionados con problemas renales y agravados por una condición de artritis reumatoidea, el doctor Ernesto Marchand lo fue a ver a la casa y le dijo que había que hospitalizarlo. El se negó y convenció al médico de que lo confinara a la casa. Marchand lo amenazó con no atenderlo más, si no cumplía, y se marchó.

Tan pronto el médico salió de la casa, se levantó para irse a un mitin en la plaza del mercado de Ponce. Abigaíl, su esposa, y yo escondimos las llaves del carro. El me pidió que guiara el automóvil, a lo que yo me negué, no por razón de que todavía no había cumplido trece años, sino por su salud. Buscó entonces una copia de la llave del automóvil y se fue. Yo corrí como un loco por la calle Bouret hacia abajo, hasta que, desesperado, lo alcancé en un semáforo en rojo. Lo llevé a Ponce por la única carretera disponible en 1956, conocida como «la Piquiña», a través de las montañas y con infinidad de curvas.

Habló en el mitin de la vieja plaza del mercado alrededor de una hora. Cuando terminó, en medio de los aplausos del público, se viró para bajar de la tribuna, con una enorme mancha sobre la braqueta del pantalón, y cayó sin conocimiento sobre Manuel B. Caballer y sobre mí. Desperté con la mirada nublada, se negó a ir a un hospital, pero aceptó ir a la casa de un compañero del partido, panadero de oficio, de nombre Waldestrudis Alvarado.

En la casa de Alvarado lo ayudamos a bañarse, recogimos dos piedras enormes del calzoncillo, se puso alguna ropa del dueño de la casa y nos acostamos a dormir. A las dos y media o tres de la mañana, me despertó para que regresáramos a San Juan porque tenía un compromiso temprano en la mañana. Por supuesto, regresamos. El se fue a trabajar y yo a dormir. De dónde sacaba fuerzas, no lo sé.

Doce años mas tarde, habría de morir de un paro renal. Desde alrededor de 1940, tenía un solo riñón porque le habían extirpado el otro en Nueva York, pero los compromisos de lucha por el bienestar del país y por la independencia estaban por encima de la enfermedad, del dolor y del temor a la muerte.

Por años he hecho cuentos de como aprendí a manejar automóviles y a hacerlo desde antes de haber cumplido los doce años. No lo sabía al momento de narrar las historias, pero aparentemente no me creían. Camino a la celebración del centenario de mi padre, mi esposa Lillian Camacho se topó con una carta en la que mi papá me aconsejaba ser cuidadoso al guiar automóviles. Por la fecha de la carta, se hizo evidente que tenía once años. Ella me creyó y me confesó que antes pensaba que yo era muy exagerado. O un embustero, digo yo.

La edad para obtener una licencia de conducir, con autorización paterna, era y sigue siendo dieciséis años. Entre los once y los dieciséis, yo fui el chofer de mi papá en incontables momentos, incluyendo todo el verano de 1956, en plena campaña electoral. Yo cumpliría trece años algunos meses más tarde.

En algún momento vino a visitarnos un abogado de Nueva York amigo de mi papá y de la independencia de Puerto Rico, acompañado por su hijo que era exactamente de mi edad.

Un sábado en la tarde paseábamos por el sector co-nocido como Piñones, cerca de la zona de Isla Verde en Carolina, donde ubicaban miles de palmeras de coco a lo largo de kilómetros. Yo manejaba el automóvil de mi papá, él viajaba a mi lado en el asiento delantero y nuestros amigos en el asiento trasero. Ambos sabían mi edad. De improviso, vino la pregunta, en inglés: «¿A que edad pue-de obtenerse una licencia de conducir en Puerto Rico?» «A los dieciséis años» fue mi respuesta impensada.

Se produjo un silencio absoluto, roto por la voz en tono grave del abogado amigo que sentenció con frase in-traducible «Gilberto, you are a lawmaker and a lawbreaker.» Mi papá era portavoz en el Senado de Puerto Rico del Partido Independentista Puertorriqueño y uno de los legisladores que presentaba más legislación.

Todos nos dimos cuenta del desastre. El prócer ac-tuaba incorrectamente, permitiendo que su hijo violara la ley y haciéndose de la vista larga. Más aún, obtenía el beneficio de tener un chofer discreto y leal que lo amaba entrañablemente. Rápidamente, el americano quiso corregir su agresión, cambiando el tema.

- ¿Cuántas palmas hay aquí? -preguntó.
- Ciento noventa y cuatro mil quinientas ochenta y dos - dijo con gran firmeza el golpeado senador.
- Dios mío, ¿cómo lo sabes con tanta precisión?
- Vine anoche a contarlas una a una porque sospechaba que algún americano tonto me lo iba a preguntar.

Y nadie mas mencionó si yo tenía licencia de conducir o mi papá era mi licencia.

A mis dieciséis años, yo era parte de la Junta de Direc-tores de la juventud del Partido Independentista Puertorri-queño. Cursaba el cuarto año de escuela superior, hacía ya varios años que guiaba automóviles, trabajaba a tiempo parcial, hacía deportes, me iniciaba en la crítica y, por supuesto, me creía todo un hombre adulto, hecho y derecho. Por ello, a la invitación de «tomarnos unos tra-gos» en la casa de un compañero de la Juventud del Partido Independentista Puertorriqueño diez años mayor que yo, acepté sin vacilar.

Ninguna maldad. Tomamos unos tragos, conversamos de política y de otros asuntos, tomamos más tragos y, en algún momento, me quedé dormido. Cuando desperté, ya era avanzada la mañana del día siguiente. En medio de los escalofríos de la borrachera y el miedo, llamé a mi casa y hablé con mi abuela Amparo, que, llorosa, me dijo que había llamado a policías y hospitales y, por supuesto, a mi padre, que andaba en desesperación.

Cuando al fin llegué a mi casa en Puerto Nuevo, divisé a mi papá en el balcón y acaricié la idea de irme al exilio en Alaska o en Brasil, pero, al final, entré a la casa.

- ¿Dónde estabas? - me preguntó.
Le expliqué.

- ¿Por qué no pediste permiso? ¿Por qué no llamaste?

Nuevas y deficientes explicaciones de mi parte para justificar lo injustificable.

- Mira, hijo, yo no soy importante. Aquí quien tiene verdadera importancia es doña Amparo, tu abuela, que te adora, que ve luces por ti, que eres su razón de ser y que siente la responsabilidad conmigo y con tu mamá de tu se-guridad, tu salud y tu vida. Tu abuela, que perdió un hijo en una actividad política, que tenía la edad que tienes tú ahora. A ella, pídele perdón y comprométete a cumplir con lo poco que te pide. Después, descansa y llámame cuando estés listo para hablar. Recuerda que te queremos mucho y sabes que estamos felices porque tú has regresado bien.

Después de tratar de hablar con mi abuela Amparo, que también me había perdonado hacía rato, me fui llorando a la cama y me quedé dormido. Mas tarde lo llamé y hablamos. El me explicó cuáles eran las cosas importantes de la vida. Yo lo escuché y aprendí. Por ejemplo, la demostración de amor a los seres queridos era importante. Las cosas materiales no lo eran.

Para mi padre, el dinero tenía únicamente el valor ad-quisitivo de algunas cosas importantes. En una ocasión, siendo yo estudiante, fui a su oficina en la calle Arzuaga, frente a la plaza de Río Piedras, cerca del mediodía. Me invitó a almorzar en una fonda que era un modesto restaurante en el edificio que ubicaba al lado de aquél en que se encontraba su oficina. Se excusó conmigo por no llevarme a un mejor lugar y me dijo que íbamos allí porque le fiaban y no tenía dinero.

Cuando iniciábamos la salida, Gerardina Angleró, su secretaria de siempre, le informó que acababa de venir un antiguo cliente y le había dejado un billete de cincuenta dólares por unos viejos servicios no pagados. Se alegró mu-cho porque podía pagar el almuerzo e invitó a Gerardina, que declinó.

Ya afuera del edificio, se acercó un muchacho con cara de bribón y nos hizo un cuento de que se le había muerto la mamá en Nueva York y tenía que ir a buscarla o enterrarla pero no tenía dinero. Mi papá sacó el billete de cincuenta dólares y se lo entregó al joven mientras le decía que eso no resolvía el problema pero ayudaba mucho.

Indignado, le pregunté si le había creído al muchacho, y me dijo que tenía serias dudas. Le pregunté por qué le había entregado el único dinero que poseía, si dudaba de la veracidad de la historia, y me dijo «porque, si es mentira lo que me dijo, me cogió de tonto y yo nunca lo sabré, pero, si me dijo la verdad, no podría dormir tranquilo pensando en la angustia de ese muchacho; después de todo, hace quince minutos, yo no contaba con ese dinero.»

Mas tarde, el día de las elecciones de 1960, en las que el Partido Independentista perdió por primera vez su franquicia electoral, guiando yo el automóvil, con mi padre en el asiento del pasajero y quien habría de ser mi cuñado, Arcadio Díaz Quiñones, en el asiento trasero, pasamos por la avenida Ponce de León en Río Piedras frente al comité del Partido Popular Democrático. Allí, mi padre fue re-conocido e inmediatamente se nos abalanzó una turba con palos y piedras en contra del automóvil, mientras se oían voces que a gritos clamaban por la vida de Gilberto Concepción de Gracia. Instintivamente, decidí acelerar y atropellar varias personas, pero él me detuvo enfáticamente, me ordenó detener el vehículo y se bajó del mismo, subiéndose a lo que sería el estribo y dirigiéndose calmadamente a la multitud que esgrimían sus improvisadas armas, aparte de un par de revólveres que se izaron hacia el cielo.

«¿Es ésta la honda y profunda civilización de la que habla Muñoz Marín? ¿Es ésta la manera de demostrar la supuesta democracia?» Así comenzó el aleccionamiento de la ciega multitud. Les dijo que habría de continuar su camino, que se salieran del medio, que no se atrevieran a tocarlo ni a tocar a sus hijos, me ordenó re-anudar la marcha lentamente y así cruzamos toda la avenida hasta llegar frente a la torre de la Universidad de Puerto Rico, Arcadio y yo en el automóvil y él abriendo camino a pie.

Nunca en mi vida he sentido tanto miedo como aquel día y nunca tampoco he visto una mayor muestra de valor personal físico y moral.

Algunos años más tarde, en una importante reunión del cuerpo directivo del partido, habríamos de discutir una situación que podía ser trascendental. Discutíamos todos. Él creía que debíamos insistir un poco más. Yo, que había llegado el momento de irse. Ninguno de los dos había hecho público su criterio hasta ese momento.

Él era el Presidente del Partido y yo el más reciente y más joven de los veintiséis miembros de la Comisión Ejecutiva.

Él era el padre y yo el hijo.

Se planteó la controversia y votamos por lista. Yo era el último Él, presidente, tenía el voto de calidad, solamente para ejercerlo en caso de empate. No quería votar y se había callado toda la noche para no influenciar a nadie. Los veintiséis estábamos presentes, pero yo era quizás el único que sabía su criterio.

Para ese entonces él era para mí, como le habría di-cho alguna vez, ocho horas presidente del partido, ocho horas mi jefe en el trabajo y ocho horas mi padre siempre presente. Y el día tenía apenas veinticuatro horas.

Se inició la votación por lista, empezando por el segundo a bordo. La votación, contada estrictamente por mi, estaba doce a doce. El mío era el voto decisivo.

«Gilberto Manuel Concepción Suárez» llamó el se-cretario José Antonio Ortiz. Pausa. Y a renglón seguido se oyó mi voz decir «abstenido».

«Receso», dijo Gilberto Concepción de Gracia, a la vez que daba un malletazo. «Tengo algo que resolver con urgencia. Perdonen que recese en medio de una votación», dijo, y se levantó y echó a caminar. «Ven conmigo», me dijo cuando pasó por mi lado.

Bajamos a un restaurante mínimo, donde pidió un café y me ofreció otro. «¿Por qué dijiste abstenido?», me dijo a boca de jarro. Titubeé y no respondí. Me urgió a responder.

«Porque sé que estás a favor y yo estoy en contra. Si voto no, te derroto y si voto sí, lo hago contra mi conciencia, pero, si me abstengo, te permito decidir porque la votación está empatada.»

Entonces, mi padre me dijo: «Estás en la Comisión Ejecutiva porque eres vice-presidente de la Juventud. La representas. Abstenerte para facilitar tu propia derrota no es un servicio ni a la Juventud ni al Partido, sino a mí. Y eso es intolerable. Vamos a regresar a la reunión y te su-giero que me derrotes o renuncies al cargo, por no poder ostentarlo con arreglo a tu conciencia. Éste es un partido de hombres libres. No puedes ser un sello de goma ni mío, ni de nadie.»

Volvimos y lo derroté.

Esa enorme lección de democracia ha dirigido mi vida siempre. Gilberto Concepción de Gracia ha sido mi presidente, mi jefe y mi padre, pero, sobre todo, mi guía, mi consejero, mi amigo. Mi maestro. El que me enseñó a seguir los pasos de mi propia conciencia para poder dormir en la paz del sueño reparador cada noche de la vida. Y para saber que, algún día, llegará la victoria porque la semilla plantada habrá germinado.

Había recibido un día notificación para ingresar en el ejército deEstados Unidos. Entonces, el servicio militar era obligatorio. Le pregunté a mi padre qué hacía, y me dijo que ésa era una decisión muy personal. Que contara con su respaldo ante cualquier determinación de mi parte. Naturalmente, si fuera él, no iría a servir. No lo había hecho en su momento, y su hermano, mi tío Ernesto, había cumplido cárcel en 1942, por negarse a participar, a pesar de su oposición a Hitler.

Me presenté al campamento del ejército en las instalaciones de El Morro, donde había una base militar, y comencé el proceso de reclutamiento, temeroso de las consecuencias que implicaba ir a la cárcel. Las palabras de mi padre y las imaginadas de mi tío Ernesto me daban vueltas en la cabeza. Escuché que me dijeron que me desnudara para un examen físico.

«¿Sabes qué?», le dije, «yo no voy a entrar al ejérci-to.» Devolví la tarjeta y me fui para mi casa. Allí llamé a mi padre. Conversamos. Me dijo que la cárcel que seguramente me esperaba no me haría prisionero porque la verdadera libertad era la del espíritu y no la de la carne. Que ya yo era libre por mi propia voluntad y eso nada ni nadie que no fuera yo mismo lo podía cambiar. Le creí y esperé. Curiosamente, todavía espero que me vengan a arrestar.

Después ingresé en la Escuela de Derecho de la Universidad de Puerto Rico y allí pasé a ser parte de uno de esos «bufetes» que forman los estudiantes para estudiar, analizar y compartir ideas. El mío tenía otros dos socios principales. Mucho antes de graduarnos, uno de nosotros hizo un compromiso de trabajo futuro, sujeto a pasar la reválida, en calidad de oficial jurídico del entonces juez asociado Rafael Hernández Matos.

Don Rafael, el único creyente en la estadidad para Puerto Rico y republicano nombrado por Luis Muñoz Marín al Tribunal Supremo, era el padre de quien habría de ser gobernador de Puerto Rico, Rafael Hernández Colón, y esposo de la independentista

Dora Colón Clavell.

Tomamos la reválida, que fue como una ruleta en la que fracasó la inmensa mayoría de los estudiantes. Mi ami-go, que era el mejor de los tres y uno de los mejores del país y ha seguido siéndolo por ya más de cuarenta años, fue arrastrado por la corriente y fracasó. Don Rafael me pidió que aceptara el trabajo, y yo le dije que no.

Amparado en que, en 1948, siendo estadista republicano, había apoyado a su esposa para que aceptara la candidatura a la alcaldía de Ponce por el Partido Independentista Puertorriqueño, don Rafael le pidió a Gilberto Concepción de Gracia, leal y agradecido hasta el fondo del dolor, que consiguiera que su hijo fuera su oficial jurídico.

A un pedido de mi padre, yo no me podía negar, y por los próximos meses, me convertí en el oficial jurídico de don Rafael Hernández Matos. La realidad de un plebiscito, pautado para julio de 1967 que, irónicamente, era el caballo de batalla de Rafael Hernández Colón, entonces Secretario de Justicia del gobernador Roberto Sánchez Vilella, habría de cambiar mi destino y le daría la oportunidad a mi padre de continuar aleccionándome.

El secretario de relaciones exteriores del PIP - mejor llamadas hoy día internacionales - no podía desatender sus funciones y, mucho menos, dejar de participar en una con-sulta plebiscitaria contra la cual estaban el propio Partido Independentista Puertorriqueño y prácticamente todos los independentistas del país. Participé en diversos foros y conversé con amigos del Partido Revolucionario Dominicano encabezado por su entonces presidente José Francisco Peña Gómez, en busca de apoyo anticolonial.

A grandes pinceladas, el desarrollo del final fue sencillo. El entonces presidente del Tribunal Supremo de Puerto Rico, Luis Negrón Fernández, le pidió al juez asociado Rafael Hernández Matos que despidiera a su oficial jurídico, a quien don Rafael le sugirió que se callara y renunciara en el PIP o que renunciara en el tribunal.

Casado, con una hija y planes para una segunda (maravillosas Ana María y María Elena - después habrían de venir Soledad, que dice ser la favorita y, finalmente, Carlos, el único varón) y con estrechez económica, una vez mas consulté con mi padre, quien de nuevo me dijo que me respaldaría en lo que fuera. Por supuesto, me indicó lo que él haría.

Me fui a cumplir con mis responsabilidades políticas a la República Dominicana, donde conversé largamente con Peña Gómez, redacté una carta de renuncia con su colaboración, que a su vez sería corregida por mi padre a mi regreso y que habría de sellar mi compromiso con el partido de la independencia, con mi salida del servicio público y con la muerte de la amistad con César Hernández Colón, quien no me ha vuelto a dirigir la palabra o a saludar en más de cuarenta años.

En el bufete de Gilberto Concepción de Gracia no había suficientes ingresos para él, pero me recibió con los brazos abiertos y me enseñó a compartir la pobreza econó-mica y la riqueza espiritual. Terminó de forjarme como hombre, en la lealtad y la honradez y durante un año me enseñó la mayoría de las cosas buenas que hay en mí. (Las malas las aprendí por mi cuenta.)

Alguna vez mi papá dijo que no tenía capacidad para odiar. Sin embargo, no recuerdo haberlo oído decir de su casi infinita capacidad para amar. De ésto, los más beneficiados éramos los más cercanos, empezando por la familia.

La emoción que sintió y que reflejaba en su rostro cuando nació su primera nieta fue algo indescriptible y, aunque él no hablaba del tema y posiblemente no lo identi-ficaba porque era su propia naturaleza, hacía manifestaciones que ponían en evidencia sus sentimientos.

A partir del nacimiento de Ana María, mi hija ma-yor, el 16 de octubre de 1966, apenas diecisiete meses antes de su muerte, mi papá iba a verla todos los días. De alguna manera intuía que le quedaba poco tiempo y que la mitad de sus nietos habrían de ser póstumos. (Alfonso, el hijo ma-yor de mi hermana Alma, nació en diciembre de 1967 y María Elena, mi segunda hija, en enero de 1968. Soledad María y Carlos Gilberto, mis otros dos hijos, y Alicia, la menor de Alma, nacieron después de que él entrara por las puertas del misterio, como generalmente llamaba a lo que otros llamamos muerte.)

Mi papá usaba un reloj pulsera en su muñeca iz-quierda. Casi nunca lo miraba y, cuando lo hacía, no daba señales indicativas de que sabía leerlo. Yo siempre creí que, en efecto, sabía leerlo pero que, en la alternativa, no tenía la más remota idea de para qué servía o, de saberlo, no le hacía ningún caso.

La combinación de lo que he relatado con lo que es preciso añadir sobre su compromiso diario con la prédica de la independencia a lo largo de todo el país era en extremo peligrosa: el hombre se presentaba en mi casa a diario y a cualquier hora. Las menos veces a horas razonables como las seis de la tarde o las siete de la noche. La mayor parte a horas irrazonables como la una, las dos o las tres de la madrugada. Con inusitada frecuencia, Anita, mi esposa, y yo despertábamos con el timbre insistente que nos avisaba de nuestro visitante permanente en medio de la madrugada.

En una ocasión, con la mayor suavidad posible, al abrir la puerta y saludarlo con un beso le dije:

- Papá, vienes muy frecuentemente a esta hora y nos despiertas a Anita y a mí que tenemos que levantarnos temprano en la mañana ...

- Es culpa tuya, hijo mío.

- ¿De qué tengo yo la culpa? Tú eres el que llegas a esta hora y tocas el timbre para que nos levantemos a abrirte la puerta ...

- Hijo mío, yo no vengo a verte a ti ni tampoco a ver a Anita. Vengo a ver a mi nieta y a darle un beso.

- ¿Y cuál es mi culpa?

- Tu culpa es que nunca me has dado llave de la casa. Si lo hubieras hecho, yo abriría con mi llave, entraría a ver la niña y tú y Anita seguirían durmiendo. Está claro que es tu culpa.

Temprano en la mañana, un día de enero de 1968, siendo yo abogado en su oficina y casado con Anita Castro, sonó el teléfono de mi casa y era mi padre. Me preguntó si podía acompañarlo a ver un caso de un abuso policiaco contra un independentista de Barranquitas que se encontraba en actividad política del partido.

Le dije que podía ir y que él se quedara, pero insistió en que era muy importante su presencia y además quería aprovechar el viaje para decirme algo. Media hora más tarde íbamos en dirección a Barranquitas, yo guiando y el explicándome las primera horas de su mañana de aquel día.

Había ido a comprar, casi de madrugada, el New York Times en la farmacia Professional. Allí se encontró con el doctor Rafael Arrillaga Torrens, extraordinario médico y antiguo líder en la Cámara de Representantes, en la que ofreció su voto como socialista para dar mayoría al Partido Popular para la aprobación, entre otras cosas, de las reformas laborales y económicas que necesitaba el país.

El doctor Arrillaga, al verlo, insistió en que lo acompañara a su consulta algunos pisos más arriba en el edificio en que ubicaba la farmacia y allí lo examinó con rigurosidad. Concluido el examen, lo instó a retirarse totalmente de la vida política y de la vida profesional. Interrogado sobre las razones, afirmó que, de no hacerlo, no le auguraba más de tres meses de vida. «¿Cuánto viviré si me retiro?», le preguntó mi padre al médico. «No lo sé, pero, si sigues un plan de vida tranquila, sin esfuerzos especiales y sin sobresaltos, creo que varios años.» Mi papá tenía entonces cincuenta y ocho.

Quedé apabullado por la información que, aunque congruente con la precariedad de salud que había podido observar en los últimos tiempos, no estaba preparado para una confrontación pronta y definitiva. «¿Qué vas a hacer?», le pregunté. «Creo que debemos virar, para que empieces una nueva forma de vida a partir de hoy mismo.»

Entonces, me dijo: «Tú, mi hijo más pequeño, eres abogado, tienes ya una familia, has comprado una casa y te despuntas como líder de nuestro partido. Mi obligación principal en la vida ha sido la búsqueda de la independencia de Puerto Rico y, como Ulises, prefiero vivir una vida más corta, si la pierdo en aras del cumplimiento del deber.»

Apenas dos meses más tarde, mientras se encontraba en Coamo recibiendo las que habrían de ser las últimas papeletas de inscripción del Partido Independentista Puertorriqueño que juramentara, sufrió un percance de salud que le llevó en los próximos días al Hospital General San Carlos, donde falleció a las tres de la tarde del viernes 15 de marzo de 1968 mientras Abigaíl, su esposa, le aseguraba que yo me encontraba en ese instante presentando las últimas peticiones de inscripción necesarias para inscribir nuestro partido para participar en las elecciones del próximo noviembre.

Gilberto Concepción de Gracia vivió y murió por la independencia de Puerto Rico. Vivió y murió por los puertorriqueños. Vivió y murió por Puerto Rico. El Partido Independentista Puertorriqueño, resultado de una lucha personal y colectiva, fue el instrumento creado para canalizarla y para darnos la posibilidad de hacer sistemática y coherente la ruta hacia la concreción de una nacionalidad intervenida y conculcada por las fuerzas más aberrantes de la humanidad.

Queremos ser puertorriqueños. Queremos vivir, luchar y morir en puertorriqueño, y hoy, a las puertas del primer centenario de su nacimiento, a las puertas de que se cum-plan sesenta y tres años de la fundación del Partido Inde-pendentista Puertorriqueño y mientras pensamos en el gran poeta Luis Palés Matos, que pedía piedad a Dios «para nuestro pobre pueblo, donde nuestra pobre gente se morirá de nada» reflexionamos sobre la vigencia de Gilberto Concepción de Gracia y sobre nuestras obligaciones y compromisos con la patria.

Era la madrugada del 17 de marzo de 1968. Desde el quince a las tres de la tarde había aguantado la carga del fallecimiento prematuro de mi padre, que era, además de mi padre, mi jefe en el trabajo y mi líder en la búsqueda de las reivindicaciones de mi país. Me había quedado solo en el Ateneo Puertorriqueño y dormitaba en una butaca, cuando sentí la presencia de alguien. Abrí los ojos y este hombre, vestido de etiqueta, se dirigió a mí.

- Buenas noches. ¿Tú eres Gilberto, el hijo de Gilberto?
- Sí
- Mi nombre es César Concepción ...
- Yo lo conozco y he disfrutado mucho su música, la de la orquesta que dirige y de sus composiciones ...
- Perdona mi vestimenta, pero estaba tocando en un baile en Ponce, y, tan pronto terminó, quise venir a verte porque tenía que decirte algo y pedirte algo, aparte de darte el pésame por la muerte de tu padre.
- Usted dirá.
- Alrededor de 1950, tocaba en el Jack's Club en el Con-dado y llegó Gilberto Concepción de Gracia acompañado por su esposa. Se sentaron a escuchar la música, bailaron varias piezas y, cuando todo terminó, se requedaron y, fi-nalmente, tu padre se acercó a mi. Me saludó, me dio las buenas noches y me dijo que tenía que hablarme porque tenía algo que decirme y algo que pedirme. Lo invité a hablar y me explicó que era el presidente del Partido Inde-pendentista Puertorriqueño y, como tal, había ido a todos los pueblos y a todos los barrios de Puerto Rico y también a muchas

ciudades en los Estados Unidos. En cada uno de esos lugares, me aseguró, le habían preguntado si era fami-lia de César Concepción. Él les había dicho a todos que no éramos familia y ni siquiera nos conocíamos.

- A mí me ha pasado otro tanto - me dijo César que le había dicho. - También yo he ido a todos los pueblos de Puerto Rico con mi orquesta y a muchas ciudades de los Estados Unidos e invariablemente alguien me pregunta si soy familia de Gilberto Concepción de Gracia y a todos le tengo que responder que no y que ni siquiera lo conocía.

- Vine esta noche - me dijo César que le había dicho mi padre, - a decirte mi problema y a pedirte que me ayudes a resolverlo. A pedirte que, a partir de esta noche, por nuestra propia voluntad, seamos primos.

- Desde aquella noche Gilberto y yo fuimos primos por casi veinte años y, a su muerte, me di cuenta que a ti no te conocía. Por eso, tenía urgencia de verte y hablarte para pedirte que tú y yo seamos primos.

Aquella madrugada en la que yo era el hijo de Gilberto Concepción de Gracia y fui el primo de César Concepción también medité largamente sobre los increíbles privilegios que había tenido en la vida. Sobre la realidad de que casi había podido tocar la felicidad como si fuera algo tangible; había sentido la bondad y la fidelidad con la misma intensidad y verdad que se aspira el perfume de una flor, se admira la belleza de un cielo límpido o se aprecia la bravura o la calma del mar.

Gilberto Concepción De Gracia: Los orígenes del Partido Independentista Puertorriqueño

AMALIA ALSINA OROZCO

> «*Don Gilberto se fue, como decía él, "más allá de las puertas del misterio", pero sigue iluminando a este pueblo porque fue y es de esos hombres que, como decía José Martí, "hasta después de muertos dan luz de aurora".*»
> — Rubén Berríos Martínez

Los Congresos Pro Independencia
Primer Congreso Pro Independencia: 1943

El primer Congreso Pro-Independencia se celebró el domingo 15 de agosto de 1943 en el Parque Sixto Escobar en San Juan. Estaba constituido por ochenta y cinco delegaciones, integradas cada una por diez y ocho delegados que representaban a todos los municipios y trescientos tres delegados por acumulación. Asistieron, además, entre quince a veinte mil personas procedentes de todos los pueblos y campos de Puerto Rico, de acuerdo con la información publicada por la prensa del país el 16 de agosto de 1943.

En este primer Congreso Pro – Independencia pronunciaron discursos de aliento independentista varios destacados miembros, entre ellos, Augusto Perea, Rafael Soltero Peralta, Juan Sáez Corales, Rafael Arjona Siaca y Vicente Géigel Polanco. Entre las diversas resoluciones alusivas a la independencia de Puerto Rico, la principal fue una *Declaración Pro Independencia de Puerto Rico*, en la que se leía lo siguiente:

El Congreso Pro Independencia de Puerto Rico, integrado por delegaciones procedentes de todos los municipios del país, declara que es el derecho y la voluntad del pueblo de Puerto Rico constituirse en pueblo libre y soberano, dentro de una estrecha colaboración política y económica con las demás naciones de América y en paz y fraternidad con todos los pueblos democráticos del orbe.

Este Congreso, al proclamar el derecho de Puerto Rico a su independencia, demanda del pueblo y del Gobierno de Estados Unidos el reconocimiento inmediato de la plena soberanía política de nuestro pueblo.[1]

El Comité Ejecutivo del C.P.I. acordó reafirmarse en los acuerdos tomados el 15 de agosto de 1943, al efecto de que ésta sería una organización de carácter no partidista. Bajo la presidencia interina del senador Vicente Géigel Polanco, después de haber renunciado como presidente el doctor Juan Augusto Perea, el Consejo acordó no patrocinar la fundación de partido alguno, y además, repudiar el proyecto de reformas a la Carta Orgánica, tal como había sido aprobada por el Senado Federal. Consideraban que tal proyecto era de tipo colonial y contrario a la legítima aspiración del pueblo de Puerto Rico, que era la inmediata constitución de la República de Puerto Rico. Se le envió un cablegrama de felicitación al congresista Vito Marcantonio por sus gestiones a favor de los derechos de los puertorriqueños y la independencia de Puerto Rico.

Por otro lado, en un discurso pronunciado ante el *Bookshop Club*, el Dr. Gilberto Concepción de Gracia, delegado en Washington y Consejero Jurídico del Congreso Pro – Independencia de Puerto Rico manifestó:

Preveo, como el próximo paso del Partido Popular Democrático, la adopción del programa político del Congre-

---

[1] *El Mundo*, 20 de agosto de 1943, pág. 2.

so, llevando hacia adelante el programa militante pro la independencia. Declaro que el Partido Popular está abrumadoramente a favor de la independencia y, sí sus líderes no dan a su debido tiempo el próximo paso lógico, se producirá un nuevo liderato.[2]

SEGUNDO CONGRESO PRO INDEPENDENCIA: 1944

El 12 de septiembre de 1944, el presidente en funciones del C.P.I., senador Vicente Géigel Polanco, convocó a una reunión que se celebró en el Ateneo Puertorriqueño. En aquella ocasión, el licenciado Rafael Soltero Peralta presentó una moción al Consejo Ejecutivo, secundado por Géigel Polanco, para que se procediese a elevar a la presidencia del Segundo Congreso Pro – Independencia al doctor Gilberto Concepción de Gracia. El Comité Ejecutivo procedió a aprobar una Resolución para elegir por unanimidad al doctor Concepción de Gracia para dirigir el Segundo Congreso Pro – Independencia. Géigel Polanco pronunció elogiosas frases de reconocimiento por la labor realizada y sobre los méritos del doctor Concepción de Gracia; y quedó ocupando el cargo de vicepresidente en propiedad del C.P.I. Se tomaron acuerdos para intensificar la campaña en pro de la independencia de Puerto Rico y consolidar la organización del Congreso.

El 12 de octubre de 1944, el doctor Gilberto Concepción de Gracia, presidente del C.P.I., ofreció un mensaje al pueblo por la estación radial W.I.A.C. Inicia narrando el nacimiento de nuestro continente al mundo de la civilización cristiana. Luego, habla del poema de José Martí, en el que se dice: "Sólo resta Puerto Rico; sólo resta Puerto Rico, esclavo en el continente de la esperanza humana".[3] Para Martí, sin Puerto Rico libre no pueden las Antillas realizar su destino.

Para Concepción de Gracia, éste es el día de nuestra cultura, de afirmación del porvenir de nuestra América, de poner fin al

---

[2] *El Mundo*, 15 de abril de 1949, pág. 9.
[3] Fundación Luis Muñoz Marín/Archivo, Sección IV, Serie 5, sub-serie 105, documentos.

coloniaje y de reintegrarnos al seno de la familia. Hace mención del "*Commonwealth*", cuando señala:

> La alternativa es clara: o luchamos por la independencia o seguimos viviendo la vida de la colonia. Una fórmula intermedia, como el *Commonwealth* es fórmula colonial. Necesitamos la independencia para vivir, para organizar nuestra economía, para defender nuestra cultura, para cumplir nuestro destino en América.[4]

Más adelante hace un llamado al pueblo popular, que me parece debió de preocupar profundamente a Luis Muñoz Marín, especialmente en la búsqueda del voto. Indica Concepción de Gracia:

> El mensaje a mi pueblo ya está dicho: organícense popularmente para terminar con la colonia e implantar la República de Puerto Rico... Vengan todos a la lucha, vengan todos...
>
> Vengan todos: campesinos y obreros, intelectuales y profesionales.
>
> Organicémonos. Prediquemos en los pueblos. Prediquemos en el hogar, en la calle, en todas partes. Prediquemos en el campo. Prediquemos en la montaña. El campesino es todo independentista, aunque se ha querido hacer creer otra cosa. Nuestro pueblo es todo independentista, como lo comprobé en mi reciente recorrido por el país.[5]

El Segundo Congreso Pro Independencia se celebró el 10 de diciembre de 1944, en el Hipódromo Quintana en Hato Rey, comenzando a las nueve de la mañana. Lo presidía el doctor Gilberto Concepción de Gracia, y Jesús Bordonada ocupaba el cargo de secretario. Juan Sáez Corales, presidente del Comité de Credenciales, informó la presencia de representaciones de las setenta y siete municipalidades de la Isla, con asistencia de más de 1,600 delgados y ante una concurrencia de millares de espectadores.

En un discurso de 50 minutos, el doctor Concepción de Gracia dio cuenta de los pasos a seguir por el pueblo de Puerto Rico para obtener su completa independencia política antes de 1948, advirtiendo que, de no declararse la República de Puerto Rico

---

[4] FLMM/Archivo, Sección IV, Serie 5, sub-serie 105, documentos.
[5] *Ibid.*

para esa fecha, nadie sabrá entonces hasta cuando Puerto Rico seguirá siendo colonia. Seguidamente agregó que:

El Segundo Congreso Pro – Independencia acepta que se consulte al pueblo, para que el pueblo ratifique este anhelo de libertad que vive en su corazón. Creo que esa consulta tiene que hacerse a la brevedad posible, de modo que puedan hacerse las gestiones necesarias para el reconocimiento, y que después del reconocimiento haya suficiente tiempo para gestionar la celebración de la Asamblea Constituyente y la ratificación de nuestra Constitución. [6]

El Congreso aspiraba a ser un instrumento del pueblo para luchar por la independencia, contando siempre con el pueblo, que es la fuente de la soberanía.

Las polémicas entre Luis Muñoz Marín y algunos líderes independentistas del Partido Popular Democrático se discuten en una reunión el 3 de julio de 1946 en Barranquitas. Muñoz defendió sus puntos de vista contra la vigorosa oposición de Vicente Géigel Polanco y de otros que atacaban el carácter "confuso" de las llamadas "alternativas" e insistían en que se continuase la lucha por la independencia. Muñoz inició una campaña de incompatibilidad entre ser miembro del Congreso y miembro del Partido Popular.

Esta reunión marcó el fin del primer período en la transición ideológica que realizó el P.P.D., pasando de un independentismo moderado a apoyar un estatuto transitorio autónomo. Poco después de la Asamblea de Barranquitas, se formó el Partido Independentista Puertorriqueño, bajo la égida de los elementos populares que no se avenían a reconciliarse con el viraje de Muñoz Marín. El 27 de octubre de 1946 se acordó la disolución del C.P.I. El 11 de agosto de 1947 se comenzó la inscripción electoral del Partido Independentista Puertorriqueño en Barrio Obrero, Santurce, con Gilberto Concepción de Gracia como su fundador.

Deslindar los campos

El 1945 fue un año crucial en Puerto Rico y en el mundo. Entre los acontecimientos más relevantes se encuentran: la bomba

---

[6] *El Mundo*, 10 de diciembre de 1944, pág. 2.

atómica, el *Bill* Tydings – Piñero, y la idea del plebiscito. La idea del plebiscito marca su diferencia con los Congresos. El 12 de abril de 1945, murió el presidente de los Estados Unidos, Franklin Delano Roosevelt y le sucedió Harry S. Truman. El grupo de intelectuales independentistas se refugió en la *Revista del Colegio de Abogados*, en la que reprodujo el *Bill* Tydings–Piñero en su totalidad. Dice Juan M. García Passalacqua:

> La amenaza era romper el monopolio tradicional de Muñoz sobre el asunto. El artículo principal era de Vicente Géigel Polanco, y se titulaba, *El problema de la soberanía en Puerto Rico*. El 7 de septiembre de 1945, inocente de la angustia que atravesaba, Gilberto Concepción de Gracia acusó a Muñoz de traición.[7]

La documentación encontrada en el Archivo de la Fundación Luis Muñoz Marín evidencia los temores de Muñoz de que los Congresos Pro Independencia se convirtieran en un partido político. En 1936, con su Acción Social Independentista (ASI), se había dividido el Partido Liberal Puertorriqueño. Para él la fundación de la organización independentista era una amenaza de convertirse en un nuevo partido y evitar el triunfo del Partido Popular Democrático en las elecciones de 1948.

El Congreso Pro Independencia favorecía la consulta directa al pueblo para que fuese éste quien dijera la palabra final sobre el status político de Puerto Rico. Repudiaba el Proyecto 1002 recomendado por la Comisión Legislativa, conocido como el Proyecto Tydings – Piñero - por haber sido presentado en el Senado y en la Cámara de Representantes, por el senador Millard E. Tydings y el comisionado residente Jesús T. Piñero. - el cual incluía la fórmula de dominio, que era la colonia disfrazada. El Congreso respaldaba el Proyecto Tydings original (HR. 227) con las enmiendas sometidas por ellos.

Concepción de Gracia reaccionó a los ataques de Muñoz de "deslindar los campos." Recomendó al Comité Ejecutivo del Congreso que creara Comités de Acción Política en todo el país, como

---

[7] García Passalacqua, Juan M., *Una guerra civil en la conciencia, visión de Luis Muñoz Marín*, Prontuario – Vol. 11, Centro de Estudios Avanzados de Puerto Rico y el Caribe, 1996, págs. 73-74.

auxiliares de las delegaciones locales del Congreso, a los fines de laborar por que figuraran los independentistas en los comités locales. [8]

En una serie de cuatro artículos publicados en 1946 en *El Mundo*, expresó Muñoz Marín, una vez más, «la inviabilidad de la independencia en su sentido tradicional, a la luz de los especiales problemas económicos de Puerto Rico». [9] Cada vez se hacía más patente el hecho de que Muñoz y sus adeptos estaban dispuestos a aceptar cierta especie de estatuto intermedio que ofreciese un margen más amplio de autonomía interna.

Las polémicas entre Muñoz y algunos líderes independentistas del Partido Popular Democrático se discuten en una reunión el 3 de julio de 1946 en Barranquitas. [10] En dicha reunión, que duró cerca de diez horas, Muñoz expresó sus "angustias de pensamiento y emoción". [11] Vicente Géigel Polanco y Francisco Susoni presentaron una vigorosa oposición ante el carácter "confuso" de las llamadas soluciones "alternativas", e insistían en que se continuase la lucha por la independencia. Esta reunión marcó el fin del primer periodo en la transición ideológica que realizó el Partido Popular Democrático, pasando de un independentismo moderado a apoyar un estatuto transitorio autónomo. Los efectos de esa decisión se hicieron sentir en las elecciones de 1948 y 1952, con el ascenso del Partido Independentista Puertorriqueño, que no fue otra cosa que, precisamente, un deslinde del PPD, y que desde entonces ha evitado la reconciliación.

---

[8] Carta Circular por el Comité Ejecutivo del Congreso Pro Independencia firmada por Víctor M. Bosch, secretario ejecutivo y Gilberto Concepción de Gracia, presidente.
[9] "Alerta a la conciencia puertorriqueña". *El Mundo*, 7 de febrero de 1946, pág. 1,20; 8 de febrero de 1946, pág. 1, 20; 9 de febrero de 1946, pág.1, 20; 10 de febrero de 1946, pág. 1,21.
[10] Para más detalles en torno a la reunión ,se puede consultar el trabajo de Néstor R. Duprey Salgado, *Independentista Popular, las causas de Vicente Géigel Polanco*, Capítulo VIII, Colombia, 2005.
[11] García Passalacqua, *Una guerra civil en la conciencia*, pág. 77.

Bases del Partido Independentista Puertorriqueño
Primera reunión de la fundación

El 25 de julio de 1946, se celebró la primera reunión formal para crear el nuevo partido. Se llevó a cabo en la residencia de Gabriel Vicente Maura, en el barrio Sabana Llana de Río Piedras. Entre los que asistieron, se encontraban, Gilberto Concepción de Gracia, quien presidió la reunión, Baltasar Quiñones Elías, J. Bordonada, Juan Sáez Corales, Juan Santos Rivera, César Andreu Iglesias, Rafael Soltero Peralta, Juan Enrique Soltero, Sergio S. Peña, Antonio Santaella, Osvaldo Ramírez Torres, Julio García Díaz, José L. Feliú Pesquera, William Córdova Chirino y Víctor M. Bosch. A moción de Concepción de Gracia, se acordó celebrar varias asambleas de consulta y orientación, y se constituyó un Comité de Contacto y Organización, compuesto por Concepción de Gracia, Quiñones Elías, Córdova Chirino, Julio García Díaz y Juan I. Gómez. En semanas subsiguientes se llevaron a cabo tales asambleas en Ponce, Caguas, Arecibo y Aguadilla. La delegación de Mayagüez en el C.P.I. repudió la idea de hacer un partido independentista, por considerar que el triunfo de un partido sobre otro partido político en la colonia ha sido siempre la eterna derrota de los puertorriqueños y el triunfo del imperio.

El 30 de septiembre de 1946, cerca de 300 personas asistieron a una reunión celebrada en la Gallera Belén de la playa de Ponce, donde se ratificó el propósito de crear un nuevo partido político para conquistar, mediante el voto del pueblo en los venideros comicios electorales, la total soberanía de Puerto Rico. Los nombres de los concurrentes se guardó en absoluta reserva, pero "sabemos que estuvieron presentes prominentes líderes populares, agricultores, industriales, obreros y profesionales de Ponce y de otros distritos". [12]

La situación política del país y distintos problemas económicos y sociales que afrontaba el pueblo fueron discutidos. Diversas ponencias de todos los asuntos importantes que debían formar parte del programa político fueron presentadas. El nuevo partido empezó a causar favorable impresión en Ponce, motivando adep-

---

[12] *El Imparcial*, 1 de octubre de 1946, pág. 3.

tos interesados en comenzar la campaña de inscripción, pues había mucho disgusto con las actuaciones del Partido Popular Democrático, que se encontraba en el poder.

En los salones del Club Cagüeño, se celebró la reunión de Caguas el 6 de octubre. Según el representante José L. Feliú Pesquera, secretario del Comité Organizador del nuevo Partido Independentista, fue la última reunión de distrito, ya que se habían celebrado otras reuniones en Trujillo Alto, Arecibo, Caguas, Aguadilla y Ponce. El Comité de Contacto de Caguas lo presidió el representante Baltasar Quiñones Elías.

Abrió el acto Concepción de Gracia, presidente del Comité Organizador, quien explicó los propósitos del nuevo Partido y declaró que el Congreso Pro -Independencia continuaría como una organización cívica no partidista, para que sirviera de organismo fiscalizador de todos los partidos organizados en Puerto Rico y para que estuviera alerta y no permitiera que el nuevo movimiento se desvirtuara. Manifestó Concepción que el nuevo movimiento "respondía a la acción independiente de líderes independentistas de todo Puerto Rico". [13]

En sus palabras al público presente señaló:

Es hora ya de que esto termine, y de que los independentistas forjemos nuestro propio instrumento político, sin dobles, y que vayamos a la lucha con la conciencia clara de que representamos la voluntad mayorista del país y de que podemos crear un instrumento eficaz y capaz de utilizar el poder público para el logro del reconocimiento de la soberanía puertorriqueña.

Hemos sido el juguete de políticos coloniales que han capitalizado el sentimiento patriótico para escalar el poder y desde el poder traicionar nuestras aspiraciones de libertad.[14]

Se acordó citar al liderato independentista para una asamblea general de líderes en la Gallera Tres Palmas de Bayamón. Asistieron a Caguas numerosos representantes del trabajo organizado, profesores universitarios, líderes estudiantiles, abogados, médicos, ingenieros, granjeros, químicos, funcionarios públicos, legislado-

---

[13] *El Imparcial*, 8 de octubre de 1946, pág. 2.
[14] Ibid.

res, alcaldes, asambleístas municipales, periodistas y representación de entidades cívicas y culturales. Entre los presentes, se encontraban Baltasar Quiñones Elías, el doctor Sergio L, Peña, el senador William Córdova Chirino, el alcalde Fernando Milán, el doctor Julio García Díaz, el doctor Manuel García Estrada, Juan J. Gómez, Rafael Soltero Peralta, Juan Enrique Soltero Peralta, Emilio Sanz Carrión, José Feliú Pesquera, Salvador Rodríguez, Rafael Castro, Jorge Luis Landing, Jesús Bordonada, Marcianita Font, Julio César López, Vicente Maura, José Emilio González, Francisco Matos Paoli, José Enamorado Cuesta, Arturo Gallardo, Lidio Cruz Monclova, Marcos Ramírez, Rvdo. Bartolomé Cotto, Domingo Marrero Navarro y otros.

Se solicitó de los presentes enviar sugerencias al secretario del Comité Organizador, Feliú Pesquera, sobre nombre, insignia y bandera del nuevo partido. La asamblea terminó a las ocho de la noche, entre vivas a la independencia de Puerto Rico, al nuevo Partido Independentista y al doctor Gilberto Concepción de Gracia.

Asamblea Gallera Tres Palmas de Hato Tejas

A partir del 17 de octubre de 1946, se comenzó a publicar en la prensa del país un anuncio de Recordatorio a los Independentistas[15] por el secretario del Comité Organizador Feliú Pesquera, en el cual cabe destacar el 20 de octubre en Bayamón, Gallera Tres Palmas, comenzando a las diez de la mañana, la asamblea para fundar el Partido Independentista Puertorriqueño. Para poder participar en las deliberaciones los asistentes tenían que estar provistos de credenciales.

La ponencia sobre el aspecto cultural del movimiento, que se presentaría en la Asamblea, fue encomendada a un grupo de catedráticos que se reunió en la residencia de la doctora Margot Arce de Vázquez, para considerar los puntos de la ponencia. El grupo estaba formado por María Teresa Babín, Julio García Díaz, Manuel García Díaz, Angel Luis Morales, Lidio Cruz Monclova, Marcos A. Ramírez, Roberto Beascochea Lotta, José Emilio

---

[15] Subrayado por la autora.

González, Osvaldo Ramírez Torres, Rafael Soltero Peralta, Juan Enrique Soltero Peralta, Domingo Marrero, Augusto Bobonis, José Ferrer Canales, Domingo Toledo Alamo, José M. Lázaro, Rubén del Rosario, Manuel Siaca Rivera, Francisco Matos Paoli y Margot Arce de Vázquez. Muchos de ellos habían participado en las distintas asambleas celebradas en el país. Otros catedráticos estaban considerando si entraban o no a la colectividad, dependiendo su ingreso del programa político y económico que adoptara el partido.

Bajo la presidencia del licenciado Baltasar Quiñones Elías, y actuando de secretario el representante a la Cámara, José Luis Feliú Pesquera, se celebró la Asamblea en la Gallera Tres Palmas, de Bayamón, el 20 de octubre de 1946. En ella se constituyó el nuevo partido independentista, con una asistencia inicial de 500 delegados de todo el país. Sin embargo, continuaron llegando delegados de distintos pueblos, por lo que el secretario certificó luego una asistencia de 1,013 delegados. A las doce del día, Quiñones Elías declaró abierta la asamblea, poniendo en el uso de la palabra al presidente de la Asamblea Municipal de Bayamón, Ramón Rodríguez, quien dio la bienvenida a los delegados a nombre del alcalde Rafael Torrech y en el suyo propio. Rodríguez reconoció la presencia de Jacinto Marrero, Andrés Díaz, Edmundo B. Fernández, Ramón Nevárez y Pascual Juan. Las citadas personas fueron invitadas a tomar asiento en la mesa presidencial, siendo largamente ovacionados.

Quiñones Elías procedió a nombrar los comités de credenciales, programa y resoluciones y otros dos comités encargados de recibir los nombres, insignias y banderas que sugirieran para el partido. Los distintos comités quedaron integrados de la siguiente manera: Comité de Resoluciones, Antonio Coll Vidal, Casimiro Berenguer, Marcos A. Ramírez, Angel Calderón, William Córdova Chirino, José M. Tejada, Francisco Matos Paoli, Francisco Garrastegui y Marcianita Echeandía; Comité de Programa: Rafael Soltero Peralta, Domingo Marrero Ledesma, Manuel García Estrada, Juan E. Soltero Peralta, José Enamorado Cuesta, Emilio Soler López. Luis Pérez Vega. Dora Santana y Rubén del Rosario; El Comité de Credenciales y los comités encargados de recibir los nombres, banderas e insignias sugeridas para el partido fueron presididos por Arturo Gallardo Woods, Carlos Carrera Benítez y Julio García Díaz. El presidente provisional fue Quiñones Elías y como secretario Feliú Pesquera en la mesa los señores Gilberto Concepción de Gracia, Casimiro Berenguer, Carlos Carrera Benítez, Julio García Díaz, Rafael Soltero Peralta, Jacobo Córdova Chirino y Tomás Acosta Ramis.

Ante la lectura de telegramas recibidos de todo el país surgió un incidente. Uno de los telegramas sugería el nombre de uno de los líderes del movimiento para presidir el Partido. El secretario, Feliú Pesquera, manifestó que no se le iba a dar lectura, por entender que no debía discutirse ni proponerse en la Asamblea candidato alguno para la presidencia de la colectividad, ya que no estaba incluida la cuestión en la orden del día. Un gran número de delegados empezó a demandar la lectura del telegrama, dividiéndose la asamblea unos a favor y otros en contra. Luego de un debate, la asamblea, por una mayoría abrumadora, resolvió que no se diera lectura al telegrama.

A fin de orientar a los delegados sobre la labor a realizar, se dio lectura a la orden del día, después de lo cual hicieron uso de la palabra los señores Gilberto Concepción de Gracia y Carlos Carrera Benítez. En el curso de su discurso, el doctor Concepción de Gracia manifestó que:

> El Comité Organizador del nuevo partido había querido reunir en la asamblea el mayor número posible de líderes independentistas de toda la Isla, para instrumentar un partido capaz de enfrentarse con éxito al Partido Popular Democrático, para hacer realidad la independencia de Puerto Rico y que daría todo su concurso y sus entusiasmos para el éxito de la causa.[16]

El licenciado Carrera Benítez ofreció toda su cooperación al movimiento, así como la del Partido Independentista Laborista, que él presidía. Cerca de las dos de la tarde, se decretó un receso de diez minutos, retirándose a deliberar los distintos comités nombrados. Momentos después, se decretó un receso para almorzar y continuar con la parte final de la Asamblea.

Según una nota que enviara la delegación de Mayagüez al

---

[16] *El Mundo*, 21 de octubre de 1946, pág. 7.

Congreso Pro - Independencia de Puerto Rico, en asamblea celebrada el 16 de octubre de 1946, se acordó no prestar cooperación a la organización de nuevos partidos, por entender, que con ello estarían cooperando a dividir más al pueblo puertorriqueño. A tal efecto, la referida delegación acordó solidarizarse con la respuesta dada por el líder independentista de Mayagüez, Santiago Mari, al doctor Concepción de Gracia, en relación con el nuevo partido independentista. En la mesa presidencial se recibieron veintidós proposiciones de nombre e insignia para la nueva colectividad.

Durante el primer y segundo Congreso Pro – Independencia, los puertorriqueños residentes en Estados Unidos se incorporaron a ellos en defensa de la independencia de Puerto Rico. Desde la presidencia de Gilberto Concepción de Gracia en el Segundo Congreso Pro - Independencia se mantiene una estrecha relación entre él y el congresista norteamericano por Nueva York, Vito Marcantonio.[17] Al finalizar el segundo Congreso, Marcantonio sometió un nuevo proyecto de ley de independencia para Puerto Rico, que contenía las enmiendas recomendadas por la dirección del CPI.

Al fundarse el PIP, Marcantonio continuó, hasta el final de sus días, solidario y en estrecha relación de amistad con el doctor Concepción de Gracia y su lucha por lograr la independencia. Además del senador Millard E. Tydings, que respaldó la independencia en el Senado, unos sesenta a ochenta miembros de la Cámara de Representantes, dirigidos por Marcantonio, la apoyaban y dieron su respaldo a la nueva organización independentista fundada en Bayamón.

A moción de Carlos Carrera Benítez, se adoptó el nombre de Partido Independentista Puertorriqueño. Se creó un organismo provisional, designando un Comité Central Directivo Provisional compuesto por diecinueve miembros electos en esa reunión y catorce miembros adicionales a ser designados por los diecinueve miembros electos. Se acordó la organización e inscripción del nuevo partido, y una resolución que decía:

---

[17] Véase, para más detalle en torno a Vito Marcantonio y Puerto Rico, el trabajo del Dr. Félix Ojeda Reyes, *Vito Marcantonio y Puerto Rico, por los trabajadores y la nación*, Ediciones Huracán, México, 1978.

Se organiza con el propósito primordial de laborar por el reconocimiento inmediato de la soberanía del pueblo de Puerto Rico, a los fines de que el pueblo de Puerto Rico se constituya en una república libre, independiente y democrática. Este objetivo no podrá ser alterado ni sustituido, sin que el partido pierda el motivo esencial de su existencia, y quienes propagan o intenten cambiarlo quedarán automáticamente fuera del Partido.[18]

Se acordó que irían a las elecciones y, de obtener mayoría legislativa, demandarían la independencia de Puerto Rico. Adoptaron la bandera "de forma rectangular, con fondo verde y en el centro una cruz blanca".[19] La bandera fue diseñada por el poeta Graciany Miranda Archilla.

La bandera presentada en la Asamblea es de forma rectangular, verde esmeralda, dividida en cuatro cuarteles por una cruz latina blanca, no centrada. Hay proporción de dos a uno en el tamaño de sus cuarteles diestros y siniestros. El pie de la cruz es dos veces mayor que la cabeza del símbolo latino; los brazos de éste son iguales en tamaño, de una cruz latina blanca, acostada en el campo verde.

La historia puertorriqueña está signada de cruces, como la historia de todos los pueblos de la Cristiandad. Somos un pueblo cristiano y es la cruz para nosotros, además del símbolo más tiernamente familiar y más conmovedoramente humano, una fuente de vida: un símbolo de redención.[20]

La cruz figura en dos posiciones: la horizontal y la vertical, dependiendo ello de la posición adoptada por la bandera. La explicación es la siguiente:

La Cruz aparece acostada sobre un campo verde esmeralda porque es la cruz que lleva a cuestas nuestro pueblo, la cruz que los puertorriqueños de ayer y de hoy cargamos

---

[18] Pagán, Bolívar. *Historia de los partidos políticos puertorriqueños (1898-1956)*, 2 Tomos, (Academia Puertorriqueña de la Historia, San Juan, Puerto Rico), España, págs. 259-260.
[19] *Ibid.* pág. 260.
[20] Archivo personal, Dr. Eduardo Rodríguez Vázquez, artículo publicado en *El Mundo*, 3 de noviembre de 1946, Guaynabo, Puerto Rico.

al reconocer el camino espinoso del sacrificio, la cruz que forma parte de la carne de un pueblo que inició hace más de cuatro siglos y medio su vía crucis histórico: es la cruz que pesa y duele en la conciencia. Y la cruz aparece de pie cuando los cuarteles verdes asumen una posición vertical: es, entonces, la cruz levantada para redimir a los hombres con la divina locura de un abrazo. [21]

También puede interpretarse que en esa cruz de pie habrán de ser sacrificados, de una vez para todas, las fuerzas negativas que conspiran contra la redención del hombre. Y todo ello en verde esmeralda y blanco.

Además continuarían usando la histórica bandera monoestrellada de Puerto Rico. El 11 de agosto de 1947, se comenzó la inscripción electoral del PIP en Barrio Obrero, Santurce.

El 27 de octubre de 1946, se reunió el Comité Ejecutivo del Congreso Pro- Independencia y acordó someter a referéndum de sus miembros la disolución de dicho Congreso, lo que fue aprobado.

LA CONSTITUYENTE DEL NUEVO PARTIDO

La Junta de Directores del Partido Independentista se reunió el lunes 22 de octubre en las oficinas del licenciado Rafael Soltero Peralta, para considerar el plan de trabajo a seguir para la organización de la convención constituyente del Partido. Durante esa reunión se nombraron los miembros que representarían los distritos en la Junta Provisional de Directores del Partido Independentista Puertorriqueño, en organización todavía. Como miembros: William Córdova Chirino, Juan S. Gómez; licenciado Gilberto Concepción de Gracia, presidente; representante Baltasar Quiñones Elías, licenciados Víctor M. Bosch, Jesús Bordonada, Jaime González, doctor Sergio S. Peña, José M. Tejada, Félix Morales, doctor Osvaldo Ramírez Torres, doctor Julio García Díaz, licenciado Rafael Soltero Peralta, Casimiro Berenguer, Emilio Soler, Salvador Rodríguez Pérez, Jorge Luis Landing, Emilio Sanz Carrión, licenciado Carlos Carrera Benítez, doctor Manuel García

---

[21] *Ibid.*

Estrada, Modesto Gotay, Antonio Coll Vidal y Angel Calderón Otero.

Como presidente de la Junta de Directores, Concepción de Gracia comentó sobre las declaraciones del *Speaker* Francisco Susoni:

> El Partido Independentista Puertorriqueño es la única esperanza de nuestro pueblo... Nuestro partido aunará las fuerzas independentistas que a lo largo de nuestra triste historia colonial han sido ignoradas y pisoteadas por los eternos manipuladores de nuestra libertad.
>
> No es ya el ochenta por ciento del Partido Popular el que está a favor de la independencia de Puerto Rico, es el 90 por ciento de nuestro pueblo. Lo desgraciado y lo lamentable es que las grandes muchedumbres independentistas puertorriqueños han sido defraudados por el presidente del Partido Popular, quien se ha erigido a sí mismo en la única voz y en la única voluntad de su partido, persiguiendo a los independentistas, y rehuyendo la responsabilidad histórica de dar la gran batalla por nuestra libertad.
>
> La batalla por la independencia hay que librarla ahora. No se puede posponer para el problemático momento en que "el Congreso autorice la celebración de un plebiscito". Menos aún, si el plebiscito fuera el gestionado por la Comisión Legislativa".[22]

Reacción Del Partido Popular Democrático

Durante el proceso de fundación del Partido Independentista Puertorriqueño, se desarrolló una campaña en contra de su creación por parte del liderato del Partido Popular Democrático. Consideraban que no era necesaria la creación de un nuevo partido para la defensa de la independencia. Para ellos, se contaba con varios que habían probado ser consecuentes y leales defensores del ideal, destacándose con preferencia por su elocuente historia de sacrificios, el Partido Nacionalista.

---

[22] *El Mundo*, 25 de octubre de 1946, págs. 1-7.

Ante las acusaciones del Partido Popular, la Junta de Directores del PIP, a través de su presidente en funciones Baltasar Quiñones Elías, se expresó en la forma siguiente:

Tiene razón el Presidente del Partido Popular Democrático cuando dice que se han deslindado los campos al crearse el Partido Independentista Puertorriqueño. Se ha hecho el deslinde claro y preciso, entre los que creemos y defendemos la independencia y aquéllos que dicen creer en ella, pero la atacan por todos los medios. Bien se sabe en qué Partido están los que se encubren como defensores de la causa y no desperdician oportunidades de atacar a la independencia y a los independentistas. Por formar filas en la organización patriótica llamada Congreso Pro - Independencia, se declaró a estos "incompatibles" desde Arecibo.

Tres meses antes de las elecciones de 1944 se reunió en Ponce la Asamblea General del Partido Popular y el acuerdo más importante de esa asamblea fue el que el Partido se comprometía a aprobar la ley de consulta al pueblo "no más tarde de cuando se termine la guerra con los poderes totalitarios". Hace catorce meses que terminó la guerra, y todavía el pueblo aguarda impaciente que se apruebe la ley para consultársele sobre la forma de status que desea.

La Legislatura Popular aprobó una ley de consulta a Washington, para que fuese el Congreso quien determinara las formas de status a ser sometidas al pueblo para su decisión. [23]

Posición del Partido Nacionalista

Para el liderato del Partido Nacionalista, el nuevo partido era un obstáculo para el logro de la independencia, porque la experiencia ha demostrado que con los votos se ha engañado, ofuscado y se ha dividido la conciencia nacional puertorriqueña. Para el nacionalismo, era importante ir al retraimiento electoral en noviembre de 1948. El Partido Nacionalista estaba comprometido

---

[23] *El Mundo*, 31 de octubre de 1946, págs. 1-7.

a hacer la República, mediante la celebración de la Convención Constituyente.

Paulino E. Castro, secretario general del Partido Nacionalista, narró en la prensa sus experiencias en una gira por toda la isla. Indicó:

> ...que los nacionalistas conscientes se mantienen firmes en los postulados del Partido Nacionalista, evitando que siga el divisionismo en las filas de la patria, y que aumenta en forma considerable entre todo el pueblo de Puerto Rico la conciencia de nulidad de las elecciones coloniales, preparándose para una completa abstención electoral. [24]

Además, Julio de Santiago, presidente interino del PN, publicó varios anuncios a los nacionalistas de todo Puerto Rico, para que no cooperaran con la fundación de un nuevo partido independentista. En uno de sus párrafos se lee el siguiente mensaje:

> La acción es una de sabotaje al Nacionalismo, que hoy por hoy es la patria organizada para el rescate de su soberanía, y cuya acción conlleva implicaciones de deslealtad al líder máximo del Movimiento Libertador Puertorriqueño, quien sufre en el exilio por su consagración a la causa de la independencia de Puerto Rico, y asimismo acto de traición a las propias convicciones de todo afiliado al Partido Nacionalista de Puerto Rico.
>
> Es hora ya de que la conciencia puertorriqueña se dé cuenta de que concurrir a los comicios coloniales es BOTAR los votos.[25]

Inscripción del Partido

En entrevista con el doctor Antonio J. González sobre sus experiencias durante el proceso de inscripción del partido, éste indicó sobre Concepción de Gracia:

> Le conocí pocos días antes de la asamblea en Tres Palmas y le presenté varios jóvenes comprometidos en la lucha por la independencia y nos comprometimos a asistir.

---

[24] *El Mundo*, 16 de octubre de 1946, pág. 10.
[25] *El Imparcial*, 23 de octubre de 1946, pág. 9.

Gilberto tenía mucho entusiasmo.

Después de la Asamblea, volvimos a encontrarnos en Ciales, en la reunión para seleccionar el candidato a Alcalde para las elecciones de 1948, en el cual fui electo candidato a la Alcaldía de Ciales.[26]

En 1947, el doctor Antonio J. González ingresó a la facultad de la Universidad de Puerto Rico en el Recinto de Río Piedras, e invita al doctor Concepción de Gracia a ofrecer una conferencia. En ella le presentó muchos jóvenes universitarios que ingresaron al partido. Le acompañó por muchos lugares durante el proceso de inscripción hasta su partida en 1952 a la Universidad de Harvard. A su regreso en 1954, continúa su amistad y su admiración por Concepción de Gracia hasta sus últimos días.

En agosto de 1947, el PIP comenzó la tarea de inscripción, finalizando en abril de 1948 en el municipio de Culebra. El Partido Popular Democrático hizo todo lo posible por evitar la labor de inscripción. Se requería el diez por ciento de los votos y cada inscripción era juramentada ante el juez municipal. Muñoz Marín dijo en un mitin que: "primero Concepción de Gracia cumpliría 99 años, antes de inscribirse el PIP"[27] En la mañana del otro día y desde la isla municipio de Vieques le fue enviado a Muñoz Marín un telegrama firmado por don Gilberto: "Ayer cumplí cien años en Culebra".[28]

Antes de la fecha límite establecida por la ley electoral ya estaba inscrito como partido por petición. El doctor Francisco Susoni, quien era Presidente de la Cámara de Representantes y vicepresidente del Partido Popular, renunció a los cargos, para ingresar al PIP y aceptar la candidatura a gobernador en las elecciones de 1948. El Partido logró mantener su franquicia electoral en las elecciones de 1948, al sacar más del 10% de los votos emitidos.

---

[26] Entrevista con el doctor Antonio J. González, 21 de agosto de 2008. Centro de Estudios Avanzados de Puerto Rico y el Caribe, San Juan, Puerto Rico.
[27] Mari Bras, Juan. *El independentismo en Puerto Rico, su pasado, su presente y su porvenir*. Editorial CEPA, República Dominicana, 1984, pág. 111.
[28] Colón Prats, Ariel. *Hace treinta y seis años*, Puerto Rico Libre, órgano oficial del PIP, julio de 1982, pág. 7.

En su libro, Juan Mari Bras nos describe la campaña electoral del 1948 como un crimen histórico.

A la independencia se le asociaba con la extrema miseria, con Haití. Lo que se presentaba eran fotografías y diapositivas de la pobreza extrema de Haití: ésta es la independencia. Fue una campaña brutal en todos los sentidos, en términos de la presión y en términos de propaganda. [29]

Con toda esta adversidad, el Partido mantuvo su campaña de lucha por la independencia bajo el entusiasta liderato del doctor Concepción de Gracia, defensor de la finalidad política de hacer de Puerto Rico una república libre, independiente y democrática.

NOTA

El libro que he publicado sobre los Congresos Pro-Independencia contribuye a describir el momento culminante del independentismo dentro del Partido Popular Democrático que desembocó en la fundación del Partido Independentista Puertorriqueño. Este ensayo es el comienzo de un libro sobre esos orígenes y fundación y el rol del doctor Gilberto Concepción de Gracia hasta la década de 1960.

---

[29] Mari Bras. *El independentismo*, pág. 112.

Bibliografía

Fuentes primarias:
1. Archivo Instituto Gilberto Concepción de Gracia, Oficina del licenciado Gilberto Concepción Suárez, Edificio Olimpo, Río Piedras.
2. Archivo Histórico Arturo Morales Carrión, Universidad Interamericana en San Germán.
3. Archivo personal, Dr. Eduardo Rodríguez Vázquez, Guaynabo, Puerto Rico.

Periódicos
Semanario *Claridad*
    5 al 11 de julio de 2007
El Imparcial
    1 de octubre de 1946
    8 de octubre de 1946
    23 de octubre de 1946
El Mundo
    7 de febrero de 1946
    8 de febrero de 1946
    9 de febrero de 1946
    10 de febrero de 1946
    16 de octubre de 1946
    21 de octubre de 1946
    25 de octubre de 1946
    31 de octubre de 1946
    10 de noviembre de 1946
Puerto Rico Libre – Órgano oficial del Partido Independentista Puertorriqueño
    julio de 1982
    septiembre de 1982
    julio de 1983

Fuentes secundarias:

Alsina Orozco, Amalia, *Los Congresos Pro Independencia*, Centro de Estudios Avanzados de Puerto Rico y el Caribe, República Dominicana, 1994.

Díaz Soler, Luis Manuel, *Puerto Rico, sus luchas por alcanzar estabilidad económica, definición política y afirmación cultural 1898 - 1996*, Isabela Printing, Puerto Rico, 1998.

Duprey Salgado, Néstor. *Independentista Popular, Las Causas de Vicente Géigel Polanco*, Colombia, 2005.

Conversaciones en el bohío, Luis Muñoz Marín y Roberto Sánchez Vilella en sus propias palabras, Tomo II, Fundación Luis Muñoz Marín, Colombia, 2005.

García Passalacqua, Juan M. *Una guerra civil en la conciencia, Visión de Luis M. Marín*, Prontuario, Vol. II, Centro de Estudios Avanzados de Puerto Rico y el Caribe, 1996.

Mari Bras, Juan, *El independentismo en Puerto Rico, su pasado, su presente y su porvenir*, Editorial CEPA, República Dominicana, 1984.

Ojeda Reyes, Félix. *Vito Marcantonio y Puerto Rico, por trabajadores y la nación*, Ediciones Huracán, México, 1978.

Pagán, Bolívar, *Historia de los partidos políticos puertorriqueños* 1898-1956, Academia Puertorriqueña de la Historia, España, 1972.

Entrevistas

Antonio J. González, 21 de agosto de 2008, Centro de Estudios Avanzados de Puerto Rico y el Caribe, San Juan, Puerto Rico.

El Colegio, Gilberto y el 65 de Infantería[30]

CARLOS MONDRÍGUEZ TORRES

Ha pasado mucho tiempo, tanto, que ya casi nadie recuerda que en 1953 existió un gran vínculo entre el Colegio de Abogados de Puerto Rico, el licenciado Gilberto Concepción de Gracia y los soldados puertorriqueños del 65 de Infantería. En esta crónica relataré la naturaleza de ese vínculo. Antes, resulta necesario exponer el trasfondo histórico de lo que, a mi juicio, es una de las gestas más nobles llevadas a cabo por el Colegio de Abogados de Puerto Rico y por un grupo de abogados, entre los cuales se destacó Gilberto Concepción de Gracia.

TRASFONDO HISTÓRICO

Estados Unidos irrumpió en el escenario de la Segunda Guerra Mundial luego del bombardeo a Pearl Harbor y una gran campaña publicitaria que condujo a la conscripción voluntaria de docenas de miles de jóvenes, incluida la juventud puertorriqueña. Las atrocidades de los nazis en los campos de concentración contribuyeron a la masiva conscripción.

---

[30] Dedicado a la memoria del insigne patriota y abogado ejemplar, Gilberto Concepción de Gracia, cuyo centenario celebramos el 9 de julio de 2009.

Terminada la Segunda Gran Guerra, los vencedores, comunistas y capitalistas, dividieron en dos a una Europa destruida y a su mercado cautivo. De igual forma, dividieron a Corea por el paralelo 38. Nació la Organización de las Naciones Unidas y, con ella, la esperanza de las naciones de menor poder. A los puertorriqueños, la guerra les dejó centenares de soldados muertos y una ley del Congreso de Estados Unidos que les permitía elegir a su gobernador, aplacando así el sentimiento independentista, que, para entonces, era mayoritario.

En 1948, cuando aún soplaban los vientos de paz de la post guerra, otra ley del Congreso y una proclama de su presidente bastaron para imponerle a los puertorriqueños la Ley del Servicio Selectivo[31], nombre eufemístico con el que se designó la Ley de Servicio Militar Obligatorio y su componente de castigo carcelario para el que se negara a inscribirse y/o participar en las fuerzas armadas estadounidenses. Al igual que ocurrió en 1917 con la Ley Jones, en 1948 no se consultó al pueblo de Puerto Rico al imponerle la ominosa ley.

Varios jóvenes puertorriqueños se negaron a acatar la ley. Entre éstos, Rafael Cancel Miranda, un hijo de Mayagüez que militaba en el Partido Nacionalista de Puerto Rico. Por su negativa a inscribirse en el ejército de Estados Unidos, Cancel Miranda fue acusado, en 1949, y condenado a dos años y medio de prisión. El fiscal a cargo de procesarlo en el Tribunal Federal en San Juan fue Francisco Ponsa Feliú, el mismo que en 1954 sería candidato a la presidencia del Colegio de Abogados de Puerto Rico.[32]

Al joven Cancel Miranda se le negó la fianza en apelación y se le ingresó en la cárcel La Princesa. Enterados de que sería tras-

---

[31] La ley requería que todo hombre entre 18 y 26 años se registrara, y todo reclutado, entre 19 y 26 años, prestara servicio militar durante 21 meses, seguidos de cinco años de servicio en la reserva. Al entrar Estados Unidos en la Guerra de Corea, la ley fue reemplazada por la Universal Military Training and Service Act, que extendió el servicio militar a 24 meses y redujo la edad mínima de reclutamiento a 18 años y medio. La extensión a Puerto Rico de esta ley tampoco le fue consultada.

[32] En la Asamblea de 1954, primera en la que se eligió por voto directo al presidente del Colegio de Abogados, resultó electo presidente don Félix Ochoteco.

ladado a una cárcel federal en los Estados Unidos, sus abogados[33] presentaron una moción oponiéndose al traslado, hasta tanto se sustanciara y resolviera la apelación. Denegada la moción, Rafael Cancel Miranda fue trasladado a la Penitenciaría Federal de Tallahasee, Florida. El Tribunal Federal de Apelaciones del Circuito de Boston confirmó la sentencia.

Para entonces – 1949 - el Departamento de Guerra de Estados Unidos estrenaba a Vieques como escenario de maniobras de desembarque. Llamaron a tales maniobras PORTREX, acrónimo que significaba "Porto Rico Exercises". Al PORTREX enviaron a las tropas de infantería elites del ejército de Estados Unidos y solicitaron el auxilio de tropas de puertorriqueños que tuvieran algún entrenamiento. De la isla grande enviaron parte de los soldados del Regimiento 65 de Infantería que habían sido veteranos de la Segunda Gran Guerra y que aún permanecían entrenando en la base de Tortuguero. El desenlace de las maniobras fue inesperado: los puertorriqueños frustraron el desembarco, demostrando de ahí en adelante que ellos eran la tropa elite.

El 25 de junio de 1950 estalló la guerra de Corea, precisamente en el paralelo 38. De inmediato, el presidente Harry S. Truman ordenó el envío de tropas a Corea. Los soldados puertorriqueños, quienes en su mayoría formaban parte del Regimiento 65 de Infantería, fueron movilizados también. Solo entonces se supo el verdadero propósito de las maniobras PORTREX y de extender a Puerto Rico, taxativamente, su ley de servicio militar obligatorio.

Debido a la prédica vigorosa de don Pedro Albizu Campos[34], y la campaña electoral del Partido Independentista en 1948, la juventud puertorriqueña no se inclinaba, como antes, a alistarse voluntariamente en el ejército de Estados Unidos. De ahí que el Congreso de Estados Unidos le impusiera a los puertorriqueños tan nefasta ley.

Albizu Campos recorrió las ciudades de Puerto Rico predicando el ideario independentista y manifestándose en contra de que la juventud puertorriqueña participara en el ejército de Estados

---

[33] Agustín Pérez Rodríguez y Juan Hernández Vallé.
[34] Albizu había regresado a Puerto Rico en diciembre de 1947, luego de extinguir una condena de diez años de prisión.

Unidos y la guerra de Corea. Lo mismo hizo el Partido Independentista Puertorriqueño, por campos y ciudades, bajo el liderato de Gilberto Concepción de Gracia. A pesar de ello, fueron reclutados, inicialmente, sobre 14,000 mil soldados puertorriqueños[35].

El 65 de Infantería en Corea

Los primeros soldados puertorriqueños en entrar en combate en Corea fueron, en su mayoría, veteranos de la Segunda Guerra Mundial, sumamente diestros en el manejo de armas y en técnicas de combate, como lo demostraron en PORTREX, y con un conocimiento aceptable del inglés, adquirido en las escuelas de Puerto Rico y en servicio miltar. Esos soldados llevaban más de un año entrenándose en la base de Tortuguero y en Vieques.

El 30 de octubre de 1950 estalló la revolución nacionalista, con la movilización de los Cadetes de la República en varios municipios del país, particularmente Jayuya, Utuado, Arecibo y Peñuelas. El 1 de noviembre de 1950, los Cadetes de la República Oscar Collazo y Griselio Torresola penetraron los predios de la residencia del presidente de Estados Unidos Harry S. Truman para darle muerte.

La noticia recorrió todos los rincones del planeta hasta llegar al frente de batalla en Corea.[36] La alta oficialidad del Ejército de Estados Unidos se ensañó contra los puertorriqueños y envió al Regimiento 65 de Infantería a penetrar las líneas enemigas sin respaldo de las unidades aéreas y de artillería. El 65 de Infantería penetró el territorio ocupado por las tropas del ejército chino, dando muestras de un valor sin precedentes en esa guerra. No bien cumplía el 65 de Infantería una misión difícil, el mando militar estadounidense le asignaba una misión aún más difícil.

---

[35] STM-30, Strength of the Army (Department of the Army 1 October 1950).

[36] Muna Lee, ex funcionaria del Servicio Secreto y, para entonces, funcionaria del Departamento de Estado de Estados Unidos, redactó la noticia del atentado en forma inflamatoria. La noticia fue publicada en infinidad de diarios el 2 de noviembre de 1950.

Cumplido su primer año en Corea, el 65 de Infantería había sufrido un total de 1,510 *casualties*, en combate en su inmensa mayoría heridos, pero les había ocasionado a los ejércitos de China y Corea del Norte 15,787 bajas y había capturado 2,169 prisioneros de Guerra. Solo en ese primer año, los oficiales y soldados del 65 de Infantería obtuvieron 125 Estrellas de Plata (*Silver Stars*) y 4 Cruces de Servicio Distinguido (*Distinguished Service Crosses*).[37]

Contra todo pronóstico, los soldados puertorriqueños del 65 de Infantería tomaron las colinas conocidas como *Outpost Kelly* y *Jackson Heights* en el valle de Chorwon entre Corea del Norte y Corea del Sur, es decir, en la línea frontal de batalla en el mismo paralelo 38. La fama de la valentía del 65 de Infantería no solo se esparció entre las tropas estadounidenses, sino entre las tropas chinas y coreanas. A diferencia de las tropas norteamericanas, que tomaban los triunfos del 65 de Infantería con recelo, encono y envidia, las tropas chinas y coreanas, de inmediato, aprendieron a respetar y temer al soldado puertorriqueño y a su valiente regimiento.

A pesar de los numerosos combates en que participó el 65 de Infantería durante 1950 y 1951, sus bajas fueron relativamente pocas. No por ello su realidad dejaba de ser dolorosa. Muchos soldados del 65 de Infantería resultaron gravemente heridos. Una vez sanaban, se les devolvía al frente de batalla.

Para febrero de 1951, los soldados del regimiento comenzaron a preguntar por qué ellos pasaban tanto tiempo en combate en el frente de batalla (*front line*), en comparación con otras unidades de infantería. El Brigadier General Armistead D. Mead, Assistant Division Commander de la Tercera División de Infantería, les contestó que el 65 era el Regimiento más fuerte de la división, porque habían llegado a Corea con exceso de fortaleza mientras a los otros regimientos les faltaba fortaleza (*It had arrived in Korea overstrength, at a time when the other regiments were understrength.*)

---

[37] Participation of Puerto Ricans in the Armed Services, Section II, p. 9; Command Reports, 65th Infantry Regiment, January – December 1951, Record Group 407, Boxes 2960-2969, NARA.

y además tenían más experiencia en combate y mayor capacidad táctica, de ocupación y defensa del territorio.[38]

Cumplido el tiempo máximo permitido en combate, buena parte del 65 de Infantería fue licenciado y renovado con reclutas puertorriqueños novatos, cuya preparación, veteranía, experiencia en combate y conocimientoo del inglés era inferior, por mucho, al de aquellos soldados boricuas que pisaron antes el suelo coreano. Para el otoño de 1952, la casi totalidad de los soldados que componían el regimiento solo hablaba español. En cambio, los oficiales del regimiento que hablaban español se habían licenciado, y habían sido sustituidos, en su inmensa mayoría, por oficiales norteamericanos que solo hablaban inglés. La alta oficialidad del ejército de Estados Unidos conocía tales limitaciones. Aún así, al 65 de Infantería le siguieron asignando las misiones más difíciles.

El fatídico otoño de 1952

Para agosto de 1952, ya el ejército chino había recuperado, con la ayuda de soldados de Corea del Norte, la colina Kelly. Los oficiales del ejército de Estados Unidos le ordenaron al 65 de Infantería recuperar la colina, ello a pesar de que, en su cima, el ejército chino había emplazado varios "nidos" de ametralladoras y lanza morteros.

Tan solo en septiembre de 1952, cuatrocientos ocho (408) soldados puertorriqueños murieron en el intento de retomar el *Outpost Kelly*. La tragedia del 65 de Infantería se agravó aún más cuando, en octubre de 1952, unidades del ejército chino retomaron *Jackson Heights*. Los oficiales estadounidenses les ordenaron a los soldados del 65 de Infantería retomar esa colina. En tan solo dos contraataques ese mes, murieron 259 soldados boricuas. De esa forma, los combates de septiembre y octubre de 1952 representaron un

---

[38] LTC (Retired) Carl H. Griffin, Korean War Survey, US Army Military History Institute. La conversación de Griffin con Mead tuvo lugar en febrero de 1951; "Letter from Colonel Childs to Clay Blair, November 12, 1984," The Clay and Joan Blair Collection – The Forgotten War, Box 44, Infantry Units, 3rd Division, 7th Division, 65th Infantry Folder, Military History Institute.

saldo de 667[39] soldados puertorriqueños muertos y centenares de heridos en el 65 de Infantería. Esta era la cifra de muertes más alta que regimiento alguno había aportado a la guerra. Considerando que las muertes ocurrieron en tan solo dos meses, la cifra resultaba del todo anómala y aterradora.

Las posiciones del 65 de Infantería eran imposibles de mantener, pues estaban rodeadas por cuatro divisiones del Ejército chino, y agobiados por unas 105,000 cargas de artillería al mes provenientes de ese ejército. Para colmo de males, el 65 de infantería no recibía estímulo alguno del alto mando militar de Estados Unidos. Todo lo contrario, mientras los muertos del 65 de Infantería casi alcanzaban la cifra de 756, el General Smythe ordenó que se le quitara al Regimiento boricua su ración especial de arroz con habichuelas y se removieran de sus vehículos y equipo militar el distintivo de *Borinqueneers* que tanto mortificaba a los estadounidenses.[40]

Tan ominosas resultaban las órdenes de contraataque dirigidas por la alta oficialidad estadounidense al regimiento puertorriqueño, que un oficial puertorriqueño, el teniente Juan Guzmán, desobedeció la orden, para evitar que continuara la matanza de puertorriqueños. El alto mando estadounidense acusó al oficial y a otros noventa y cuatro soldados puertorriqueños[41], involucrados en ése y otros incidentes, de desobedecer órdenes en el frente de batalla, y los procesó sumariamente, imponiéndoles penas de cárcel que fluctuaban entre seis meses y dieciocho años. Al oficial se le impuso la pena de muerte.

---

[39] Al terminar la guerra de Corea, habían muerto 756 soldados puertorriqueños, sin contar otros que nunca aparecieron.

[40] Lieutenant Colonel Carlos Betances-Ramírez, "Analysis and Comments on the Third Division's Staff Study dated 8 November 1952," 12 September 1998, p. 9. Copy in the author's possession. Major Silvestre E. Ortiz, Letter to Mr. Eliseo Combas-Guerra, 30 October 1952. Copy in author's possession; Major George D. Jackson, "The Battle for Jackson Heights, Sworn Statement," 16 February 1960, p. 3; Lieutenant Colonel Carlos Betances-Ramirez to Lieutenant Colonel Gilberto Villahermosa, US Army Center of Military History, June 30, 2000.

[41] Algunos de los acusados en corte marcial no estaban relacionados con los incidentes de las colinas Kelly y Jackson Heights.

La farsa del ELA y el paréntesis electoral

Como un mentís del destino a la farsa del Estado Libre Asociado, la familia puertorriqueña se cubría de luto por la muerte de sus hijos en Corea, mientras en Puerto Rico se ponía en vigor el Estado Libre Asociado, fórmula impulsada por Estados Unidos que, según Muñoz Marín, representaba al gobierno propio. La realidad era otra. El ELA no alteraba en lo absoluto la Ley de Relaciones Federales que servía de superestructura jurídica al poder colonial en Puerto Rico. Más bien lo perpetuaba.

La Ley Núm. 600 del Congreso de Estados Unidos y su producto, la Constitución del Estado Libre Asociado, recortada y así aprobada por ese Congreso, no pasaron de ser leyes que ordenaban las estructuras coloniales y traspasaban su administración a los puertorriqueños sin alterar o disminuir en lo más mínimo el poder de Estados Unidos sobre Puerto Rico, el cual siguió y sigue manifestándose a través del Congreso, el Presidente y la Rama Judicial de ese país. Esa realidad fue encubierta por un discurso y una campaña mediática dirigida a persuadir a los puertorriqueños a votar por la Constitución como una representativa de nuevas libertades y gobierno propio. La engañosa campaña fue exitosa. De esa forma, con un nuevo ropaje, algunos puertorriqueños consintieron su estado colonial.[42]

Los fatídicos sucesos del otoño ocurrían en los precisos momentos en que en Puerto Rico se celebraba la campaña electoral y las primeras elecciones generales bajo ambas constituciones. Inaugurada con bombos y platillos la flamante Constitución, y en momentos en que la guerra de Corea alcanzaba sus niveles de mayor beligerancia, se celebraron en Puerto Rico las elecciones generales. El Partido Independentista Puertorriqueño, que había votado contra la Ley Núm. 600 del Congreso, y boicoteado el proceso

---

[42] Cabe señalar que el Partido Independentista Puertorriqueño hizo campaña a favor del «No» en el referéndum del 4 de junio de 1951, y que muchos puertorriqueños se abstuvieron de votar. De un total de 777,675 inscritos, votaron 506,185 personas, o sea el 65.08%. De ésos, solo 387,016 votaron a favor de la ley que permitía al pueblo de Puerto Rico aprobar una Constitución que por disposición de ley no podía alterar su realidad colonial.

de Asamblea Constituyente, llegó en segundo lugar con 126,000 votos (sobre el 20% de los sufragios), eligiendo quince legisladores, cinco en el Senado y diez en la Cámara de Representantes. Su principal tema de campaña fue la oposición a la participación de los puertorriqueños en la Guerra de Corea.

LOS PROCESOS SUMARIOS

Los puertorriqueños del 65 de Infantería enfrentaron el más grande y masivo consejo de guerra de la guerra de Corea. Inmediatamente después de la batalla de Jackson Heights, el coronel DeGavre sometió a los puertorriqueños a consejo de guerra sumario. Entre el 23 de noviembre y el 26 de diciembre de 1952, 95 soldados puertorriqueños fueron juzgados en un *general court-martial*, en quince juicios separados que se celebraron en el Cuartel General de la Tercera División, APO 468, en Corea.

El teniente Juan Guzmán, primero en ser juzgado, enfrentó el *general court-martial* el 23 de noviembre de 1952, dos semanas después de habérsele formulado los cargos, por lo que no tuvo tiempo de preparar su defensa. Fue condenado por desobedecer intencionalmente las órdenes de movilizar (de nuevo) su pelotón a la batalla de Jackson Heights. Guzmán fue condenado originalmente a la pena de muerte por ahorcamiento (método utilizado para ejecutar a los cobardes en el ejército), pero luego se le conmutó por la pena de licenciamiento deshonroso, pérdida de toda paga y beneficios, y pena de prisión de cinco años con trabajo forzado. Guzmán apeló dicha sentencia. El joven teniente llevaba solo ocho días en Corea cuando aconteció la batalla de Jackson Heights, y tres días de haber sido comisionado como oficial ejecutivo (*Executive Officer*) de la Compañía A.

El 7 de diciembre fueron juzgados los soldados de la compañía L y condenados a licenciamiento deshonroso, pérdida de toda paga y beneficios, y pena de uno a dos años de prisión con trabajo forzado.⁴³ Cinco soldados de la Compañía C fueron juzgados y condenados el 10 de diciembre de 1952, a licenciamiento deshonroso, pérdida de toda paga y beneficios, y pena de prisión de trece años con trabajo forzado.⁴⁴ El 15 de diciembre de 1952 fueron juzgados cuatro soldados de la Compañía L, y sentenciados a licenciamiento deshonroso, pérdida de toda paga y beneficios y pena de prisión (entre 16 y 18 años) con trabajo forzado.⁴⁵

El 26 de diciembre de 1952 fueron juzgados once soldados de la Compañía F, y sentenciados a licenciamiento deshonroso, pérdida de toda paga y beneficios, y pena de cinco años de prisión con trabajo forzado.⁴⁶ En enero de 1953 fueron juzgados y exonerados los últimos cuatro soldados acusados. De los 95 soldados puertorriqueños acusados, 91 fueron condenados.

GILBERTO Y LA ACCIÓN LEGISLATIVA

En enero de 1953, juramentaron los miembros de la nueva Asamblea Legislativa de Puerto Rico, la primera luego de la aprobación de la Constitución del Estado Libre Asociado. El licenciado Gilberto Concepción de Gracia fue seleccionado portavoz de la representación del Partido Independentista en el Senado. Desde su juramentación, comenzó a denunciar las injustas sentencias recaídas sobre los soldados puertorriqueños en Corea. Ninguna de las resoluciones presentadas por él para denunciar y condenar tal atropello fueron aprobadas en el Senado.

---

[43] "Daily Journal, Staff Judge Advocate, 7 December 1952," Command Report, 3rd Infantry Division, December 1952, Record Group 407, Box 3004, NARA.

[44] "Daily Journal, Staff Judge Advocate, 10 December 1952," Command Report, 3rd Infantry Division, December 1952, Record Group 407, Box 3004, NARA.

[45] "Daily Journal, Staff Judge Advocate, 15 December 1952," Command Report, 3rd Infantry Division, December 1952, Record Group 407, Box 3004, NARA.

[46] "Daily Journal, Staff Judge Advocate, 26 December 1952," Command Report, 3rd Infantry Division, December 1952, Record Group 407, Box 3004, NARA.

Mediante la Resolución Concurrente del Senado Núm.2, presentada el 14 de enero de 1953 por Gilberto Concepción de Gracia, en unión a los senadores Font Suárez, Susoni Lens, Córdova Chirino y Betancourt, se peticionó, sin éxito, a la Asamblea Legislativa demandar y gestionar, como medida de inmediata justicia, que se decretara el regreso a Puerto Rico de todos los jóvenes combatientes en la guerra de Corea, por haber sido conscriptos en contravención a las leyes y tratados internacionales firmados por Estados Unidos. La resolución fue derrotada tanto en el Senado como en la Cámara de Representantes donde había sido presentada por los diez representantes del PIP. No obstante, la mera presentación de la Resolución en el Senado y la Cámara, cumplió dos propósitos secundarios de igual importancia: (1) denunciar ante la prensa de Puerto Rico y Estados Unidos la injusticia cometida por el ejército de Estados Unidos contra los soldados boricuas, y (2) crear conciencia en torno al hecho de que nuestra realidad colonial no había cambiado en lo absoluto.

El ejército de Estados Unidos no divulgó los procedimientos marciales del 65 de Infantería, y cuando éstos salieron a la luz pública, trataron de minimizar el número de sentenciados y la severidad de las penas.[47] Para finales de enero de 1953, los periódicos de Puerto Rico y Estados Unidos publicaban noticias, artículos y cartas sobre la tragedia del 65 de Infantería en Corea. De todas las publicaciones de los diarios sobre los procesos del 65 de Infantería, la que más impacto tuvo en Puerto Rico fue el editorial de El Diario de Nueva York publicado el 3 de febrero de 1953 bajo el título de "No hay baldón". En su editorial, el Diario de Nueva York instó al Departamento de Defensa y al Congreso de Estados Unidos a actuar "con firmeza y ecuanimidad, como corresponde en una cuestión de tanta trascendencia, para llegar al fondo del

---

[47] Lindesay Parrott, "88 U.S. Soldiers Convicted of Quitting Battle in Korea," New York Times, January 25, 1953, p. 1. En el artículo se decía que un oficial y 87 soldados del 65 de Infantería habían sido condenados por un Consejo de Guerra a penas de prisión entre seis meses y diez años, y que solo un soldado había sido condenado a diez años de prisión. Véase además New York Times, January 26, 1953, p. 2. y "Army Tells Story of Troops Who Ran," New York Times, January 28, 1953, p. 2.

mal y reivindicar a unos hombres puertorriqueños y norteamericanos[48] por igual, que al parecer han sido injustamente sometidos a consejo de guerra."

Las declaraciones del General Thomas R. Phillips, ex jefe del Estado Mayor en las Antillas, citadas en ese editorial, resultan sumamente reveladoras. Phillips reveló que Puerto Rico, con una población equivalente al 1.4% de toda la población de Estados Unidos, había aportado el 8% de los combatientes del ejército de los Estados Unidos en la guerra de Corea. Phillips también denunció que el 65 de Infantería había participado en los más sangrientos combates desde su llegada a Corea el 24 de septiembre de 1950 hasta la retirada misma de las tropas de Corea. En esas batallas era el 65 de Infantería quien portaba las banderas de batalla, cosa que hace el Regimiento que encabeza la ofensiva. Incluso, en la retirada de los infantes de marina al sur del embalse de Hwachon, fue el 65 de Infantería quien los cubrió, es decir, fueron los últimos en salir, y nadie le cubrió a ellos su retirada. Igualmente, las tropas puertorriqueñas fueron las últimas en ser evacuadas de las playas de Hungnam. Finalmente, declaró el general Phillips, lo siguiente:

> En relación con las bajas de Estados Unidos continentales y de otras naciones, las bajas puertorriqueñas son, en proporción, muy numerosas. Si Estados Unidos continentales hubieran sufrido bajas en Corea en igual proporción que los puertorriqueños, habríamos tenido de 600,000 a 700,000 bajas.

Gilberto Concepción de Gracia le peticionó a la Asamblea Legislativa que solicitara del Congreso una investigación del asunto y acompañó el editorial del Diario de Nueva York como apéndice de la moción. La moción fue aprobada por unanimidad. Sin duda, las acciones legislativas tomadas por él contribuyeron a provocar que el Congreso, el gobierno de Puerto Rico y la prensa

---

[48] ¿Le estará recordando al gobierno de E.U. que los puertorriqueños son también sus ciudadanos, o acaso hubo también soldados norteamericanos que observaron igual conducta y no fueron sentenciados?

requirieran del Ejército de Estados Unidos explicaciones sobre lo sucedido en Corea.⁴⁹

Inmediatamente después de las gestiones legislativas de Gilberto, del editorial del Diario de Nueva York y los artículos publicados por el New York Times, se inició una investigación en el Congreso a cargo del *House Armed Services Committee*.⁵⁰

El Colegio de Abogados intercede.

Una vez recayeron las sentencias, los sentenciados se comunicaron con sus padres, familiares y amigos en la forma en que usualmente lo hacían. Las familias de los jóvenes condenados y el país entero sufrieron un gran estremecimiento por la suerte de sus hijos. La prensa, tanto de Estados Unidos como de Puerto Rico, comenzó a reseñar semana tras semana los detalles de esos acontecimientos.

Muchos de los padres de los soldados sentenciados se comunicaron con abogados de su confianza, y éstos, careciendo de los recursos y conocimientos necesarios para ayudar a los jóvenes, solicitaron la intervención del Colegio de Abogados de Puerto Rico y/o se pusieron a su disposición. Tal fue el caso de los licenciados Hipólito Marcano, Guillermo Silva, César Andreu Ribas y Enrique Campos del Toro.⁵¹

---

⁴⁹ Véase, a modo de ejemplo: "Puerto Rican Press Asks Army Inquiry," New York Times, 27 January 1953, p. 3; "Special to the New York Times," New York Times, January 28, 1953, p. 2.

⁵⁰ US Congress, House of Representatives, Committee on Armed Services, 82nd
Congress, "Operation Smack," February 1953

⁵¹ Hipólito Marcano y Guillermo Silva habían escrito al presidente del Colegio, Benicio Sánchez Castaño, solicitando la intervención del Colegio en la defensa de los soldados puertorriqueños. Enrique Campos del Toro había visitado al presidente Benicio Sánchez Castaño con igual propósito y César Andreu Ribas se había puesto a la disposición del Colegio para contribuir a la defensa de los soldados puertorriqueños. Acta de la reunión extraordinaria de la Junta de Gobierno del Colegio de Abogados de Puerto Rico celebrada el 2 de febrero de 1952 (Actas de sesiones del 6 de septiembre de 1952 y el 5 de septiembre de 1953).

Los padres de los soldados sentenciados se reunieron el sábado, 31 de enero de 1953, en las oficinas de la Comisión de Parques y Recreo Público en San Juan, Puerto Rico. A dicha reunión asistieron el presidente del Colegio de Abogados, Benicio Sánchez Castaño y su primer vice presidente Félix Ochoteco. Terminada la reunión y convencidos de que el Colegio de Abogados de Puerto Rico debía contribuir a la defensa de los soldados puertorriqueños sentenciados en Corea, Benicio Sánchez Castaño cursó un telegrama a los miembros de la Junta de Gobierno convocándolos a una reunión extraordinaria a celebrarse el lunes, 2 de febrero de 1953, para discutir ese asunto.

Ese día, con cinco miembros ausentes, la Junta de Gobierno del Colegio, discutió el asunto y aprobó la siguiente Resolución:

La Junta de Gobierno del Colegio de Abogados de Puerto Rico, reunida en sesión extraordinaria, hoy día 2 de febrero de 1953, en su domicilio en esta ciudad de San Juan de Puerto Rico, por unanimidad.

RESUELVE

1ro. Tomar, como por la presente toma, conocimiento de que un número de puertorriqueños integrantes del Regimiento 65 de Infantería, adscrito a la Tercera División de las fuerzas armadas de los Estados Unidos de América, prestando servicios en los campos de batalla de Corea, han sido sentenciados por tribunales militares en relación con alegadas irregularidades cometidas por ellos en el cumplimiento de sus deberes.

2do. El Colegio de Abogados de Puerto Rico, respondiendo a uno de los propósitos para los cuales fué creado, considera su deber ofrecer y prestar su cooperación legal a todos y cada uno de los conciudadanos afectados por dichos fallos militares y todo ello, a los mejores fines del debido esclarecimiento de los hechos mediante la asistencia legal pertinente.

3ro. Facultar al Presidente del Colegio de Abogados de Puerto Rico, Lic. Benicio Sánchez Castaño, a que sin dilación designe una comisión de abogados para que conforme a lo anteriormente acordado realice cuantas gestiones fueren necesarias tendientes a que los mencionados enjuiciados reciban dicha asistencia legal.

4to. Los gastos en que puede incurrir la referida Comisión serán a ser (sic) solventados por el Colegio de Abogados de Puerto Rico con cargo a su fondo; disponiéndose que las erogaciones para cubrir dichos gastos tendrán que ser previamente aprobadas por la Junta Directiva de nuestra Institución; disponiéndose además que será deber de la citada Junta Directiva informar por escrito a la Junta de Gobierno de todo pago que se haya autorizado con motivo de la presente Resolución.

GILBERTO VUELVE A LA CARGA.

El contenido de una carta recibida el 19 de febrero de 1953 le permitió a Gilberto plantear nuevamente el asunto en el Senado de Puerto Rico. Sucedió que a cinco de los soldados puertorriqueños sentenciados en Corea se le impusieron penas de cárcel bien cortas que cumplieron en Corea, para luego ser devueltos al campo de batalla. Los restantes ochenta y seis soldados sentenciados en Corea viajaron a Japón en espera de ser transferidos a cárceles militares en Estados Unidos. Mientras esperaban en Japón, veintiuno[52] de esos soldados solicitaron al abogado norteamericano Michael A. Braun, con oficinas en Tokio, que le comunicara a Gilberto Concepción De Gracia sus deseos de ser defendidos por éste. Michael A. Braun no solo accedió a la petición, sino que hizo

---

[52] Los 21 soldados que solicitaron ser defendidos por Gilberto representaban, en relación con la totalidad de sentenciados, poco más del 20%. Tenemos que presumir que el comportamiento ideológico de los puertorriqueños en Corea no podía ser muy distinto del observado en Puerto Rico.

un análisis de los casos de esos veintiún sentenciados y preparó un informe que envió a Gilberto Concepción de Gracia con la carta de 14 de febrero de 1953, que a continuación se reproduce:

> LAW OFFICE
> MICHAEL A. BRAUN
> Room 303, Yashima Hotel
> Nihonbashi, Tokio
>
> 14 de febrero 1953
>
> Presidente Concepción de Gracia
> Partido Independentista Puertorriqueño
> San Juan, Puerto Rico
>
> Estimado señor:
>
> Le estoy escribiendo a petición de varios soldados puertorriqueños que fueron recientemente juzgados por una corte marcial en Corea. Durante el período en que fueron confinados en la prisión del Ejército de Estados Unidos en Tokio, Japón, ellos solicitaron mis servicios para revisar el expediente del juicio, escribir una opinión legal sobre el mismo y hacer recomendaciones para el trámite a seguir. Ya yo he hecho eso. Recomiendo además que se tome acción rápida para que la apelación se presente adecuadamente ante la Junta de Revisión en Washington y, si fuere necesario, ante la Corte de Apelaciones Militares de Estados Unidos.
>
> Toda vez que ellos estaban saliendo del Japón el 13 de febrero y no llegarían a los Estados Unidos hasta dentro de dos o tres semanas, a fin de no perder tiempo, me pidieron que le enviara a UD. el documento que se acompaña, a fin de ponerle en condiciones de tomar la pronta acción que el caso requiere.

El presente estado de los casos es que se está en espera de la acción de la Junta de Revisión. Yo recomendaría que se aconsejara inmediatamente a la Junta de Revisión que detenga toda acción, en tanto se radica una apelación, si es ésa la intención suya. Es natural que Vd. probablemente desee cambiar impresiones con los muchachos mismos y examinar los expedientes.

Puede Ud. estar seguro, señor, de que si hay alguna forma en que yo pueda prestar ayuda adicional, tendré mucho gusto en ofrecer mis servicios, y de que quedo

Respetuosamente suyo,
(Fdo.) MICHAEL A. BRAUN

El 20 de febrero de 1953, Gilberto tomó nuevamente la palabra en el Senado, y expuso[53]:
Señor Presidente, compañeros del Senado. Solicité ayer la palabra para informar ante el Senado de Puerto Rico, en el día de hoy, una vez más, sobre la grave situación que confrontan los noventa y cuatro puertorriqueños del Regimiento 65 de Infantería que han sido juzgados por Consejos de Guerra en Corea y la necesidad imperiosa de que la Asamblea Legislativa –como organismo representativo del pueblo de Puerto Rico- lleve a cabo todas las gestiones a su alcance para el pronto esclarecimiento de esta situación, tanto como para asegurar todas las oportunidades y medios de defensa a nuestros compatriotas.

En el día de ayer recibí una carta del abogado Michael A. Braun fechada en Tokío, Japón, el 14 de febrero en curso. A la carta acompaña a este abogado una opinión legal suya sobre los juicios seguidos en tres procesos de Corte Marcial contra veintiuno de los noventa y cuatro soldados puertorriqueños enjuiciados en Corea. Se trata de un documento de positivo interés para este Senado y para todo

---

[53] Exposición de 20 de febrero de 1953. Diario de Sesiones del Senado, Núm. 27.

el pueblo de Puerto Rico, que ha recibido tan fuerte sacudida con motivo de los procesos seguidos contra hombres del Regimiento 65 de Infantería, que tan heroicas jornadas han librado en los frentes de guerra de Corea.

A petición de varios soldados puertorriqueños juzgados en Corea fue que el abogado Michael A. Braun llevó a cabo este estudio jurídico sobre los expedientes de tres procesos de Corte Marcial con vista a recomendarles la acción que, a su juicio, corresponde en defensa de sus derechos.

Voy a tomarme la libertad, por creerlo de extraordinario interés, de comunicar al Senado de Puerto Rico lo que me transmitiera el licenciado Braun. Dice así (Lee la carta antes transcrita y, a continuación, lee la opinión legal preparada por Braun):

Opinion legal en el asunto de los casos de los puertorriqueños

Juzgados en diciembre 9, 13 y 15 de 1952 en el Cuartel General de la Tercera División, APO 468, en Corea

En el juicio del 9 de diciembre de 1952, diez soldados puertorriqueños fueron juzgados en juicio común; siete fueron similarmente juzgados el 13 de diciembre de 1952 y cuatro más el 15 de diciembre de 1952. Los cargos y especificaciones fueron los mismos contra cada uno de ellos, a saber, violaciones del UCMJ, Artículos 90 y 85, alegándose que cada uno de ellos había desobedecido voluntariamente una orden legal de su oficial superior de "marchar adelante hacia el objetivo", y que cada uno desertó su unidad mientras formaba parte de una patrulla de combate con intención de rehuir el cumplimiento de una tarea peligrosa. En el primer juicio, se llegó a la conclusión de que dos hombres (Martínez Ortiz y Herrera Fontánez), no eran culpables de deserción, y hubo fallos de culpabilidad en cuanto a todos los otros cargos y especificaciones. Los dos arriba nombrados fueron sentenciados a licenciamiento deshonroso y a dos (2) años de reclusión; los otros a licenciamiento deshonroso y a cuatro (4) años de reclusión. En el segundo juicio, los acusados fueron declarados culpables de todos los cargos y especificaciones y sentenciados a licenciamiento deshonroso y a cinco (5) años de reclusión. En el tercer juicio, los acusados fueron declarados culpables de todos los cargos y especificaciones y sentenciados a licenciamiento deshonroso y dieciocho (18) años de reclusión, con una excepción (Nazario Campos), quien fue sentenciado a 16 años de reclusión.

Hechos

Los tres (3) casos derivan de un incidente y para mayor conveniencia se discutirán conjuntamente. El 3 de noviembre de 1952 el teniente Wasson dirigía una patrulla de reconocimiento compuesta de cuarenta y siete hombres, incluyendo principalmente el segundo pelotón del Regimiento 65 de Infantería, Tercera División, junto a un diverso personal y unidades. Antes de salir, él dio una breve explicación a los líderes de escuadras (Rec. 1, pág. 22; Rec. 2, pág. 13) y al sargento del pelotón (Rec. 3, pág. 16), quienes a su vez habrían de informar a los hombres sobre el objetivo. Poco después de iniciarse la patrulla en la vecindad de un puesto delantero de observación, fueron atacados. Esto fue vencido [sic] y los hombres continuaron. Un nuevo ataque se desarrolló mucho después en la vecindad de un canal de desagüe, como resultado de lo cual el teniente Wasson se comunicó en el C.P. y entonces ordenó "marchen adelante hacia el objetivo". Esta orden se dio a los líderes de escuadras y al primer sargento, para que la comunicaran a sus hombres (Rec. 3, pág. 30); se informó a los líderes de escuadras que a ellos se hará [sic] responsables (Rec. 1, pág. 40; Rec. 3, pág. 36). Le pareció entonces al teniente Wasson que todo el pelotón marchó hacia adelante. Después de caminar de 200 a 300 yardas, él (Wasson) dio una vuelta a la derecha y sin mirar atrás ni cerciorarse sobre el pelotón, marchó otras 800 yardas hasta el punto en que llegó a un río. Catorce hombres, incluyendo a él (Wasson) llegaron allí, (Rec. 1, pág. 36, y 40 y 84; Rec. 2, págs. 15 y 16, 17 y 18; Rec. 3, pág. 22). Seis (6) hombres cruzaron. Él (Wasson) ordenó a los otros que siguieran. Ellos no siguieron. Éstos fueron identificados, (Rec. 1, pág. 84; Rec. 2, pág. 20). Aunque un hombre, Ruiz, afirma que él fue hasta el río un poco más tarde y encontró que los hombres que regresaban decían que el Teniente había desaparecido, Ruiz no vio al Teniente, (Rec. 2, pág. 45). Otro más fue identificado a la orilla del río, a saber, Barley-Espada (Rec. 3, pág. 44). El resto del pelotón se había dividido en varios grupos. Circuló la información de que el Teniente había desaparecido. Los hombres se dirigieron a los líderes de sus escuadras y al sargento del pelotón en solicitud de orientación. Después de una larga espera y de búsqueda del Teniente, bajo órdenes de estos líderes de escuadras y del sargento del pelotón, ellos regresaron a las líneas amigas en puntos muy distantes unos de otros.

Opinión

El proceso de acusación aparece insuficiente en relación con el cargo I, por las siguientes razones:

El cargo I requiere que cada acusado debiera haber recibido una orden del teniente Wasson que él desobedeció. No hay evidencia de que esto haya ocurrido. Hay dos ocasiones en que el teniente Wasson ordenó que los hombres marcharan hacia adelante. No aparece claro cuál de las órdenes o si las dos constituyen la materia del cargo.

La primera acusación fue al tiempo de cruzar el canal de desagüe. La evidencia demuestra que la orden fue específicamente dada a los líderes de escuadras (Rec. 1, pág. 40; Rec. 2, pág. 15; Rec. 3, pág. 21), y de una manera general por otro lado y principalmente a personal no identificado. A los líderes de escuadras se informó en esta ocasión que debían comunicarlo a sus hombres (Rec. P. 30), toda vez que los hombres hablaban principalmente español y era necesario que los líderes de escuadras tradujeran a los hombres las órdenes e instrucciones del Teniente (Rec. 1, p. 35). Lo que los líderes de escuadras transmitieron a los hombres no aparece en forma alguna en los expedientes, con excepción de a través del testimonio de los hombres mismos. Y su testimonio demuestra que ellos siempre acataron las órdenes e instrucciones de los líderes de escuadras. Este testimonio es claro y jamás se contradicen en lo más mínimo. Los líderes de las escuadras no prestaron declaración. ¿Cómo entonces puede decirse que se ha probado que el teniente Wasson les dio una orden que ellos desobedecieron? El Manual para Cortes Marciales de E.U., de 1951, expresamente provee: "La orden debe ser dirigida al subordinado personalmente" (p. 321). De la declaración del propio teniente Wasson aparece que sus órdenes no fueron dirigidas a los acusados personalmente, sino a los líderes de las escuadras para ser transmitidas a los acusados. (Véanse las citas anteriores del expediente).

La segunda vez que el teniente Wasson ordenó a los hombres que marcharan hacia adelante fue al cruzar el río. El expediente es claro de que en este momento el pelotón completo no estaba presente (Rec. 1, p. 36, 40, 84; Rec. 2, p. 15, 16, 17, 18; Rec. 3, p. 22). A la orden del teniente Wasson, cruzaron; los otros ocho (8) no. A los que estaban presentes puede hacerse responsables de cualquier desobediencia. Sin embargo, el personal a la orilla del río no ha sido identificado (Rec. 3, p. 44). Otro más, Ruiz, declaró que él llegó al río cuando los demás estaban de regreso y el teniente Wasson y su grupo de cinco (5) ya no estaban a la vista. No hay evidencia de que Ruiz estuviera entre las ocho (8) personas que habían recibido la orden del teniente Wasson. No hay evidencia de quiénes fueron las otras personas salvo Barley-Espada.

Por tanto, hay una falta de identificación de las partes que recibieron la orden, con excepción de Barley-Espada. Sin esa identificación no puede basarse una convicción en la orden dada a orillas del río.

Hay un punto adicional que debe señalarse. En todo tiempo, los acusados actuaron de acuerdo con las órdenes que ellos recibieron de los líderes de las escuadras y del sargento del pelotón. No hay una jota de evidencia en contrario. No hay evidencia para indicar que en algún momento ellos (los soldados) supieran que los líderes de las escuadras no actuaban conforme a las órdenes del teniente Wasson. Los acusados obedecieron en todo tiempo las órdenes que recibieron de sus superiores, los líderes de las escuadras. Se admite que los hombres reciben sus órdenes de los líderes de las escuadras (Rec. 1, p. 86). La evidencia está repleta de afirmaciones de que las órdenes recibidas de los líderes de las escuadras fueron obedecidas de buena fe por los acusados. Eso constituye una defensa completa.

El proceso de acusación es igualmente insuficiente en relación con el cargo II.

Los elementos del delito de deserción con intento de rehuir tareas peligrosas son claros. El acusador tiene el peso de la prueba para demostrar que el acusado abandonó su unidad con ese intento en el momento especificado (MCM 1951 p. 312). La evidencia no demuestra que ningún acusado abandonó su unidad. Ellos permanecieron con sus unidades todo el tiempo. Hay evidencia de que la unidad quedó finalmente dividida en cuatro partes, en lugar de una sola, cada una de las cuales perdió el contacto con las otras. Pero, cada acusado permaneció con su unidad y siguió recibiendo órdenes de su superior que estaba presente, y que había recibido las órdenes del teniente Wasson. En el caso de la escuadra de morteros que envuelve a López de León y López Rosario, la evidencia es clara en el sentido de que el líder de la escuadra, [sic] que ellos siguieron sus órdenes al pie de la letra al emplazar sus morteros, tomar posiciones y permanecer allí hasta que fueron ordenados a regresar por el líder de su escuadra (Rec. 3, p. 70, 71, 75; p. 62, 63, 68). La literal obediencia de Nazario Campos a las órdenes recibidas directamente del teniente Wasson y de ahí en adelante del líder de la escuadra aparece claramente establecida 8Rec. 3, p. 47, 48, 55). El teniente Wasson afirma que él pudo haber entendido mal las instrucciones que le dio (Rec. 3, p. 82). Perdón. Que se le dio. Me permito leer esta parte de nuevo: El teniente Wasson afirma que él pudo haber entendido mal las instrucciones que se le dio (Rec. 3, p. 82). Lo mismo es cierto en cuanto a todos los otros acusados.

Ellos permanecieron con sus unidades recibiendo las instrucciones de sus líderes en todo tiempo.

Barley-Espada

Este acusado es el único identificado como presente en la orilla del río cuando el teniente Wasson dio su orden (Rec. 3, p. 44). El acusado no prestó declaración y él no se tomó la iniciativa de permanecer silencioso. Por tanto, en lo que a él respecta, el juicio fue deficiente. La oportunidad de él para presentar su defensa está completamente ignorada.

Sentencias

Los delitos cometidos por los acusados fueron similares. En el caso de algunos acusados se presentó más evidencia para mitigar la ofensa. Sin embargo, en cada juicio, cada corte fijó una norma que cubrió a todos los acusados en ese proceso particular. En el primer juicio, la norma fue de dos (2) años por cargo y cuatro (4) años por acusado. En el segundo juicio, la norma fue de cinco (5) años por acusado. En el tercer juicio, saltó a 18 años. Ciertamente que no existe razón alguna para tal disparidad. El delito, si alguno, fue el mismo, diferenciándose únicamente en cuanto a los individuos en ligeras gradaciones. Es evidente que no fue considerada la evidencia ofrecida para mitigar la ofensa; por ejemplo, González-Ortega fue tratado igual que los demás, a pesar de habérsele otorgado el "Corazón Púrpura" y tener un historial heroico.

Recomendaciones

Se recomienda de manera definitiva que el caso se apele con todo interés a todas las cortes de apelación en que sea dable obtener una revisión. Debido a los gastos que acarrea y al hecho de que el nombre y la reputación de Puerto Rico están envueltos en este asunto, se recomienda que los acusados sometan este problema a la consideración de personas influyentes en la comunidad. Hay amplias bases legales para una revocación de las sentencias dictadas. Mediante este recurso y la mejor ayuda legal que puedan conseguir personas influyentes en Puerto Rico, existe una buena oportunidad para un resultado favorable a través de la apelación.

>Michael A. Braun, Abogado
>Habitación 303 - Hotel Yashima
>Nihonbashi, Tokio, JAPON

Se incluyen, por vía de apéndice, seis páginas, indicando las referencias del expediente en cuanto al testimonio de cada uno de los acusados.

Luego de leer la carta y el informe, Gilberto Concepción de Gracia continuó su exposición, diciendo:
Señor Presidente y compañeros del Senado: yo tengo a mano la carta en inglés con la opinión legal en inglés, enviada por el Lic. Braun. Tengo la traducción que fue preparada por la oficina legislativa de la Minoría Independentista. Pueden cotejarse ambos documentos para que quede

establecida la exactitud; si alguna persona o compañero quiere hacer un examen ulterior.

Deseo agregar que este documento es altamente revelador. Muestra un estudio concienzudo del récord de los casos. Demuestra cuál es la reacción de un espíritu imparcial, de una mente entrenada en cuestiones jurídicas en relación de los casos de los compañeros en los cuales está interesado todo el pueblo de Puerto Rico.

Las conclusiones son claras, objetivas y categóricas. Ellas son al efecto de que en términos generales nuestros compatriotas han sido víctimas de una manifiesta injusticia.

De la evidencia ofrecida aparece, según el examen que he dado a conocer a este Senado, que no hay prueba alguna de los dos cargos que se formularon contra estos hombres por los delitos de desobediencia a órdenes superiores y deserción. Los expedientes demuestran, además, que las órdenes que se alegan desobediencias [sic] no fueron transmitidas a los soldados directamente, sino a los líderes de las escuadras y al sargento del pelotón, que los soldados obedecieron al pie de la letra las órdenes en todo tiempo recibidas de los líderes de sus escuadras.

Con respecto al otro cargo, también demuestran los expedientes, a juicio del abogado Braun, que tampoco hubo deserción por parte de ninguno de estos hombres, ya que ellos no abandonaron la unidad en que prestaban servicio en ningún momento, para rehuir las tareas peligrosas, sino que, por el contrario, aunque el fuego enemigo obligó a la patrulla a subdividirse en cuatro o cinco unidades, los soldados puertorriqueños permanecieron adscritos a sus unidades respectivas, siempre bajo el mando de los correspondientes líderes de las escuadras.

Un punto importante que levanta el concienzudo estudio jurídico a que me estoy refiriendo es la irregularidad habida en los procesos de estos veintiún hombres, de no haberse tomado testimonio a los líderes de las escuadras que fueron quienes transmitieron las órdenes directas a los soldados. ¿Los líderes de las escuadras no prestaron declaración? Se pregunta el abogado Braun: "¿Cómo entonces puede decirse que se ha probado que el teniente Wasson les dio una orden que ellos, los soldados, desobedecieron? El Manual para Cortes Marciales de Estados Unidos de 1951 expresamente provee que la orden debe ser dirigida al subordinado personalmente. Página 321. De la declaración del propio teniente Wasson, aparece que sus órdenes no fueron dirigidas a los acusados personalmente, sino a los líderes de las escuadras para ser transmitidas a los acusados."

Otro elemento de positiva injusticia en las sentencias dictadas es la inexplicable diferencia de las penalidades impuestas por los tres consejos de guerra que intervinieron en estos veintiún casos. A pesar de tratarse de los mismos a delitos, al primer grupo de hombres se impuso una pena de dos años de reclusión; al segundo grupo, una pena de dieciocho años de reclusión, sin que de los expedientes aparezca evidencia alguna que justifique la extraordinaria severidad de la pena en los últimos dos procesos.

Tampoco aparece de los expedientes que los consejos de guerra tomaran en cuenta la evidencia que se ofreció para mitigar la ofensa, si es que hubo alguna, como en el caso específico del soldado González Orga, quien fue tratado al igual que los demás, a pesar de habérsele otorgado el Corazón Púrpura y de tener un historial heroico.

Estimo que es mi deber, como miembro de este Senado, dar a conocer a este Alto Cuerpo la carta escrita. Por esa razón fue que di lectura a la misma, acompañando la juiciosa opinión legal que esclarece en cuanto a estos veintiún compañeros la situación y que al propio tiempo arroja luz en cuanto a los demás casos.

Las observaciones que se hacen en este documento han de producir una natural indignación en los hombres y mujeres que integran este organismo representativo del pueblo puertorriqueño frente a la manifiesta injusticia de que han sido víctimas nuestros compatriotas en ocasión de estar arriesgando sus vidas en el lejano frente de Corea. Abrigo la esperanza de que el conocimiento de esta prueba amarga por que hoy pasan hombres que están ofrendando lo mejor de sus vidas por altos ideales de justicia y de liberación humana, moverá a este Alto Cuerpo a tomar, sin más dilaciones, la acción que corresponda en defensa de nuestros compatriotas, que no han hecho otra cosa que cumplir con su deber con toda lealtad, y en defensa al propio tiempo, del buen nombre de Puerto Rico, para el cual fue siempre motivo de legítimo orgullo el temple heroico y la probada valentía de los hombres del Regimiento 65 de Infantería.

Muchas gracias, compañeros, por la atención.

El Colegio prepara la defensa.

En cumplimiento de la Resolución de 2 de febrero de 1953, el presidente del Colegio de Abogados, Benicio Sánchez Castaño, nombró como Presidente de la Comisión a cargo de la defensa de los soldados sentenciados a James R. Beverly (ex gobernador de Puerto Rico y prominente abogado), y como miembros de ésta a: Erl Thomas Fiddler, los coroneles del Ejército de Estados Unidos, y abogados, Francisco Parra Toro, José Quintero Vivas y Guillermo Pierluisi, el capitán Marco Rigau, de inteligencia militar, y como Secretario de esa Comisión, al Secretario Ejecutivo del Colegio, Lcdo. Edwin Cortés García. El presidente Benicio Sánchez Castaño se incluyó en la comisión, como miembro nato. La experiencia militar de los abogados mencionados fue el factor más importante que se consideró al seleccionarlos como miembros de la Comisión.

La extraordinaria participación de Edwin Cortés

Don Benicio Sánchez Castaño le ordenó al Secretario Ejecutivo del Colegio, licenciado Edwin Cortés, trasladarse a Estados Unidos para coordinar con los abogados militares y el Comisionado Residente, Antonio Fernós Isern, la defensa de los sentenciados en sus procesos apelativos. La importante encomienda incluía también la visita del licenciado Edwin Cortés a las cárceles militares donde se encontraban prisioneros los soldados boricuas, con instrucciones específicas de levantar sus testimonios y toda información de utilidad que contribuyera a su defensa. En la reunión de la Junta de Gobierno celebrada el 29 de abril de 1953, el licenciado Edwin Cortés informó el resultado de sus gestiones:

Como les ha dicho a ustedes el Sr. Sánchez Castaño, en cumplimiento de órdenes recibidas, me trasladé a los Estados Unidos en compañía del Lic. José Guillermo Vivas y, en Washington, nos entrevistamos con los abogados militares asignados a la defensa de los soldados puertorriqueños sentenciados en Corea. Luego de esta entrevista, que tuvo lugar en la oficina del Dr. Antonio Fernós Isern, nuestro Comisionado Residente, tuvimos otra entrevista en las oficinas de la División Apelativa del Judge Advocate General´s Office en el Pentágono. Después de estas conferencias, y luego de habernos puesto de acuerdo en cuanto a la forma en que íbamos a proceder, salimos hacia Los Ángeles, California, llegando al Campamento Lompoc en el pueblecito de Lompoc en California, en la tarde del viernes 27 de marzo.

Según el plan acordado, luego de motivar adecuadamente a los 72 soldados allí recluidos, del grupo de los 93 afectados, les dimos a llenar el cuestionario que habíamos preparado. Después que los muchachos llenaron el cuestionario, lo estudiamos cuidadosamente y seleccionamos los nombres de aquellos soldados que creíamos que podían ofrecernos el mejor testimonio. Hecho esto, procedimos a tener entrevistas de grupo, según los hechos comunes a cada uno. Después de las entrevistas de grupos y del estudio de los cuestionarios, escogimos a 6 soldados para tomarles sus testimonios, lo que se hizo el domingo por la tarde. El compañero Vivas salió el sábado por la noche hacia Washington con los cuestionarios llenados por los soldados; yo habría de reunirme con él el martes o el miércoles, llevando estos otros testimonios.

Salí de California el lunes por la noche, llegando a

Washington el miércoles por la mañana. Allí asistí a la entrevista que sostenía el compañero Vivas con el Col. Minnich, jefe de los abogados militares asignados al caso de los soldados puertorriqueños. Aun cuando los dos me indicaron que no era necesario obtener el testimonio de los 13 soldados recluidos en Camp Gordon, Georgia, siguiendo las instrucciones del Sr. Sánchez Castaño, insistí en visitar a éstos para entrevistarlos. Era el deseo del Sr. Presidente, que todos los soldados fueran atendidos individualmente, para que sintieran que el Colegio de Abogados de Puerto Rico había atendido a todos sin distinción. Era bueno para fines de moral y no costaba dinero extra, pues, haciendo cambios en el itinerario, por el mismo precio se podía ir hasta allá. Solamente la incomodidad del viaje hasta ese sitio y $10.00 ó $15.00 en automóvil para llegar del aeropuerto al campamento.

El Jueves Santo por la noche y durante el día del Viernes Santo, estuve entrevistando a estos soldados en Camp Gordon en Georgia, saliendo hacia Puerto Rico el sábado, día 4 de abril.

Con los testimonios de los soldados de Georgia completé 85 cuestionarios. Los 8 que faltan, ya que son 93 en total, no los tomamos porque estos soldados se encontraban en Japón o en Corea. Unos, porque estaban enfermos y habrían de ser enviados a California luego. Otros, porque estaban cumpliendo sus cortas sentencias en Corea para regresar al ejército porque no habían recibido licenciamiento deshonroso.

El licenciado Cortés devolvió el dinero que el Colegio le había dado para cubrir los gastos generados por el viaje y sus gestiones en Washington DC, California y Georgia. La Junta de Gobierno se opuso y él insistió. Para la Junta, el que José Guillermo Vivas pagara sus gastos, según había éste acordado, era algo natural. En el caso de Cortés, empleado del Colegio con el sueldo de entonces, era inaceptable. El incidente, que generó gran discusión y la molestia de Edwin Cortés, sirvió para salvar para la posteridad la gran calidad humana de este abogado que, humildemente y tras bastidores, llevó durante tantos años las riendas del Colegio de Abogados de Puerto Rico, convirtiendo en realidad muchos proyectos, entre ellos la construcción de su actual sede en Miramar.

En lo que a la gesta de 1953 respecta, basta con decir que la defensa de los soldados del 65 de Infantería no hubiera tenido un final feliz sin la extraordinaria colaboración de Edwin Cortés.

Una defensa para la Historia

Gilberto no se limitó a denunciar los hechos y a presentar resoluciones de denuncia, condena, y retiro de tropas que la mayoría del Senado y la Cámara de Representantes no estuvo dispuesta a aprobar, con tal de no exasperar a sus líderes en la metrópoli, sino que personalmente asumió la defensa de los puertorriqueños que lo solicitaron inicialmente y de otros dos que luego se sumaron.

De las actas de las reuniones de la Junta de Gobierno del Colegio de Abogados, surge con toda claridad que la Junta de Gobierno no quería que su intervención se politizara. De ahí que se nombrara al ex gobernador James Beverly a la Comisión y ni siquiera se mencionara a Gilberto Concepción de Gracia. Gilberto era el presidente del PIP, y la Junta de Gobierno quería evitar a toda costa algún señalamiento público sobre politización del asunto. De todos modos, hubo que contar con Gilberto, primero, porque 21 de los sentenciados pidieron que él fuera su abogado; segundo, porque otros dos acusados requirieron de sus servicios, y tercero, porque no todos los miembros de la Comisión del Colegio cumplieron con su encomienda.

La gran formación jurídica de Gilberto, debida en gran medida a sus estudios en Puerto Rico y Estados Unidos, su dominio del inglés y su extraordinario conocimiento del derecho internacional, el caso colonial de Puerto Rico y la Carta de las Naciones Unidas, auguraban una defensa exitosa.

Gilberto no devengaba ingreso alguno en el Senado de Puerto Rico, y precisamente por estrenarse en esos momentos como senador y portavoz de la minoría independentista en el Senado, las funciones allí realizadas requerían de todo su tiempo y empeño, relegando su pequeña oficina legal a un segundo plano y, con ello, sus pocos ingresos. Aún así, aceptó estoicamente la encomienda de defender a los soldados puertorriqueños en los trámites apelativos de sus sentencias, lo que requirió de una esmerada preparación, no sólo en cuanto a la prueba se refiere (cientos de testimonios y documentos), sino en materia de derecho militar, área hasta entonces desconocida por él.

Gilberto se trasladó a Washington y sufragó personalmente sus gastos. Mis amigos y compañeros de dominó de los martes, los licenciados Luis Rivera Lacourt, Rafael (Fafín) Soltero Peralta y Héctor Ramos Mimoso, que en paz descansen[54], me contaron, a mediados de la década del 70, que Gilberto estudió los códigos y reglamentos militares, y leyó buena parte de la jurisprudencia militar relacionada con los cargos por los que sus representados habían sido acusados y sentenciados. Me contaron que, al argumentar oralmente los casos, Gilberto no solo demostró la insuficiencia y las incongruencias de la prueba, sino que, conforme a los ordenamientos militares y a la jurisprudencia, ninguna de las sentencias procedían como cuestión de derecho. Gilberto asombró a los jueces y fiscales militares, por su gran maestría en la defensa, su dominio del derecho y una memoria fotográfica y prodigiosa que le permitía citar extensos fragmentos de las leyes y jurisprudencia militar que había leído, con grandes limitaciones de tiempo, en preparación del caso.

Gilberto los confrontó con una prueba inequívocamente dirigida a establecer el trato diferente y discriminatorio del que fueron víctimas los soldados puertorriqueños. Era un hecho establecido en las vistas celebradas en febrero de 1953 en el Congreso de Estados Unidos que los últimos soldados del 65 de Infantería, los 667 muertos, los más de tres mil heridos, los sobrevivientes y los acusados en el fatídico otoño carecían de preparación y entrenamiento suficiente, no hablaban ni entendían inglés y carecieron de equipo y respaldo adecuado de artillería en la batalla de Jackson Heights. El 3 de febrero de 1953, el General Collins (Army Chief of Staff) prestó testimonio ante el *House Armed Services Commit-*

---

[54] Yo era el benjamín del grupo, y como vivía en los bajos de la casa de don Rafael Marcano en la Urb. Solange núm. 1 de Río Piedras, donde se jugaba, Rivera Lacourt me llevaba como jugador alterno. El único del grupo que no era independentista era Marcano, el bondadoso dueño de la casa.

tee del Congreso. Cuando se le preguntó al General Collins por el Regimiento 65 de Infantería y el masivo consejo de guerra que había enfrentado, declaró:

> ... *the 65th had been a very well - trained and very ably - led unit when it first arrived in Korea, where it distinguished itself in action.*

A renglón seguido, Collins deploró los errores en la rotación del Regimiento, "*the inability of the men to speak English, and the lack of battlefield experience of its officers*". Collins terminó diciendo que:

> *The Puerto Ricans have proven in action in earlier fighting in Korea, that they are gallant people and they will fight just as well as anyone else, if they are properly trained and properly led.*[55]

Aunque Collins negó en su testimonio que las masivas muertes del 65 de Infantería en el otoño de 1952 se debieron a la falta de equipo adecuado y apoyo de artillería, constituye un hecho probado que en la batalla de Jackson Heights las cargas de artillería se redujeron al 25%, mientras que las cargas de artillería del ejército chino aumentaron de 8,000 al mes en julio de 1951 a 105,000 al mes para octubre de 1952.[56]

Gilberto no se limitó a discutir la prueba y el derecho aplicable en materia de los delitos imputados y los procesos de rigor, sino que enfrentó a los jueces militares con una realidad: la conscripción de los soldados puertorriqueños por parte de los Estados Unidos, es decir, la imposición del servicio militar obligatorio a los puertorriqueños era ilegal, a la luz de lo dispuesto en la Carta de las Naciones Unidas.

Planteó Gilberto que, siendo Estados Unidos firmante de la Carta de las Naciones Unidas, se había comprometido a proteger los intereses de los pueblos que, como Puerto Rico, estaban bajo

---

[55] US Congress, House of Representatives, Committee on Armed Services, 82nd Congress, "Operation Smack," February 3, 1953, p. 43.

[56] Charles R. Schrader, *Communist Logistics in the Korean War* (Greenwood Press, 1995), p. 196.

su jurisdicción. Imponer el Servicio Militar Obligatorio constituía un incumplimiento de tal obligación, que, por estar contenida en un tratado internacional, tenía prelación sobre las leyes locales de Estados Unidos, incluida la del Servicio Selectivo. Ninguna potencia imperial, hasta entonces, le imponía a los súbditos de sus territorios la obligación de participar en sus guerras.

Gilberto les recordó además que, conforme al artículo 73 de la Carta de las Naciones Unidas, Estados Unidos debía rendir informes anuales sobre Puerto Rico ante dicha organización, y que hasta el momento había rendido tres informes, pero jamás le había informado en éstos a la ONU que le había impuesto a los puertorriqueños el servicio militar obligatorio, y mucho menos que había enviado al escenario de guerra en Corea a 14,000 puertorriqueños, de los cuales 756 habían muerto y miles resultado heridos.

Lo dicho por Gilberto preocupaba no sólo a los jueces militares a cargo del proceso sino a los propios mandatarios de esa nación. El Board of Review revocó las sentencias de los soldados sentenciados. Sin embargo, la investigación del Congreso no responsabilizó a ningún oficial estadounidense por las innecesarias muertes de septiembre y octubre de 1952 en Corea. Estados Unidos seguía en aprietos frente a la prensa y la comunidad internacional, particularmente los países latinoamericanos.

Con tal de no enfrentarse a las presiones internacionales por la cruda realidad colonial en que tenía sumida a la isla, el gobierno de Estados Unidos promovió en la ONU la Resolución 748 (VIII), que fue aprobada el 27 de noviembre de 1953 por 26 votos a favor, 16 en contra y 18 abstenidos. Mediante la Resolución 748 (VIII), la ONU reconoció "la condición de gobierno propio del Estado Libre Asociado de Puerto Rico", a pesar de las dudas y reservas de los representantes de muchos países importantes.[57] A partir de entonces, Estados Unidos no tuvo que rendir informe alguno so-

---

[57] Es a eso a lo que algunos "líderes" tildan de engaño y fraude al pueblo de Puerto Rico. La realidad es que también, y desde antes, la Ley 600 y su producto, el ELA, constituyeron un engaño y fraude colosal del Gobierno de Estados Unidos al pueblo de Puerto Rico. Tal engaño no hubiera sido posible sin la colaboración del liderato del partido que ahora, 56 años después, reconoce que fueron engañados, sin aceptar su parte de responsabilidad en el engaño.

bre Puerto Rico ante la ONU y, por supuesto, se economizaron los embarazosos esfuerzos de ocultarle información comprometedora a dicha organización.

La realidad seguía siendo la misma: Puerto Rico era una colonia de Estados Unidos, donde, como dijera Neruda, "Los Puertorriqueños de manera singular combaten. Los americanos dan las armas y los puertorriqueños dan su sangre." Nada cambiaría, para desgracia de la familia puertorriqueña, obligada a sufrir la muerte de sus hijos por centenares en las guerras de Vietnam, Irak y Afganistán.

Por lo menos, y no es poco, gracias a Gilberto Concepción de Gracia, Edwin Cortés, José Guillermo Vivas, James Beverly, y el Colegio de Abogados, presidido por Benicio Sánchez Castaño, todas las condenas de los soldados boricuas fueron revocadas y a buena parte de los soldados puertorriqueños se le devolvió su estatus de honorable. Nadie más dudó a partir de entonces de la valentía del soldado boricua.

Misión cumplida

En la Asamblea del Colegio de Abogados celebrada el 5 de septiembre de 1953, su presidente le expresó a los abogados y abogadas allí reunidos lo siguiente, en cuanto a las gestiones del Colegio en defensa de los sentenciados en Corea:

> Los compañeros Edwin Cortés y José Guillermo Vivas entrevistaron a todos y cada uno de los 93 muchachos y les cogieron una declaración que fué enviada a Washington después de un trabajo de traducción por los compañeros Beverly y Edwin Cortés, y entonces eso sirvió de base para hacer las asignaciones de errores.
>
> Se hicieron las asignaciones de errores y entonces se citaron las vistas de los casos. A esas vistas comparecimos el compañero Beverly y yo a nombre del Colegio de Abogados y los Coroneles Stanley y Porter, y el Teniente Alexander. Yo no puedo decirle a esta asamblea el esfuerzo extraordinario, la manera como estos abogados militares se comportaron en favor de estos muchachos. Esta asamblea, en el día de hoy, debe consignar una resolución de agrade-

cimiento y enviar un cablegrama a estos distinguidos compañeros que hicieron una labor extraordinaria, por haber argumentado el caso, por haber hecho los alegatos; ellos hicieron una cosa extraordinaria.

Allá en Washington, al comparecer ante la Junta, comparecimos ante la Junta que la llaman el "Board of Review" compuesta de tres abogados del Ejército, y yo puedo asegurarles que tengo la absoluta certeza del éxito.

Quiero decirles que el compañero Concepción de Gracia intervino y nos ayudó eficazmente y argumentó 23 de los casos.

Ayer por la tarde recibí una carta del Coronel donde me dijo que ya, de los 93 casos, 72 habían sido reinstalados, quiere decir que vuelven al Ejército y que eso quiere decir que, cuando terminen el tiempo que tienen que servir en el ejército, su "discharge" será honorable.

Creo que la labor que hizo el Colegio de Abogados se sintetiza mejor en las palabras dichas por el ilustre expresidente del "American Bar Association" y ex-presidente del Colegio Internacional de Abogados cuando dijo "que no había misión más alta que la misión que había hecho el Colegio de Abogados de Puerto Rico en defender a estos soldados inocentes.[58]

---

[58] Nota de cierre: El presente trabajo dista mucho de estar completo. Tómese como un trabajo preliminar sobre esta gesta. Espero, en un futuro no muy lejano, tener acceso a los testimonios, escritos y alegatos que obran en los National Archives de Estados Unidos.

Gilberto Concepción de Gracia y los inicios de la era de descolonización[59]

AARÓN GAMALIEL RAMOS

Aún persisten considerables vacíos en el esfuerzo historiográfico por comprender la historia de las luchas anticoloniales en Puerto Rico bajo la dominación de Estados Unidos. En el catálogo de ausencias se encuentra la figura de Gilberto Concepción de Gracia, actor político indispensable para entender el escenario político puertorriqueño entre los albores de la era de la descolonización y la Guerra Fría. A Concepción de Gracia le tocó vivir el esplendor de su vida en uno de los períodos más difíciles del independentismo puertorriqueño, en medio del auge de las luchas nacionalistas de la década del treinta y las revisiones de la política colonial estadounidense. Su escenario de luchas se distinguió sobre todo por la crisis sistémica del colonialismo, espoleada por el debilitamiento que sufrieron las metrópolis coloniales como resultado de las dos guerras mundiales del siglo veinte y el auge de movimientos anticoloniales a escala mundial, sucesos que incidieron en la apertura de la que sería denominada, la «Era de la Descolonización».

---

[59] Este trabajo es parte de una investigación que llevo a cabo en torno del independentismo en los inicios de la segunda posguerra. Manifiesto mi gratitud a Magalis Cintrón Butler, Bibliotecaria Auxiliar del Centro de Investigaciones Históricas, Departamento de Historia, Recinto de Río Piedras de la Universidad de Puerto Rico, donde ubica la Colección Gilberto Concepción de Gracia.

El desmontaje de los sistemas mundiales, sin embargo, resultó ser un proceso repleto de ambigüedades. Al finalizar la Segunda Guerra Mundial, las naciones que controlaban una buena parte del Caribe comenzaron a esbozar modos para desmantelar sus sistemas coloniales en esta región, asumiendo con renuencia su nuevo papel en los inicios de una nueva época sin colonias. En el medioambiente político de posguerra, Gran Bretaña, Francia y Holanda iniciaron planes para deshacerse de sus antiguas colonias siguiendo diversas políticas de descolonización.[60] Asimismo, Estados Unidos se aprestaba a abandonar su control directo de las Filipinas, en conformidad con un itinerario de cesión que culminaba en 1946. Paradójicamente, desde el inicio del segundo lustro de la década del cuarenta se verificó un descenso en el ímpetu que había tomado la descolonización como resultado de los temores que emanaban de un nuevo orden político mundial, con nuevas naciones y nuevas identidades ideológicas. En ese escenario de incertidumbres, producto del apogeo de la Guerra Fría, Estados Unidos fue impulsando una política de contención al proceso descolonizador. Asediado por el temor de que la creación de nuevas naciones al mando de un naciente liderato anticolonialista en el Caribe se tradujese en inclinaciones del balance geopolítico a favor de las posturas de la Unión Soviética, Estados Unidos y sus aliados ideológicos colocaron innumerables obstáculos en el camino a la eliminación del colonialismo. De modo que, lejos de un camino florido, los inicios de la descolonización manifestaban la tensión entre las dificultades que tenían las metrópolis en mante-

---

[59] Al finalizar la guerra, los ingleses iniciaron el desmontaje de su sistema colonial promoviendo una política gradualista de descolonización, que concedía la independencia a aquellas colonias que consideraba más preparadas para ese objetivo. Los franceses convirtieron a sus antiguas colonias de Guadalupe, Martinica, y Guyana en *Departments d'Outre Mer*, un arreglo político que integró a los territorios no contiguos del Pacífico y el Caribe en el sistema político francés como departamentos ultramarinos. Asimismo, la guerra sirvió para trastocar la política colonial de Holanda, que se movió con celeridad a realizar cambios en su sistema colonial luego de la Declaracion de Independencia de Indonesia en 1945. Ver, Aarón Gamaliel Ramos & Angel Israel Rivera, editores, *Islands at the Crossroads: Politics in the Non-Independent Caribbean* ((Kingston & London: Ian Randle Publishers & Lynne Rienner, 2001).

ner el control sobre sus colonias y las renuencias a abandonar el sistema de dominación que las había colocado históricamente en la cima del poderío mundial

En este entorno de transformaciones confusas le tocó trabajar a Gilberto Concepción de Gracia, primero como activista independentista e intelectual orgánico del proyecto independentista, y luego como dirigente de los dos grandes movimientos de los inicios del nuevo independentismo de posguerra: el Congreso Pro Independencia y el Partido Independentista Puertorriqueño. En este ensayo interesa compartir algunas de las ideas sobre las cuales he venido reflexionando en la investigación que realizo como parte de la agenda de trabajo de la Comisión para la Conmemoración del Centenario de Gilberto Concepción de Gracia del Colegio de Abogados de Puerto Rico. Interesa examinar algunas de las gestiones que se llevaron a cabo durante este ciclo político, a la luz de las controversias principales en el escenario de posguerra y de las transformaciones en las actitudes de Estados Unidos frente al problema colonial.

Los albores de la descolonización

Si bien el colonialismo, como sistema mundial, fue mostrando sus grietas desde las primeras décadas del siglo veinte, las dos guerras mundiales de ese siglo acabaron por destruir los lazos de dominación de las metrópolis sobre sus colonias. Durante la primera mitad del siglo, cuatro naciones---Gran Bretaña, Holanda, Francia y Estados Unidos,-- mantuvieron el control sobre miles de kilómetros de territorios en el arco de las Antillas, en la América Central, y en el norte de América del Sur, y de sus gentes. Sin embargo, las dos guerras acabaron por destruir los fundamentos de la dominación colonial y los agarres de las metrópolis sobre sus posesiones.

El período entre las dos guerras mundiales del siglo veinte impactó a las colonias en el Caribe de diversos modos, que pusieron al descubierto las dificultades que tenían los estados coloniales para mantener el orden en sus posesiones. Las sucesivas crisis económicas y sociales al interior de las colonias durante el período entre guerras debilitaron el agarre sobre sus colonias y fortalecieron a los movimientos anticolonialistas en la región. En las colonias británicas, en las francesas y en las holandesas se protagonizaron luchas sociales y enfrentamientos políticos con los gobiernos coloniales, que acabaron forzando a las metrópolis a considerar cambios en sus respectivos sistemas de posesiones en ultramar.

Al finalizar la Segunda Guerra Mundial, se fueron desmoronando los cimientos del colonialismo, sistema mediante el cual se organizó la desigualdad entre naciones a lo largo de muchos siglos, y se comenzaba a esbozar un nuevo orden mundial sin colonias. La formación de la nueva estructura de relaciones entre países se había ido cuajando con lentitud desde la Conferencia Interamericana de Consolidación de la Paz, organizada a propuesta de Franklin Delano Roosevelt en 1936. Sin embargo, luego de la guerra, se hizo inevitable la consideración de los casos coloniales, sobre todo a la luz de la precaria condición de las metrópolis europeas luego del conflicto bélico, y de la consolidación de la hegemonía de Estados Unidos en el Caribe y en el mundo. Por esta razón, al finalizar la guerra en 1945, la transición del mundo colonial a uno formado por naciones independientes fue colocada como tema insoslayable de los debates internacionales a escala mundial y regional.

El proceso de descolonización discurrió en etapas. El primero abarcó el lustro que se inició con el fin de la guerra en 1945, período que estuvo, sobre todo, marcado por un fuerte empuje hacia la disolución de los esquemas coloniales tradicionales, tanto por la débil condición de la Europa de posguerra, como por las presiones realizadas al interior de las colonias para sustituir la dominación externa, y por la política de Estados Unidos dirigida a disolver las fronteras impuestas por el colonialismo. Los primeros postulados del nuevo orden de posguerra fueron formulados durante la primera conferencia de la Organización de Naciones Unidas, celebrada en San Francisco en 1945. El Capítulo XI, artículo 73, de la Carta de Naciones Unidas que fue aprobada en esa reunión, titulado, «Declaración relativa a territorios no autónomos», afirmó el principio del gobierno propio en las colonias y la obligación de las potencias en control de otros pueblos y sus tierras de dar pasos para poner fin a este modo de articular la desigualdad entre pueblos. Entre otras cosas, esta sección de la Carta dispuso que los miembros de las Naciones Unidas que tuviesen o asumieran la responsabilidad de administrar territorios cuyos pueblos no hubieran alcanzado todavía la plenitud del gobierno propio se obligaban a reconocer que los intereses de dichos pueblos estaban «por encima de todo» y que por ello las metrópolis estaban obligadas a asegurar el respeto a la cultura de estos pueblos, a desarrollar el gobierno propio, y «*a tener debidamente en cuenta las aspiraciones políticas de los pueblos, y a ayudarlos en el desenvolvimiento progresivo de sus libres instituciones políticas, de acuerdo con las circunstancias especiales de cada territorio, de sus pueblos y de sus distintos grados de adelanto.*»[61] Asimismo, para cumplir el objetivo de descolonizar, las metrópolis coloniales se comprometían a trasmitir información al Secretario General de la Organización sobre las condiciones económicas, sociales y educativas con regularidad.

El agotamiento de las metrópolis como producto de las sucesivas crisis al interior de las colonias y el auge de movimientos políticos e intelectuales anticoloniales a escala mundial contribuyeron a darle esperanzas a nacionalistas e independentistas en Puerto Rico de que, por fin, se abría un escenario propicio para la independencia. A comienzos de los años cuarenta, Concepción ideaba junto a otros líderes del Caribe la configuración de un nuevo mundo regional, a partir de las ruinas del colonialismo. Aunque imaginaba una confederación de países de origen latino, proponía una federación económica, o un acuerdo regional, de todas las islas de la región del Caribe.

Nothing short of Independence will facilitate the working out of new avenues of solution to the total Caribbean problem, first, perhaps through a federation of the independent republics and a regional economic agreement with the non-independent ones, or perhaps though an economic federation of all the regions of the Caribbean, but, in any event, on a large cooperative basis, which

---

[61] Carta de las Naciones Unidas, XI: 73. Versión en español tomada de Carmen Gautier Mayoral, *Puerto Rico y la ONU*, pp. 75-76.

would allow us to look at our problems in a larger framework, rather than in a provincial, local way.[62]

No obstante, Concepción de Gracia fue consciente de las dificultades de la agenda independentista durante el comienzo del período de desmontajes del colonialismo. Había estudiado relaciones internacionales en Washington y trabajado en círculos diplomáticos en la capital estadounidense, y tenía además lazos de amistad con académicos caribeños residentes en Estados Unidos preocupados con los desafíos que tenían las colonias en su transición al nuevo orden regional que se iba configurando. En su pensamiento era evidente un entusiasmo cauteloso, que manifestaba confianza en las tendencias descolonizadoras que marcaban la época y una desconfianza en el interés de Estados Unidos en insertarse plenamente en ese proceso, sobre todo a raíz del hecho de que, durante los años treinta, Estados Unidos había descargado toda su furia contra el movimiento nacionalista. Cuando se examinan las estrategias y tácticas del independentismo puertorriqueño durante el periodo de la segunda posguerra, es evidente también que, en medio del entusiasmo por la independencia, se resaltaban los temores de que los objetivos militares de Estados Unidos en Puerto Rico constituyeran obstáculos a la independencia.[63]

---

[62] Concepción de Gracia fue invitado por los historiadores Eric Williams y E. Franklin Frazier a participar como ponente en una conferencia internacional de estudios del Caribe, titulada, "The Economic Future of the Caribbean." Gilberto Concepción, "The Future of Colonialism in the Caribbean: Puerto Rico" en: *The Economic Future of the Caribbean*, edited by E. Franklin Frazier & Eric Williams (Washington, D.C.: Howard University Press, 1944), p. 48

63 Durante el primer Congreso Pro Independencia celebrado en San Juan en 1943, se escuchó un mensaje del congresista Vito Marcatonio que advertía sobre el hecho de que «la principal objeción a la independencia inmediata, que ha sido invocada por las autoridades militares en la isla, [es] que se ponga en peligro la seguridad del Hemisferio Occidental.» To the Congress for the Independence of Puerto Rico, meeting in San Juan, Puerto Rico, August 15, 1943. Reproducido en, Félix Ojeda Reyes, *Vito Macartonio y Puerto Rico: Por los trabajadores y por la nación* (Río Piedras: Ediciones Huracán, 1978), pp. 49-51

Filipinas y Puerto Rico

Durante la década del treinta, Estados Unidos consideró un conjunto de cambios en la política hacia los territorios tomados de España durante la Guerra Hispanoamericana de 1898, sobre todo en Filipinas, donde la oposición al colonialismo era más evidente. El debate del caso filipino en el Congreso de Estados Unidos impactó la arena política de Puerto Rico de diversos modos. Estados Unidos había flirteado con la idea de la independencia de Puerto Rico, tal como lo había hecho con las Filipinas durante la crisis colonial de mediados de los años treinta.[64] Pero, si bien la consideración del caso de Puerto Rico en el congreso estadounidense parecía encaminar a Puerto Rico por un sendero similar al de Filipinas, había innumerables escollos en el camino.

A pesar de que Estados Unidos colocó innumerables obstáculos a la independencia de los territorios tomados a España, a comienzos de los años treinta del siglo veinte intentó formular una política para lidiar con los problemas que confrontaba en Filipinas y Puerto Rico. La aprobación de la Ley *Tydings-McDuffie* en 1934 mostraba su voluntad de encaminar a las Filipinas hacia la independencia, autorizando a la legislatura de las Filipinas a elegir delegados a una convención constituyente para redactar una constitución para el gobierno del *Commonwealth* de las Filipinas, con lo cual se iniciaba un período de transición de diez años hacia la independencia.[65] La crisis en Puerto Rico durante la década del 1930 sirvió para que Estados Unidos considerase una política para disponer de su territorio en el Caribe análogo al de Filipinas.[66] De

---

[64] En 1934, Franklin Delano Roosevelt firmó la *Tyding - McDuffie Act*, que concedía un período de diez años para la transición hacia la independencia de las Filipinas, que la guerra retrasó dos años. Tydings diría una década después, en 1945, que Roosevelt se había convencido de que Puerto Rico se debía orientar también en esa dirección. Reece Bothwell, *Puerto Rico: cien años de lucha política* (Río Piedras: Editorial UPR, 1979) III:Documento 141, pp. 446-450
[65] *The Philippine Independence Act*, presentada por Millard Tydings y John McDuffie, aprobada por el Congreso de Estados Unidos el 24 de marzo de 1934
[66] El Proyecto 2227 de 1945. Surendra Bhana, op. cit., p. 77. En ambos casos Estados Unidos se reservaba el derecho de intervención y el derecho de expropiar tierras para propósitos militares.

ahí emanó la propuesta del Senador Millard Tydings, Presidente del Comité de Asuntos Insulares del Senado estadounidense, de legislación para encaminar hacia la independencia a Puerto Rico, propuesta sobre la cual, a diferencia de la que fue lanzada en 1936,[67] parecía haber un consenso en el país.

El proyecto de 1934 para la independencia de Filipinas esbozó con nitidez las condiciones de la transición hacia ese objetivo de una clase política que había sostenido un acuerdo en torno del proyecto independentista a lo largo de todo el período de control estadounidense. Una versión para Puerto Rico, que pretendía orientar a la isla en esa dirección, se discutió intensamente en los círculos del Congreso de Estados Unidos y en Puerto Rico durante el primer lustro de la década del cuarenta. De modo que, al finalizar la guerra en 1945, había razones para pensar que Estados Unidos se encaminaría, por fin, junto a las metrópolis del viejo mundo que tenían posesiones en el Caribe, a desarmar su sistema colonial.

Aunque las diferencias estratégicas y tácticas entre el nacionalismo albizuista y el independentismo eran evidentes, el plan de Estados Unidos para conducir a Filipinas hacia la independencia mediante el conjunto de pasos esbozados en el proyecto *Tydings-McDuffie* tuvo repercusiones significativas en todo el campo independentista puertorriqueño. En el espacio creado por la crisis del nacionalismo como resultado de la represión que recibió de las autoridades coloniales durante los años treinta, tanto los dos congresos pro independencia como el Partido Independentista Puertorriqueño acogieron la idea de una transición hacia la independencia siguiendo el modelo filipino, según la cual la obtención de la soberanía pasaba por la formulación de acuerdos entre la metrópoli y el liderato político puertorriqueño. Para deslindar rutas hacia la independencia, Concepción de Gracia afirmaba que «el método propulsado por el Partido Independentista Puertorriqueño es el que utilizó Filipinas en su ya victoriosa lucha por su emancipación.»[68] En ese objetivo, el PIP se distanciaba formalmente de las concepciones del nacionalismo acerca de cómo

---

[67] Proyecto del Senado 227, 1945.
[68] *En nombre de la verdad*, p. 439.

enfrentar el problema del colonialismo, al enfatizar la utilización de métodos no violentos para el logro de la independencia, pues Concepción de Gracia rechazaba que las acciones políticas violentas tuvieran el fruto deseado, apartándose de la estrategia de confrontación directa con las autoridades coloniales en el territorio, que propulsó el nacionalismo.

Concepción veía en los proyectos Tydings una apertura de la metrópoli para lograr una evolución hacia la independencia, en un modo similar a la política de descolonización que Estados Unidos había diseñado para Filipinas. Los Congresos Pro Independencia se enmarcaban en la visión de que, como en el caso de Filipinas, una clase política local con voluntad podría conseguir que la metrópoli abriera el camino a la independencia por vía de negociaciones conducentes a legislación en el Congreso de Estados Unidos. A pesar de la ambigüedad de la política estadounidense, Concepción Gracia estuvo convencido de que la opinión pública en Estados Unidos era favorable a la independencia de Puerto Rico, y por ello avaló el Proyecto Tydings con modificaciones.[69] En medio de los debates en torno de la propuesta, el propio Tydings se había comunicado con Concepción de Gracia para manifestarle su interés en lograr la aprobación de su proyecto encaminado a poner fin a los vínculos coloniales entre Estados Unidos y Puerto Rico.[70] No obstante, si bien Concepción de Gracia veía con buenos ojos la idea de una transición similar, advertía a Estados Unidos que la propuesta de independencia debía hacerse en el interés de estabilizar la economía mundial, y sin venganzas, vocablo que hacía alusión al espíritu que animó a la primera propuesta hecha por Tydings.

> Our independence must be recognized without a vengeance. It must be recognized in the interest of continental solidarity, to promote the best interest of democracy in the Western Hemisphere and throughout the world, to help in the stabilization of conditions in the Caribbean and to

---

[69] *El Mundo*, 6 de noviembre de 1944, p. 4; 14

[70] En 1944, Millard Tydings envió un mensaje cablegráfico a Concepción de Gracia reafirmando su convencimiento del triunfo de la independencia. *El Mundo*, 9 de diciembre de 1944, p. 4

give a step forward in the solution of its grave problems ... We want and we need Independence in perfect understanding and harmony with the United States as part of that broader policy, which seeks to stabilize the world economy and to promote the welfare of all peoples everywhere.[71]

El Segundo Congreso Pro Independencia percibía en el contexto de la guerra una oportunidad para adelantar la independencia. La declaración central emitida como resultado de su fundación en 1944 comunicaba su entusiasmo por un escenario internacional que era «la hora más adecuada para la gestión eficaz de la liquidación definitiva del régimen colonial y de la implantación de la república puertorriqueña.»[72] Estas gestiones fueron apoyadas en Estados Unidos por el congresista Vito Marcantonio, amigo y estrecho colaborador de Concepción de Gracia en las gestiones que éste llevaba a cabo desde el Congreso Pro Independencia para impulsar la independencia en el Congreso de Estados Unidos.[73] Por ello, el Congreso Pro Independencia hizo una declaración pública favoreciendo el Proyecto, que recalcaba la trascendencia del momento histórico y confiaba en que el Congreso de Estados Unidos habría de hacer con Puerto Rico lo que ya había hecho con Cuba y Filipinas.

The people of Puerto Rico trust that the United States Congress, which has already fulfilled the responsibility imposed upon it by the Treaty of Paris of 1898 in regard to Cuba and the Philippines, will again act upon the principle that democracy should be creative of democracies and will recognize without further delay the independence of Puerto Rico.[74]

A pesar del entusiasmo con el caso filipino, los independentistas reconocían los enormes contrastes entre los dos territorios.

---

[71] "The Future of Colonialism in the Caribbean: Puerto Rico", pp. 50-51.
[72] Amalia Alsina Orozco, *Los Congresos Pro-Independencia*, (San Juan: Centro de Estudios Avanzados de Puerto Rico y el Caribe, 1994), p. 67
[73] Surendra Bhana menciona la solicitud que se hizo al congresista Marcantonio para presentar legislación en el congreso estadounidense, a fin de incorporar algunas de las recomendaciones de cambio al Proyecto Tydings hechas por el Congreso Pro Independencia en 1945. Bhana, *op. cit.*, p. 78
[74] Amalia Alsina Orozco, *op. cit*, p. 143

Una de las disparidades se manifestaba en el registro histórico de luchas de oposición al colonialismo. Mientras que en Filipinas la dominación de Estados Unidos confrontó una fuerte oposición de amplios sectores desde sus inicios, tales enfrentamientos se produjeron mucho más tarde en Puerto Rico, como se manifestó en eventos como la Masacre de Río Piedras en 1934, la Masacre de Ponce en 1936, y el arresto de Pedro Albizu Campos en la antesala de la Segunda Guerra. Asimismo, el nacionalismo que emergió en la arena política de Puerto Rico durante la crisis social del periodo entre guerras contó con menos apoyo de sectores al interior del territorio que lo que se verificó en el caso filipino. Otra diferencia era la magnitud de la adhesión a la indepdendencia en el seno de los sectores políticos dirigentes de cada uno de los territorios en torno del proyecto de independencia en este momento clave. Durante la crisis del colonialismo durante los años treinta, la clase política filipina estaba fuertemente consolidada en torno del proyecto independentista. En Puerto Rico, la crisis social y económica por la que atravesó el territorio durante la década del treinta había volcado a sectores importantes de la clase política hacia una crítica del colonialismo que se expresó en una Resolución de la Asamblea Legislativa de Puerto Rico, en 1943, que exigía el fin del colonialismo.[75] Sin embargo, como señala Juan Antonio Corretjer, «las fuerzas de la independencia no llegan a nuclearse en un todo homogéneo para aprovechar la coyuntura de guerra e independizar a Puerto Rico...»[76]

El entusiasmo por la independencia manifestado por importantes sectores de la vida política puertorriqueña durante el primer lustro de los años cuarenta quedó disuelto cuando, entre 1945 y 1952, en medio de fuertes presiones para la descolonización, Estados Unidos colocó obstáculos a la independencia de Puerto Rico, incrementando las trabas, al calor de la Guerra Fría. Cuando el 16 de octubre de 1945 el Presidente Truman envío un mensaje a su Congreso, en el cual, haciendo referencia a Filipinas, proponía una consulta al Pueblo de Puerto Rico, a fin de encaminarlo en

---

[75] Text de la resolucion en Bothwell, citar
[76] Juan Antonio Corretjer, *La lucha por la independencia de Puerto Rico* (Ciales: Casa Corretjer, 1995), p. 101

una dirección viable, ello se daba en medio de un incremento en la política de contención estadounidense al proceso de descolonización regional.[77]

Durante el segundo lustro de la década del cuarenta se hizo evidente que Estados Unidos había decidido retener a Puerto Rico como colonia, apartándose de la política que había delineado para Filipinas, lo que se manifestaba en una nueva política de contención al proceso descolonizador que se plasmaba, entre otros modos, en impedimentos a la inclusión del caso de Puerto Rico en los foros internacionales en que éste era introducido, tanto por el Partido Nacionalista[78] como por el Partido Independentista. Además, con la expulsión de los independentistas del Partido Popular en 1946, se diluían las posibilidades de una propuesta que representara el consenso de la clase política del territorio en pos de la independencia. A partir de 1946, el Partido Popular fue asumiendo el discurso estadounidense en torno de la Guerra Fría, el cual no veía con buenos ojos la transición de colonias a naciones independientes.[79]

A los nacionalistas e independentistas puertorriqueños, pues, les tocó intentar insertar el caso de Puerto Rico en un escenario de creciente debilidad de las potencias europeas en la región, que estuvo acompañado de una renuencia de Estados Unidos a aceptar los postulados de la descolonización, clases dirigentes latinoamericanas sometidas a la doctrina de contención a la descolonización impuesto por el gobierno estadounidense, y divisiones en el seno de la clase política puertorriqueña en torno del futuro político de Puerto Rico.

---

[77] http://www.trumanlibrary.org/publicpapers/index.php?pid=178&st=&s

[78] Carmen Gautier Mayoral, «El nacionalismo y la descolonización internacional hemisférica en la posguerra», en Juan Manuel Carrión, Teresa C. Gracia Ruiz y Carlos Rodríguez Fraticelli, editores, *La nación puertorriqueña: Ensayos en torno a Pedro Albizu Campos* (San Juan: Editorial de la Universidad de Puerto Rico, 1993), pp. 97-120

[79] La situación en la antigua colonia de la Guayana británica era reveladora de una nueva política de contención, en la cual la política de Estados Unidos y la británica miraban con recelo la formación de nuevas naciones que pudieran desestabilizar el ordenamiento geopolítico del Caribe.

La hegemonía de Estados Unidos

La salida de las metrópolis europeas del Caribe viabilizó la consolidación del poder de Estados Unidos en esta región. La guerra le permitió a Estados Unidos extender su presencia más allá de las tradicionales localidades de control que habían sido producto de invasiones de larga duración, como Puerto Rico, y en aquéllas donde había dejado instalados gobiernos maniatados con características coloniales similares, como República Dominicana, Haití, Nicaragua, Panamá y Cuba. La entrada de Estados Unidos en la guerra aceleró una política de control sobre la región que se fue incrementando con la Guerra Fría. Poco después del ataque japonés a Pearl Harbor, en 1942, se celebró una reunión en Río de Janeiro, en la cual se afianzó el respaldo de los países de la América Latina hacia Estados Unidos y en abierta oposición al eje formado por Alemania, Italia y Japón.[80] Además, con el acuerdo de *Bases for Destroyers*, en el cual el gobierno de Estados Unidos proporcionaba buques de guerra a Inglaterra a cambio de permitir la presencia militar de Estados Unidos en sus antiguas colonias, se incrementaba la injerencia estadounidense en las antiguas colonias británicas.

Al finalizar la guerra, resultó evidente el desplazamiento de Gran Bretaña de la posición que ocupó como el principal imperio del mundo a una nación incapaz de sostener el control de sus posesiones alrededor del mundo. Era también evidente que ni Francia ni Holanda podían aspirar a ocupar ese espacio, puesto que se encontraban en condiciones mucho más precarias. Sin embargo, ese reconocimiento se topaba con el hecho no menos dramático de que la pérdida de las colonias significaba la privación del prestigio que disfrutaba una nación al mando de otros pueblos, lo que había sido un ingrediente central en la visión que cada una de estas metrópolis tenía sobre si misma y sobre su cultura nacional. Pero, al mismo tiempo, el desmontaje de los imperios territoriales traía consigo el temor que tenía Estados Unidos ante los desafíos

---

[80] Este principio fue reafirmado por el Tratado de Chapultepec, (México, febrero y marzo de 1945) donde se declaraba que un acto de agresión contra un estado es una agresión contra todos.

geopolíticos que traía consigo un nuevo orden político mundial con la participación de las antiguas colonias como países independientes.

La continentalización de la Doctrina Monroe

El nuevo ordenamiento regional que se fue perfilando con el ascenso de Estados Unidos como potencia hegemónica en la región se manifestó en la formulación de una nueva doctrina de seguridad regional. Desde los inicios del período entre guerras, Estados Unidos había ido impulsando la idea de que la existencia de colonias europeas en la región del Caribe traía consigo un problema de inseguridad para la región, lo cual se acentuaba con los conflictos bélicos en Europa y la distancia entre las metrópolis europeas y sus posesiones. Durante ese lapso se fue afinando una nueva doctrina, entre Estados Unidos y la diplomacia del Caribe y América Latina, que colocaba obstáculos a la independencia de Puerto Rico.

La consolidación de la hegemonía de Estados Unidos en el Caribe como resultado de la guerra estuvo acompañada de cambios en la visión estadounidense hacia la descolonización. La nueva política exterior de Estados Unidos expresaba lo que luego se llamaría la «continentalizacion de la Doctrina Monroe», puesto que pretendía que las naciones del continente se acoplaran a la visión estadounidense de que el problema del colonialismo tocaba solamente a las posesiones europeas en la región. A partir de ese cuadro ideológico, las discusiones en torno del colonialismo comenzaron a enmarcarse en una crítica del colonialismo aplicable solamente a la posesión de territorios por Inglaterra, Francia y Holanda, consideradas metrópolis débiles, suceptibles de ser intervenidas por fuerzas enemigas, con lo cual se soslayaba la consideración de los territorios manejados por Estados Unidos en el continente.

Entre 1939 y 1940, se llevaron a cabo dos reuniones de ministros de relaciones exteriores de América Latina en las cuales se puso sobre la mesa el tema del colonialismo y se fue forjando lo que sería luego la postura de Estados Unidos y el liderato de las naciones del continente sobre la cuestión colonial.[81] Aunque el problema de la descolonización había sido puesto sobre la mesa durante la Primera Reunión de Consulta de Ministros de Relaciones Exteriores de América Latina, celebrada en Panamá en 1939,[82] fue durante la Segunda Reunión de Consulta de Ministros de Relaciones Exteriores de las Repúblicas Americanas, celebrada en La Habana en 1940, cuando los cancilleres discutieron las preocupaciones sobre las consecuencias de la guerra sobre el sistema de posesiones europeas en la región del Caribe y América del Sur, a partir del temor de que Alemania pudiese intervenir en la región.[83] Fue en ese marco de preocupaciones en torno de la fragilidad de las metrópolis europeas, y que las colonias pudieran cambiar de dueño, que el Acta de La Habana construyó su crítica del colonialismo. En esa reunión, Estados Unidos insistió en la creación de estructuras preparadas para el manejo de posesiones coloniales que cayeran en manos de potencias enemigas.[84] En esa reunión, el Secretario de Estado Cordell Hull, a quien Roosevelt le había otorgado un papel clave en la definición de la politica exterior estadounidense, introducía la conexión entre colonialismo y geopolítica, al presentar la preocupación de Estados Unidos con la situación de las posesiones europeas en el hemisferio.

Estas regiones geográficas no constituyeron hasta ahora un peligro para la paz de las Américas; sus gobiernos fueron establecidos en su mayor parte desde hace varias generaciones y en nuestra época actuaron como vecinos amables. No abrigamos el deseo de absorber esas posesiones o extender nuestra soberanía sobre ellas o incluirlas dentro de ninguna forma de esfera de influencia.

---

[81] República Argentina, Ministerio de Relaciones Exteriores y Culto, División de Asuntos Jurídicos. *Reuniones de Consulta entre Ministros de Relaciones Exteriores de las Repúblicas Americanas: Panamá 1939*, La Habana, 1940 (Buenos Aires, 1941)

[82] Panamá, entre el 23 de septiembre y el 3 de octubre de 1939.

[83] Jose Sansón-Terán, *El interamericanismo en marcha: De Bolívar y Monroe al Roseveltianismo* (Washington, D.C.: University Press, Inc, 1949

[84] En una de sus intervenciones en la reunión, Cordell Hull manifestaba su preocupación por «la amenaza para nuestra seguridad proveniente de actividades dirigidas desde el exterior del hemisferio, pero que operan desde nuestras respectivas fronteras.» *Reuniones de Consulta*, p. 139

Empero, no podemos permitir que estas regiones sean objeto de trueque en el arreglo de las diferencias europeas o convertidas en campos de batalla, para el ajuste de tales diferencias. Solo podría considerarse cualesquiera de esas situaciones como una amenaza para la paz y la seguridad de este hemisferio, pues existen muchos indicios de que serían utilizadas para propugnar sistemas extraños al sistema interamericano.[85]

Al finalizar la reunión, los cancilleres manifestaron su preocupación por la situación por la que atravesaban los territorios del Continente pertenecientes a las potencias europeas, como consecuencia de la guerra en ese continente. Vislumbrando la posibilidad de que una potencia externa intentara tomar uno de estos territorios, los representantes de los gobiernos de las repúblicas americanas allí reunidos aprobaron la doctrina de la administración provisional de territorios, la cual permitía a un estado miembro tomar el control de las posesiones europeas, si estuviesen en riesgo de ser ocupadas por países enemigos.[86] Con esta política se sentaron las bases para lo que sería la postura de Estados Unidos luego de finalizada la guerra: que la posesión de territorios por países miembros de la comunidad interamericana debía verse como un asunto interno, mantenido fuera de las discusiones en torno del fin del colonialismo.

Los foros regionales

Si bien durante su presidencia del Segundo Congreso Pro Independencia Concepción de Gracia había centrado su atención en la consolidación de las bases de apoyo interno para la independencia y en el fortalecimiento de las alianzas a favor de la descolonización de Puerto Rico que se habían creado en suelo estadounidense, a partir de la formación del Partido Independentista,

---

[85] *Reuniones de Consulta entre Ministros de Relaciones Exteriores de las Repúblicas Americanas*, p. 140.

[86] Acta de La Habana sobre Administracion Provisional de Colonias y Posesiones Europeas en América. La Segunda Reunión de consulta tuvo lugar en La Habana del 21 al 30 de julio de 1940. Véase también: José Joaquín Caicedo Castilla, *El panamericanismo* (Buenos Aires: Roque Depalma editor, 1961), p. 102-105

Concepción de Gracia debió enfocar su mirada en los nuevos foros inernacionales que se fueron abriendo en el Caribe y América Latina, arena de luchas que habían privilegiado los nacionalistas.[87] Concepción de Gracia había realizado esfuerzos para presentar el caso de Puerto Rico en foros internacionales, como ocurrió durante la conferencia de Naciones Unidas en San Francisco, en 1945, cuando intentó presentar el caso de Puerto Rico junto a Marcantonio.[88] Pero, fue durante la IX Conferencia Internacional Americana cuando se lanzó de lleno al esfuerzo de integrar al Partido Independentista en los foros regionales latinoamericanos.

Su participación en esos eventos internacionales revelaba al mismo tiempo la fuerza desencadenada por los movimientos de descolonización a escala mundial, y los cambios de óptica del independentismo puertorriqueño en la nueva arena mundial. Luego de finalizada la Segunda Guerra Mundial, proliferaron los circuitos en los cuales se debatía la cuestión colonial, y con ello se presentaban nuevos desafíos para el independentismo. Aunque la cuestión colonial fue considerada en varias reuniones regionales del Caribe y América Latina desde las décadas iniciales del siglo veinte, no fue hasta la segunda posguerra, a la luz de las disposiciones de Naciones Unidas, que el tema se abordó de forma plena. Luego de la declaración de Naciones Unidas, la Unión Panamericana se insertó en los debates, cuando en la reunión de Bogotá en 1948 se creó una Comisión de Territorios Dependientes para atender el asunto de los territorios coloniales en América.

---

[87] Aun antes, el Partido Nacionalista había participado de otros foros internacionales, como fueron la Sexta Conferencia Internacional Americana de 1928, la Conferencia sobre Guerra y Paz en Buenos Aires en 1936, y había logrado la condición de observador en Naciones Unidas, representación que estuvo a cargo de Thelma Mielke hasta 1950. Carmen Gautier Mayoral, «El nacionalismo y la descolonización internacional hemisférica en la posguerra», en Juan Manuel Carrión, Teresa C. Gracia Ruiz y Carlos Rodríguez Fraticelli, editores, *La nación puertorriqueña: Ensayos en torno a Pedro Albizu Campos* (San Juan: Editorial de la Universidad de Puerto Rico, 1993), pp. 97-120. También, Juan Mari Brás, *El independentismo en Puerto Rico* ....

[88] Bhana hace referencia a la solicitud que hicieron Concepción de Gracia y Vito Marcantonio a Naciones Unidas para lograr un asiento para Puerto Rico como preludio al reconocimiento de la isla como Estado independiente. Bhana, *op.cit*, p. xx

En el contexto de la descolonización, se realizaron varias conferencias y reuniones para trabajar en torno del problema colonial, las cuales se llevaban a cabo en una tensión entre el ascenso de movimientos anticoloniales y la construcción de políticas de descolonización que mostraban la renuencia de las antiguas metrópolis de Europa y Estados Unidos de desligarse de sus posesiones. La filosofía trazada por Naciones Unidas sirvió de estímulo en los debates que se llevaron a cabo en el seno de las diversas posesiones coloniales en torno de su futuro político, aunque ésta se topaba con las piedras que Estados Unidos colocaba en el camino de la descolonización. Cuando en 1947 se celebró en Río de Janeiro la Conferencia para el Mantenimiento de la Paz y la Seguridad, ya la descolonización estaba a todo vapor. Aunque en esa reunión se trabajó en torno del problema de las «colonias y posesiones», el discurso anticolonial de los ministros se inclinaba hacia la crítica del coloniaismo europeo en el Caribe y América Latina. De modo que, cuando se gestó la política de la OEA en torno del colonialismo, en 1948, ya había ido cuajando en la diplomacia latinoamericana la visión de que los territorios estadounidenses no debían ser incluidos en los debates sobre el futuro de las colonias en la región. Sin embargo, si bien los esfuerzos de Estados Unidos por reconciliar la crítica del colonialismo europeo con el hecho de poseer colonias en el continente recibía el aval de muchas naciones latinoamericanas, la idea no estaba firmemente enraizada en las cancillerías continentales.[89]

A partir de 1948, en el marco de la conversión de la Unión Panamericana en la Organización de Estados Americanos fue tomando forma la postura de los estados de América en torno del colonialismo. En las discusiones que tuvieron lugar durante la IX Conferencia Interamericana celebrada en Bogotá en 1948, el tema del colonialismo se colocó de forma prioritaria en la agenda continental, donde, además del despliegue de colonias en el arco de las Antillas, había otros casos, como las Islas Malvinas, reclamadas por Argentina al gobierno británico, la Honduras Británica, territorio británico enclavado en América Central, y las posesiones

---

[89] Ricardo J. Alfaro, *Panorama internacional de América* (Cambridge: Harvard University Press, 1938), p. 91

británicas, francesas y holandesas en la región de las Guayanas, al norte de la América del Sur. Los debates en torno de esos casos se dejaron sentir en la región del Caribe y América Latina, que se fue convirtiendo en una zona principal de preocupaciones en torno de la Guerra Fría. Sin embargo, a pesar de que la fundación de la Organización de Estados Americanos, en la IX Conferencia Internacional Americana, celebrada en Bogotá, Colombia, en 1948, pretendía emular los principios descolonizadores trazados en la reunión de Naciones Unidas, las presiones que ejerció Estados Unidos en contra de ese rumbo acabaron por doblarle las rodillas a muchos de sus representantes. Sobre esto escribe uno de los principales diplomáticos presentes en esa reunión:

> Tanta importancia se le dio a este tema y a esta conferencia, que bastaría medir solamente las influencias que se desplazaron para que éste [el problema colonial] no fuera abordado por la Conferencia. Se instruyeron a delegados, se movilizaron los poderes coloniales y hacia todos los caminos se desplazaron los agentes de un imperialismo colonialista, temerosos de las resonancias y resultados americanos y emancipadores de esta Conferencia.[90]

Como resultado de los debates en torno del colonialismo, en la reunión en Bogotá se aprobó una resolución sobre el colonialismo, siguiendo el principio genérico de «que era justa aspiración de las repúblicas de América que se pusiera término al coloniaje que subsiste en el Continente.»[91] Luego de intensos debates en torno a la aplicabilidad a territorios bajo el dominio de estados del continente, se arribó a la Resoliucion 33, que afirmaba la diversidad del colonialismo en el continente y la necesidad de realizar estudios minuciosos de todas las manifestaciones del coloniaismo en América. Como resultado de la visión de que «el proceso histórico de la emancipacion de América no habrá concluído mientras subsistan en el Continente pueblos y regiones sometidos al régimen colonial o territorios ocupados por países no americanos,» se creó la Comisión Americana de Territorios Dependientes, «destinada

---

[90] *Puerto Rico Libre*, p. 22
[91] Sobre la generalidad de la declaración, Corominas escribe que «no podia ser más débil esta declaracion.» *Puerto Rico Libre*, p. 11

a centralizar el examen del problema de la existencia de territorios dependientes y territorios ocupados, con el fin de hallar una solución adecuada a dicha cuestión.»[92]

La primera reunión de esta comisión se celebraría en La Habana meses más tarde, a fin de examinar el problema colonial en el continente. Se trataba de un foro ideal para presentar el caso de Puerto Rico, pues proveía continuidad al debate en torno del colonialismo que se había llevado a cabo meses antes en Bogotá. Sin embargo, colocaba sobre la mesa el asunto acerca de si el problema del colonialismo se refería a las posesiones europeas o si aplicaba también a posesiones de estados americanos, como era el caso de Estados Unidos. Estaba sobre la mesa además la pregunta acerca de la capacidad de la Comisión de atender casos de posesiones coloniales de estados miembros de la organización, como Estados Unidos, que poseía dos colonias en el Caribe: Puerto Rico e Islas Vírgenes.

La reunión en La Habana

Durante la segunda mitad de la década del cuarenta se llevaron a cabo cambios significativos en la política colonial de Estados Unidos y otros tantos en el tablero político de Puerto Rico. Por un lado, Estados Unidos articuló una postura temerosa de la nueva cartografía que se diseñaba con el debilitamiento de las metrópolis europeas, dejando de lado el discurso anticolonial que le sirvió de lanza de ataque en contra del colonialismo europeo durante el período entre las dos guerras mundiales. De otra parte, había logrado que el Partido Popular, que se perfilaba como una poderosa fuerza política en el escenario de la posguerra, abandonara cualquier referencia a la soberanía y se insertara de forma plena en la política de contención a los movimientos nacionalistas que impulsaba la metrópoli.

---

[92] Resolución Num. 33, Sobre colonias y territorios ocupados en América y creación de la Comisión Americana de Territorios Dependientes, IX Conferencia Internacional Americana, Bogotá, Colombia, 1948. Estados Unidos se abstuvo de votar en torno de esta resolución.

A la conferencia de la Comisión Americana de Territorios Dependientes, celebrada en la Habana, Cuba, asistieron delegaciones del Partido Independentista Puertorriqueño dirigida por el doctor Gilberto Concepción de Gracia y Francisco M. Susoni, y del Partido Nacionalista, presidida por Juan Juarbe y Juarbe y Thelma Mielke, y otros.[93] Además, en Cuba se encontraba Luís Muñoz Marín, quien procuraba impugnar la participación de delegaciones puertorriqueñas en un foro de estados americanos, siguiendo las ondas discursivas trazadas por la delegación de Estados Unidos.

Concepción de Gracia y Francisco M. Susoni partieron hacia La Habana esperanzados en que la Comisión de Territorios Dependientes consideraría favorablemente la solicitud que hacía el independentismo puertorriqueño de incluir el caso de Puerto Rico en la agenda de trabajo de la Organización de Estados Americanos.[94] La Habana era un escenario favorecedor para la delegación independentista de Puerto Rico. Varios cancilleres, conocedores de la historia de Puerto Rico, veían con buenos ojos que se incluyera el caso como parte de la agenda de debates, como lo habían hecho otros un año antes en Bogotá. Pero, además, en Cuba se había constituido la Junta Nacional Cubana pro Independencia de Puerto Rico, y su presidente, Emilio Roig Leuschering, había realizado una visita a Puerto Rico en 1948, en la que había podido, según sus palabras,

> ...confirmar personalmente su realidad colonial, recorrer sus poblaciones y sus campos, descubrir el pensamiento y sentimiento del hombre de la calle, del burgués, del obrero y del 'jíbaro'; auscultar los latidos de su juventud estudiantil, arrancar a sus hombres públicos la razón o el pretexto de sus actitudes y determinaciones, observar sobre el propio escenario de fortalezas, cuarteles, oficinas, clubes y bases militares, navales y aéreas a los 'mandones' que desarrollan los planes acordados en Washington para el go-

---

[93] Alfredo Guevara, Secretario de Relaciones Exteriores de la Federación Estudiantil Pro Independencia de Puerto Rico. Asociación Puertorriqueña de Mujeres Estadistas. Además, Emilio Roig Leuschering, quien presidía la Junta Nacional Cubana pro Independencia de Puerto Rico.

[94] *El Mundo*, 14 de marzo de 1949, p. 1

bierno y administración de la Isla como uno de los puntos primordiales de la vasta red de defensa bélica imperial...[95]

Una vez llegaron a La Habana, Concepcion de Gracia escribió una carta a Enrique Corominas, en la que solicitaba que se escuchara a los dos representantes del Partido Independentista Puertorriqueño en la reunión de la Comision. La comunicación esbozaba once puntos en apoyo a la petición de que se les reconociera como delegados observadores y que se incluyera en los trabajos de la Comisión el coloniaje «mantenido por un país americano sobre otro pais amercano.» El escrito destacaba varios argumentos de peso, entre los que se puntualizaba que,

En el primer considerando de la Resolución que creó la Comisión se dice que «el proceso histórico de la emancipación no habrá concluido mientras subsistan en el Continente pueblos y regiones sometidos al régimen colonial.» Al así expresarse, la IX Conferencia Internacional Americana se refería con toda claridad a Puerto Rico, la última nación de origen hispánico irredenta en nuestro continente.[96]

Pero, además, Concepción de Gracia hacía alusión al hecho de que los delegados que habían redactado la Resolución que dio origen a la creación de la Comisión Americana de Territorios Dependientes se habían manifestado de forma específica en torno del caso de Puerto Rico.

En relación con el pensamiento que inspiró a la IX Conferencia Internacional Americana al crear la Comisión que se reúne el próximo 15 de marzo y a los Delegados que redactaron la Resolución, citamos las siguientes palabras del señor Rómulo Betancourt y del doctor Parra Velasco, jefes de la delegación venezolana y ecuatoriana respectivamente a la IX- Conferencia Internacional Americana. Dijo el jefe de la delegación venezolana, el ex Presidente Rómulo

---

[95] Emilio Roig Leuschering viajó como delegado del Municipio de La Habana al Tercer Congreso Histórico Municipal Interamericano celebrado en San Juan del 12 al 18 de abril de 1948. . 41

[96] La carta en su totalidad es reproducida por Enrique Corominas en su Puerto Rico Libre, p. 40-44

Betancourt: «Debilita la fe colectiva en la eficacia del sistema panamericano el hecho de que haya dejado persistir el dominio de potencias colonizadoras sobre vastas porciones del hemisferio. Y se acentúa ese sentimiento, cuando se observa cómo no se ha modificado el status colonial en América, mientras una India, una Bermuda, unas Filipinas Libres se han incorporado ya a la comunidad internacional: y cuando se espera, como culminación en el proceso, ya tan avanzado, de la independencia de Puerto Rico, que a la próxima Conferencia Internacional Americana, puedan concurrir sus representantes como personeros de un Estado soberano. Consideramos incompatible con el sistema jurídico interamericano cualquier razonamiento de índole histórica, económica o estratégica que pueda invocarse como justificación del coloniaje en América». El jefe de la delegación del Ecuador, doctor Parra Velasco, se expresó así: «América debe ser continente de pueblos libres. Debemos ayudar a libertarse a los pueblos que demuestran su voluntad en tal sentido. Mi país es opuesto a todo sistema colonial, y proclama, una vez más, su adhesión al principio de la libre determinación de todos los pueblos de la tierra y muy especialmente a los de este continente, cualquiera que sea la potencia colonizadora o protectora.[97]

Antes de la reunión, Concepción de Gracia se dirigió al pueblo de Cuba, declarando que « El Partido Independentista es hoy el más poderoso instrumento con que cuenta el pueblo de Puerto Rico en su lucha por la liberación nacional y por su justicia económica, social y política.» En su alocución a los «Hermanos de Cuba», Concepción de Gracia indicaba que, a pesar de haber sometido los documentos relacionados con el caso de Puerto Rico desde el inicio de la reunión «ésta es la hora en que no se ha tomado acción alguna sobre nuestras demandas.» En esa alocución, transmitida por varias emisoras radiales de Cuba, explicó lo que se proponía presentar ante la Comisión:[98]

---

[97] Corominas, *op. cit.*, p. 44
[98] El periódico *El Mundo* reseñó el discurso que fue transmitido por 21 emisoras de Cuba. *El Mundo*, 26 de marzo de 1949, p. 10

Hermanos de Cuba... Tenemos pendiente ante la referida Comisión una solicitud para que se nos permita remitir ante ella la documentación que comprueba el derecho que asiste al pueblo de Puerto Rico a que termine el régimen colonial que le ha sido impuesto por el gobierno de Estados Unidos, y la información relacionada con la situacion de coloniaje y dependencia reinantes en el pueblo de Puerto Rico. También solicitamos que se nos oiga oralmente a nuestra Delegación sobre la situación imperante en Puerto Rico, y sobre la adecuada solución al problema planteado; y que se nos extienda, como representantes del Partido Independentista Puertorriqueño, el *status* de Delegados Observadores.[99]

La Comisión tenía la encomienda de considerar las cuestiones relacionadas con el colonialismo en la región y redactar recomendaciones de acción al Consejo de la Organización de Estados Americanos.[100] Le tocaba a la Subcomisión de Iniciativas dilucidar la cuestión acerca de si la resolución 33 de Bogotá era aplicable a los estados miembros de la Organización de Estados Ameicanos.[101] Debía además considerar los documentos presentados por el Partido Independentista Puertorriqueño, del Partido Nacionalista de Puerto Rico, y la Asociación Puertorriqueña de Mujeres Estadistas y escuchar la voz de sus representantes. Luego de considerar el caso, esta subcomisión decidió proponer a la Comisión Americana de Territorios Dependientes que ésta se declarase competente para incluir el caso de Puerto Rico en sus debates, con lo cual resolvia la cuestión acerca de si el caso de una colonia

---

[99] Centro de Investigaciones Históricas, Colección Gilberto Concepción de Gracia, Discursos, mensajes y conferencias, Activdades del PIP, Caja 12, Cartapacio 1, Número 1. También, *El Mundo*, 22 de marzo de 1949, p. 1

[100] La Comisión inició sus trabajos en la Academia de Ciencias de Cuba el 15 de marzo de 1949. Su primer periodo de sesiones plenarias se llevó a cabo del 15 al 29 de marzo de 1949, con la participación de Argentina, Colombia, Costa Rica, Ecuador, El Salvador, Guatemala, Haití, Honduras, México, Panamá, Paraguay, Perú, y Cuba como el país anfitrión de la reunion. *Puerto Rico Libre*, p. 150

[101] Once votaron que sí. México votó en contra, y Colombia, ausente. Corominas.

de un Estado miembro de la OEA podía ser considerado bajo los principios esbzados en la Resolucion 33, aprobados en la Conferencia Interamericana de 1948.[102] Sin embargo, aunque la Comisión avaló el informe que establecía la aplicabilidad del caso de Puerto Rico en el asunto ante su consideración, los delegados de la Comisión Americana de Territorios Dependientes reunidos en La Habana decidieron elevar la cuestión al Consejo de la Organización de Estados Americanos, a fin de conocer la opinion de los cancilleres de los estados miembros de esta organización, quienes mayoritariamente asumieron la postura de que la OEA no debía atender casos de colonialismo por parte de estados miembros, con lo cual el organismo interamericano rechazaba los argumentos de las delegaciones de Puerto Rico y le daba la espalda a los preceptos que sirvieron de guía a su fundación.

Meses más tarde, la Comisión produjo un Acta Final de sus trabajos, elevando la cuestión de Puerto Rco al Consejo de la OEA y proponiendo que el problema fuera tratado en una futura reunión de Consulta de Ministros de Relaciones Exteriores de esta organización, lo cual nunca ocurrió.

Colonialismo y Guerra Fría

A pesar de la independencia filipina, en el escenario de posguerra la Guerra Fría fue orientando una política de Estados Unidos dirigida a retener a sus posesiones. A diferencia de Filipinas, cuyo liderato político había acompañado la gestión militar estadounidense en esa zona del Pacífico durante la Segunda Guerra Mundial, el robustecimiento de las posturas anticoloniales del movimiento independentista durante los años cuarenta en Puerto Rico lo colocaba en el centro de la mirada geopolítica estado-

---

[102] México votó en contra de la inclusión del caso de Puerto Rico.

unidense, azuzada por la Guerra Fria.¹⁰³ Aunque las metrópolis celebraron su papel en el desmontaje de sus sistemas coloniales, ello se hacía con una reluctancia informada por las preocupaciones que tenían acerca de su posición eventual en un mundo repleto de nuevas naciones y por el impacto que tuvieron las tensiones entre Estados Unidos y la Unión Soviética en lo que fue el inicio de la Guerra Fría.

Si la descolonización fue el resultado de transformaciones en la economía mundial que obligaban a dejar atrás el colonialismo, acompañadas de presiones políticas fuertes en contra del sistema, los límites de ese proceso estuvieron dictados por el conflicto con la Unión Soviética y los temores que tuvieron las grandes potencias al nacionalismo gestado en sus colonias. Como consecuencia de ello, entre el final de la Segunda Guerra Mundial y la Guerra Fría se verificó una política de contención del proceso descolonizador, fomentada en buena parte por los temores que tenían las potencias coloniales, como Estados Unidos a la cabeza, de que la reorganización política de la región y el ascenso de los movimientos nacionalistas traerían consigo un balance ideológico desfavorable en el marco del conflicto naciente con la Unión Soviética.¹⁰⁴

A pesar de que Estados Unidos había ejercido presión durante la primera mitad del siglo veinte para que las metrópolis coloniales europeas desmontaran sus respectivos sistemas coloniales en el mundo, al culminar la guerra, los encargados de la política exterior estadounidense exhibían sus inquietudes con la formación de un orden mundial, repleto de nuevas naciones lideradas por actores

---

¹⁰³ Sobre los eventos en el primer lustro de la década del cincuenta, Stebbins escribe relacionando sucesos en Puerto Rico y el Caribe: *"Tension was spreading. Already, another Communist-backed movement had made its appearance in British Guiana; there were rumors of similar trouble brewing in British Honduras; and when a group of Puerto Rican Nationalists in Washington shot down five members of the House of Representatives on the opening day of the Caracas conference (March 1), US spokesmen did not appear certain that they, too, might not be instruments of a Communist conspiracy centering in Guatemala."* Richard P. Stebbins, *The United States in World Affairs: 1954*, (New York: Council on Foreign Relations and Harper Brothers, 1956), 372.
¹⁰⁴ Cary Fraser. *op.cit*

políticos nacionalistas.[105] De igual modo, si bien Estados Unidos y sus aliados hacían referencias retóricas acerca de un mundo sin colonias, en sus acciones políticas se mostraba la renuencia a abandonar su papel al mando de territorios. Las políticas de descolonización en los lustros después de la guerra chocaban con las visiones geopolíticas estadounidenses, dentro de las cuales se veía al nacionalismo que se había ido forjando durante el período entre guerras como una amenaza al delicado balance entre Estados Unidos y sus aliados, y la Unión Soviética y los suyos. Estados Unidos mostró mayor inquietud con la política británica de convertir a sus colonias en naciones independientes, puesto que en los demás casos las metrópolis europeas permanecían en control de sus posesiones.[106] Por ello, los modos de mantener la continuidad de la autoridad de las metrópolis sobre el mundo colonial que se desplomaba fue tema central de preocupaciones y debates.

Mientras los países europeos diseñaban sus respectivos programas de descolonización, se fue haciendo clara una contención del proceso descolonizador, armado sobre la visión de que la creación de nuevas naciones, con lideratos nacionalistas desvinculados de la autoridad de sus metrópolis, amenazaba con inclinar el equilibrio geopolítico a favor de la Unión Soviética. De modo que, el reconocimiento de la necesidad de realizar cambios en los sistemas coloniales se topaba con los temores de que el ascenso al poder del liderato nacionalista en las colonias pudiera alterar el orden regional en el marco de la Guerra Fría.[107] Esa doble paradoja reflejaba la configuración de un nuevo orden regional con Estados Uni-

---

[105] Cary Fraser, *Ambivalent Anticolonialism: The United States and the Genesis of West Indian Independence, 1940-1964* (Westport, Connecticut and London: Greenwood Press, 1994)

[106] Rafael Cox-Alomar, "Revisiting the Transatlantic Triangle: The Decolonization of the British Caribbean in Light of the Anglo-American Special Relationship." *Diplomacy and Statecraft, 15:2* (June 2004), 353-373.

[107] 42 Por ejemplo, un estudio sobre las inclinaciones ideológicas realizado durante el inicio de la descolonización británica concluyó que una porción significativa del liderato político de las naciones del Caribe anglófono, se inclinaban a asumir una postura de neutralidad en el conflicto entre las dos potencias mundiales. Wendell Bell, *The Democratic Revolution in the West Indies: Studies in Nationalism, Leadership, and Belief in Progress* (Cambridge, Massachusetts: Schenkman Publishing Company, 1967), 87

dos a la cabeza. Las preocupaciones geopolíticas sobre el Caribe se daban también en regiones vecinas, como la América Central, donde Estados Unidos y sus aliados interpretaban que incluso algunos eventos de protesta nacionalista contra la dominación externa estaban vinculados al avance del comunismo en la región. Un caso emblemático de este cambio de actitudes en torno del proceso de descolonización fue la intervención militar del Reino Unido en la Guayana Británica en 1953. Cuando se establece el *Commonwealth* de Puerto Rico en 1952, ya Estados Unidos había logrado impulsar su visión de que los asuntos de Puerto Rico eran de naturaleza interna, y por ello no debían estar sujetos a la intervención de otros estados.

Bajo la presidencia de Harry S. Truman se produjo un viraje significativo en la política exterior de Estados Unidos que tuvo repercusiones en Puerto Rico y el Caribe. A partir de 1947, cuando Truman inicia la política de contención del comunismo a escala mundial, se verificó asimismo una fuerte oposición al ascenso de los movimientos nacionalistas anticoloniales, los cuales eran percibidos como suceptibles a la influencia soviética. De modo que, cuando se discutió la propuesta que peticionaba a Naciones Unidas que Puerto Rico fuera removido de la lista de colonias bajo la consideracion de ese foro, el anticolonialismo que floreció en el seno de las clases políticas del continente se había debilitado.

Sin embargo, fueron los objetivos ambiguos de la descolonización, debatidos desde la fundación de Naciones Unidas en 1945, lo que sirvió de eje discursivo de Estados Unidos en su esfuerzo por convenvcer a la comunidad internacional de que, con el *Commonwealth*, el territorio había dejado de ser una colonia. Además, la inclusión de la cuestión colonial en el centro de los controversias en las reuniones internacionales de América Latina y el Caribe, se veía cada vez más a través del prisma ideológico de la Guerra Fría. Por ello, si bien en 1946 Estados Unidos puso fin al control directo que ejerció sobre las Filipinas desde 1898, veía con recelo la independencia de sus otras colonias, sobre todo las de Guam, Islas Vírgenes y Puerto Rico, cuya ubicación le resultaba clave en el marco del conflicto con la Unión Soviética.

En el foro más alto

Cuando se estudian las políticas de descolonización que se fueron forjando luego de la Segunda Guerra Mundial, es evidente que éstas se llevaron a cabo en un ambiente de retóricas y rodeos en torno del nuevo ordenamiento mundial que se habría de forjar luego de la desintegración de los sistemas coloniales históricos, entre los cuales se destacaba la disputa en torno del signifcado del concepto "*self-government*", que se planteaba como uno de los objetivos de la descolonizaciòn.

En el debate que dio origen a la doctrina de descolonización de Naciones Unidas en 1945 ya se advertían divergencias claves en torno de los principios que debían guiar el proceso de desmontaje de los sistemas coloniales a escala mundial. Por ejemplo, uno de los aspectos más notables del debate era la cuestión del gobierno propio, que emanaba del Artículo 73 de la Carta, en el cual se resumían los principios del nuevo orden poscolonial.[108] En el inciso [b] de ese documento se hacía referencia a la plenitud

---

[108] El texto decía que: «Los Miembros de las Naciones Unidas que tengan o asuman la responsabilidad de administrar territorios cuyos pueblos no hayan alcanzado todavía la plenitud del gobierno propio, reconocen el principio de que los intereses de los habitantes de esos territorios están por encima de todo, aceptan como un encargo sagrado la obligación de promover en todo lo posible, dentro del sistema de paz y de seguridad internacionales establecido por esta Carta, el bienestar de los habitantes de esos territorios, y asimismo se obligan: (a). a asegurar, con el debido respeto a la cultura de los pueblos respectivos, su adelanto político, económico, social y educativo, el justo tratamiento de dichos pueblos y su protección contra todo abuso; (b) a desarrollar el *gobierno propio*, a tener debidamente en cuenta las aspiraciones políticas de los pueblos, y a ayudarlos en el desenvolvimiento progresivo de sus libres instituciones políticas, de acuerdo con las circunstancias especiales de cada territorio, de sus pueblos y de sus distintos grados de adelanto; (c) a promover la paz y la seguridad internacionales; (d) a promover medidas constructivas de desarrollo, estimular la investigación, y cooperar unos con otros y, cuando y donde fuere el caso, con organismos internacionales especializados, para conseguir la realización práctica de los propósitos de carácter social, económico y científico expresados en este Artículo; y (e) a transmitir regularmente al Secretario General, a título informativo y dentro de los límites que la seguridad y consideraciones de orden constitucional requieran, la información estadística y de cualquier otra naturaleza técnica que verse sobre las condiciones económicas, sociales y educativas de los territorios por los cuales son respectivamente responsables, que no sean de los territorios a que se refieren los Capítulos XII y XIII de esta Carta».

del *gobierno propio*. Pero, esta noción tenía diferentes significados, pues, si bien la Unión Soviética consideraba la idea de gobierno propio como sinónimo de independencia, las posturas de Estados Unidos e Inglaterra imaginaban el gobierno propio como un modo de autonomía interna. Para los británicos, este lenguaje encajaba en su visión de mantener a las antiguas colonias al interior de un *Commonwealth*, una vez éstas alcanzaran la independencia. Sin embargo, en el caso de Estados Unidos, la idea de gobierno propio apenas hacía referencia a una modalidad de gobierno local parecida a la que tenían las reservaciones indígenas o sus estados.

Las visiones de la Unión Soviética y de Estados Unidos y sus aliados con respecto a la Carta diferían en su acercamiento al problema colonial. Mientras los gobiernos de Gran Bretaña y Estados Unidos visualizaban el «*self government*» como el derecho de los pueblos a escoger la forma de gobierno bajo la cual querían vivir, los soviéticos insistían en que este lenguaje de la Carta iba directamente a la cuestión de la autodeterminación. Annette Baker Fox resumió la polémica en el seno de la incipiente Organización de Naciones Unidas de este modo: *"The discussions leading to the framing of the Charter provisions on the colonies and the subsequent negotiations in carrying them out revealed several points of controversy among the powers. One of the principal issues was the definition of the ultimate goals towards which to work. The Russians demanded at the San Francisco conference that the political aim be 'independence,' while the British, with United States support, urged 'self-government' to be the desirable end. The Charter provision was a compromise embodying both aims"*. [109]

A pesar de que en el discurso público de Estados Unidos se dejaba espacio para la independencia, Concepción de Gracia percibía posturas contradictorias en la metrópoli. Como rastro de apertura, Concepción de Gracia citaba el texto de Dwight David Eisenhower a la Organización de Naciones Unidas, en el cual el presidente estadounidense sostenía que, si el pueblo de Puerto Rico solicitaba la independencia, la metrópoli se la concedería, gestionando además la adhesión del territorio convertido en nación

---

[109] Annette Baker Fox, *Freedom and Welfare in the Caribbean: A Colonial Dilemma* (New York: Harcourt, Brace and Company, 1949), p. 21

al Pacto de Río de Janeiro.[110] Sin embargo, veía asimismo cómo Estados Unidos ejercía presiones en Naciones Unidas para validar al *Commonwealth* como una instancia de descolonización.[111]

Con la implantación del *Commonwealth*, Estados Unidos articulaba una postura contradictoria: ampliar la injerencia de la clase política local al mando de la gestión territorial, y consolidando su control, minimizando los riesgos que conllevaba el control directo de la colonia. Una vez fue aprobada la solicitud estadounidense para retirar a Puerto Rico de la lista de territorios coloniales, la lucha por la independencia entraría en un nuevo ciclo, puesto que ya no sería contra el colonialismo directo, que fue el modo a través del cual Estados Unidos manejó sus colonias durante la primera mitad del siglo veinte, sino con una versión que ampliaba la participación de una clase política local. Concepción de Gracia se mostró inconforme con el establecimiento de un arreglo político que dejaba a Puerto Rico bajo la soberanía de Estados Unidos y de las nomenclaturas confusas que le acompañaban.[112]

Una prueba clara del fraude moral que [el nombre, 'Estado Libre Asociado] entraña, consiste en el hecho de que el texto aprobado por el Congreso Federal usa, para identificar el cuerpo político integrado por el pueblo puertorriqueño, el término *Commonwealth of Puerto Rico*, cuyo significado es comparable con cualquier clase o tipo de régimen soberano o colonial, mientras que el mismo, en vez de haber sido vertido al español como *Comunidad de Puerto Rico*, aparece traducido como *Estado Libre Asociado* de Puerto Rico, lo que en su aspecto genérico, significa únicamente un pueblo organizado en Estado soberano y libre, asociado a otro Estado por cualquiera de los medios reconocidos en el Derecho de Gentes para una asociación de dos o más Estados libres o soberanos, y excluye toda noción de coloniaje.

Luego de realizar los cambios en la estructra territorial de Puert Rico, Estados Unidos trató de convencer a la comunidad

---

[110] "No malogremos el momento", *En nombe de la verdad*, pp. 221-239.
[111] *El Mundo*, 13 de noviembre de 1953, p. 12
[112] *En nombre de la verdad*, pp. 336-37.

internacional de que el modo de autonomía interna que había establecido en Puerto Rico correspondía al *«self government»* que aparecía como uno de los objetivos de la descolonización en los documentos de las organizaciones internacionales. Con ello, se ponía fin al ciclo de entusiasmo en que los foros internacionales serían capaces de considerar con seriedad el caso de Puerto Rico y actuar decisivamente en torno del mismo.

Estados Unidos había logrado que la mayoría de los países de América Latina apoyaran una doble idea: que el caso de Puerto Rico era parte del ámbito interno de un estado, y que el *Commonweath* era un modo de descolonización. Poco antes de implantarse el *Commonwealth*, entre el 26 de marzo al 7 de abril de 1951, se llevó a cabo en Washington una Reunión de Cancilleres en Washington, en la cual se hacía manifiesta la asociación del colonialismo y Guerra Fría.[113] En esta reunión se invocaban los artículos 30 y 40 de la carta de la OEA de 1948 sobre el peligro de una agresión externa, en este caso asociada al comunismo. Los participantes de esta conferencia enlazaban el principio de la "Convención sobre Administración Provisional de Colonias y Posesiones", elaborado en 1940, reiterando su aplicabilidad en tiempos de Guerra Fría. Sin embargo, la expectativa de que se diera continuidad al tema del colonialismo en el continente se desvanecía al calor de los debates de la Guerra en Corea.

Con la creación del *Commonwealth,* el Partido Independentista Puertorriqueño incrementó su trabajo en el foro de Naciones Unidas. Aunque Concepción de Gracia expresaba su visión de que el trabajo central de la organización se encontraba en Puerto Rico y en el ámbito de la metrópoli, las decisiones tomadas en ese foro

---

[113] Cuarta Reunión de Consulta de Ministros de Relaciones Exteriores de América, Washington DC, 26 de marzo al 17 de abril de 1951.

alentaban el trabajo en ese campo.[114] El Partido Independentista y el Partido Nacionalista acudieron a Naciones Unidas en 1953 para contestar la tesis de Estados Unidos de que, con el establecimiento del *Commonwealth*, Puerto Rico había dejado de ser colonia.[115] En la Asamblea General se reafirmó la potestad de Naciones Unidas para atender cuestiones del colonialismo, pero al mismo tiempo se aprobó la solicitud de Estados Unidos de no rendir informes por haber Puerto Rico alcanzado el *self government*.

Con una clase política sin voluntad para insertarse en el proceso descolonizador, el enlace con otras naciones quedó como un ingrediente central para impulsar la independencia, incluyendo el uso de la mejor discreción de la Asamblea General del Partido a fin de proveer «lo necesario para destacar emisarios del pueblo de Puerto Rico ante los gobiernos e instituciones pertinentes de otras naciones, con el propósito de recabar la cooperación de esos gobiernos e instituciones en la demanda del derecho de Puerto Rico al reconocimiento de su soberanía.»[116]

Una década después de iniciado el proceso de descolonización, los designios militares de Estados Unidos en el Caribe y América Latina, y la aquiescencia del segmento de la clase política de Puerto Rico organizado en el Partido Popular, colocaron diques en el logro de la independencia, culminando así un ciclo de luchas en la historia del independentismo puertorriqueño en el cual Gilberto Concepción de Gracia protagonizó un papel cardinal.

---

[114] Sobre la participación internacional, Concepción de Gracia decía lo siguiente en 1950: «Mientras el Partido Nacionalista concentra su labor en el planteamiento del caso de Puerto Rico en los foros internacionales, el Partido Independentista Puertorriqueño, sin abandonar ese planteamiento, concentra su trabajo diario en la tarea de desarrollar en Puerto Rico una fuerza de oposición y de fiscalización al partido de gobierno...» Pablo Marcial Ortiz Ramos, Editor, *Gilberto Concepción de Gracia: En nombre de la verdad* (San Juan: Fundación para la Libertad, 2007), p. 438

[115] Juan Mari Bras, *El independentismo en Puerto Rico: su pasado, su presente y su porvenir* (Editorial CEPA, 1984)

[116] Progama del Partido Independentista Puertorriqueño, aprobado en la Asamblea Constituyente celebrada en Bayamón, el 27 de octubre de 1946. En: Reece Bothwell, *Cien años*. I:1 Documento 115, pp. 661-662

Referencias

Alfaro, Ricardo J. *Panorama internacional de América* (Cambridge: Harvard University Press, 1938)
Alsina Orozco, *Los Congresos Pro-Independencia*, (San Juan: Centro de Estudios Avanzados del Puerto Rico y el Caribe, 1994), p. 6
Baker Fox, Annette, *Freedom and Welfare in the Caribbean: A Colonial Dilemma* (New York: Harcourt, Brace and Company, 1949).
Bhana, Surendra
Bothwell, Reece, *Puerto Rico: cien años de lucha política*, varios tomos (San Juan: Editorial de la UPR, 1979)
Caicedo Castilla, José Joaquín. *El panamericanismo* (Buenos Aires: Roque Depalma editor, 1961)
Concepción de Gracia, Gilberto, "The Future of Colonialism in the Caribbean: Puerto Rico" en: *The Economic Future of the Caribbean*, edited by E. Franklin Frazier & Eric Williams (Washington, D.C.: Howard University Press, 1944)
Corominas, Enrique V., *En las áreas políticas del Caribe* (Buenos Aires: Publicación del autor, 1952).
Corominas, Enrique V., *Puerto Rico Libre* (Buenos Aires: Editorial El Ateneo, 1950)
Corretjer, Juan Antonio, *La lucha por la independencia de Puerto Rico* (Ciales: Casa Corretjer, 1995)
Fraser, Cary, *Ambivalent Anticolonialism: The United States and the Genesis of West Indian Independence, 1940-1964* (Westport, Connecticut and London: Greenwood Press, 1994)
Gautier Mayoral, Carmen. «El nacionalismo y la descolonización internacional hemisférica en la posguerra», en Juan Manuel Carrión, Teresa C. Gracia Ruiz y Carlos Rodríguez Fraticelli, editores, *La nación puertorriqueña: Ensayos en torno a Pedro Albizu Campos* (San Juan: Editorial de la Universidad de Puerto Rico, 1993), pp. 97-120
Gautier Mayoral, *Puerto Rico y la ONU*,
Mari Bras, Juan, *El independentismo en Puerto Rico: su pasado, su presente y su porvenir* (Editorial CEPA, 1984)
Morrison, Herbert. Peace and the Colonial Problem *(London: National Peace Council, 1935)*
Ojeda Reyes, Félix. *Vito Macartonio y Puerto Rico: Por los trabajadores y por la nación* (Río Piedras: Ediciones Huracán, 1978), pp. 49-51
Ortiz Ramos, Pablo Marcial, Editor, *Gilberto Concepción de Gracia: En nombre de la verdad* (San Juan: Fundación para la Libertad, 2007)
Pagán, Bolívar, *Historia de los partidos políticos puertorriqueños*, 1898-1956 (San Juan: 1972)
Reuniones de Consulta entre Ministros de Relaciones Exteriores de las Repúblicas Americanas: Panamá 1939; La Habana, 1940 (Buenos Aires, 1941)

Roig de Leuchsenring, Emilio, *Puerto Rico en la lucha por su independencia* (La Habana: Editorial de Ciencias Sociales, 1953)

Terán, Jose Sansón, *El interamericanismo en marcha: De Bolívar y Monroe al Roseveltianismo* (Washington, D.C.: University Press, Inc, 1949)

Gilberto Concepción de Gracia ante la amarga azúcar y la agridulce industrialización

Francisco A. Catalá Oliveras

Gilberto Concepción de Gracia (1909-1968) fue un singular testigo de la transición de la sociedad rural y agrícola a la sociedad urbana e industrial. Conoció y combatió, tanto la hipertrofia provocada por el monocultivo azucarero como la desproporción forjada en la fragua del incrementalismo industrial. De su visión crítica no se escaparon lo que hoy día algunos llamarían "efectos colaterales" de estas economías de enclave: dependencia del capital externo, creciente remisión de ganancias hacia el exterior, desempleo, desigualdad entre la compensación a los empleados y el rendimiento del capital, emigración masiva, deterioro en la calidad de vida, etc.

Tal visión crítica, junto a las propuestas que la misma suscitara, se consigna en sus escritos, en sus expresiones públicas, en los programas del Partido Independentista Puertorriqueño y en su labor legislativa (1953-1960). El examen de las contribuciones del Dr. Gilberto Concepción de Gracia ante la amarga azúcar y la agridulce industrialización pone de manifiesto su extraordinaria vigencia.

Amarga azúcar

Puerto Rico es "jornalero de su propia heredad". Con esta sentencia, Gilberto Concepción de Gracia resumió la situación económica de nuestro país en la ponencia que enviara a la Conferencia Popular de La Paz celebrada en Buenos Aires en 1936. En ésta, aparte de analizar críticamente el latifundismo, invocó la solidaridad hemisférica como vía de paz y como recurso para la independencia: "La suerte de cualquier pueblo de América interesa a todos."[117]

Desde muy joven, se enfrentó a los intereses montados en el monocultivo azucarero. En el emblemático año de 1929, cuando con la caída de la Bolsa de Valores se marca el comienzo de la Gran Depresión que se extenderá a lo largo de la década de 1930, don Gilberto, estudiante de apenas veinte años, compareció ante la Cámara de Representantes a respaldar un proyecto de ley que combatía el absentismo. El proyecto lo presentó el representante de la Alianza Puertorriqueña (Unionista), Benigno Fernández García.[118] Los beneficiarios del régimen no eran ni los colonos ni, mucho menos, los trabajadores puertorriqueños, sino los dueños absentistas de las corporaciones azucareras. Cuatro de éstas (The South Porto Rico Sugar, Central Aguirre Associates, Fajardo Sugar Co. y United Porto Rican Sugar Co.) controlaban 170,675 acres de los 251,000 acres en cultivo. El rendimiento del capital durante el periodo 1923-1930 fue, en promedio, de 22.5 por ciento anual.[119] Años después, ya siendo senador durante la década de 1950, Concepción de Gracia evocó esta época, al citar un extraordinario manifiesto del Partido Unión de Puerto Rico con fecha del 10 de agosto de 1931, entonces bajo la presidencia de Antonio R. Barceló, que constituyó una acusación del régimen ante el mundo : "El invasor acaparó las tierras más feraces, monopolizó el crédito, se adueñó del mercado, implantó una agricultura para la explotación a base de latifundio y de capital absentista, arruinó los cultivos genuinamente puertorriqueños, evadió las contribu-

---

[117] Gilberto Concepción de Gracia (1936), *Ante la Conferencia Popular de La Paz*, Centro de Investigaciones Históricas, Colección Gilberto Concepción de Gracia (Caja 23, Cartapacio 1, Número 1).
[118] Gilberto Concepción de Gracia (2007), *En nombre de la verdad*, Pablo M. Ortiz Ramos (ed.), Instituto Gilberto Concepción de Gracia, pág. 572.
[119] Bailey W. Diffie y Justine W. Diffie (1931), *Porto Rico: A Broken Pledge*, The Vanguard Press, New York, págs. 49, 52 y 81; James Dietz (1989), *Historia económica de Puerto Rico*, Ediciones Huracán, Río Piedras, pág. 128.

ciones del Erario, redujo a la indigencia al terrateniente nativo, pagó salarios miserables, prostituyó al obrero, agotó sus energías en exhaustivas jornadas de labor y luego le arrojó al camino como cosa inservible".[120]

La prolongada crisis de la década de 1930 puede considerarse como el punto clave de la ruptura de la economía basada en la exportación de bienes primarios, particularmente el azúcar. No obstante, a pesar de la reducción en el precio del azúcar, las compañías azucareras lograron mantener sus niveles de ganancia, ampliando la producción y reduciendo los jornales. Mientras que, de 1929 a 1934, la producción azucarera se expande de 587,000 a 1,114,000 toneladas, los jornaleros de la caña en el campo vieron reducirse sus salarios de alrededor de 90 a cerca de 60 centavos el día. El ingreso neto per cápita nominal se redujo de $122.00 en 1930 a $86.00 en 1934: una reducción de 30 por ciento.[121] Valga subrayar que el poder de compra se redujo aún más, ya que, durante dicho periodo, a diferencia de lo que sucedió en Estados Unidos, los precios aumentaron.

La situación se tornó insostenible. El esquema económico que prevaleció durante las primeras décadas del siglo estaba agotado, no únicamente en función de los intereses del pueblo de Puerto Rico - que siempre lo estuvo - sino también en función de los intereses de los inversionistas norteamericanos. Con el debilitamiento de los mercados del azúcar, tabaco y frutas, y con la imposición de las cuotas de azúcar, disminuyó el flujo de inversiones provenientes del exterior.

Para el 1940, el ingreso neto per cápita nominal aumenta y retorna al nivel que había alcanzado en 1930: $122.00. Esto no se debió ni a la recuperación del viejo modelo ni a la instalación de una nueva estructura productiva, sino, eminentemente, al impacto del Nuevo Trato, que se inicia en el gobierno de Estados Unidos

---

[120] Gilberto Concepción de Gracia (2007), *op. cit.*, pág. 42.

[121] Para la producción de azúcar durante el periodo 1920-1946, véase Harvey S. Perloff (1950) *Puerto Rico's Economic Future: A Study in Planned Development*, The University of Chicago Press, Chicago, pág. 72. Sobre la situación salarial, nos referimos a James Dietz, (1989), op. cit., págs. 156-161 y a Emilio Pantojas García (1979), "Estrategias de desarrollo y contradicciones ideológicas en Puerto Rico: 1940-1978", *Revista de Ciencias Sociales*, pág. 85.

bajo la presidencia de Franklyn D. Roosevelt a partir de 1933. Se creó la *Puerto Rican Emergency Administration* (PRERA) para la distribución de excedentes de alimentos y para llevar a cabo programas para la reducción del desempleo. Poco después, en 1935, se organizó la *Puerto Rican Reconstruction Administration* (PRRA), que, junto a su contribución a la instalación infraestructural, sienta las bases para una gestión más agresiva por parte del sector público. El contexto inicial de la gestión reformista, protagonizada por Rexford G. Tugwell como gobernador y el Partido Popular Democrático (PPD) como formación política de mayoría en la Asamblea Legislativa, lo proveyó la Segunda Guerra Mundial.

La Ley de Tierras se promulga en 1941. Se crea la Autoridad de Tierras. Aparte de la justicia distributiva mediante la reducción del acaparamiento de tierras, las fincas de beneficio proporcional y el programa de parcelas, se planteó la reestructuración de la producción agrícola, en función de la generación de un excedente que, en lugar de ser repatriado, sirviera para el financiamiento de nuevas actividades económicas.

Don Gilberto evaluó favorablemente estas iniciativas. Así lo refleja su tesis para el grado de Maestría en Ciencias Jurídicas en la Universidad de George Washington. No obstante, advirtió desde el principio las tensiones que el proceso reformista encerraba. La Ley de Tierras en si constituía un compromiso en el que, según Concepción de Gracia, coexistian varias escuelas de pensamiento relativas al uso más eficiente que podía dársele al terreno que se rescatara del poder de las corporaciones. Unos favorecían su fraccionamiento en pequeñas unidades familiares; otros preferían escalas operacionales más grandes, ya fuera en fincas privadas o en fincas de beneficio proporcional. Para él, la clave de la reforma agraria, el cambio institucional más importante, radicaba en las fincas de beneficio proporcional porque en éstas el protagonista en la distribución de los beneficios era el trabajador, que recibía parte del excedente, en correspondencia con su aporte de trabajo.[1226] Pero, esto no bastaba. Había que enfrentar el problema de los agregados. Los puertorriqueños tenían que dejar de ser "jornaleros de

---

[122] Gilberto Concepción de Gracia (1944), *The Land Authority of Puerto Rico*, *The George Washington Law Review*, vol. 12, núm. 3, págs. 320 y 327.

su propia heredad." De allí la importancia que le concede al programa de parceleros, como complemento del plan de producción de las fincas de beneficio proporcional. No es por casualidad que la primera pieza legislativa que presenta el Partido Independentista Puertorriqueño (PIP) al iniciar su gestión en el Senado de Puerto Rico en enero de 1953 fue relativa a este tema (P. del S. 75).[1237]

Al defender el título de propiedad, junto a las disposiciones orientadas a evitar que los grandes intereses de los urbanizadores o de los terratenientes se tragaran las parcelas, se intentaba evitar que los que antes eran agregados de explotadores privados se convirtieran en agregados de explotadores políticos o en víctimas de agiotistas o especuladores mercantiles. Dice don Gilberto: "Creemos que es un crimen contra la sociedad que se explote el dolor de aquellos hombres que han sido explotados durante tanto tiempo. Y creemos que deben tomarse las providencias para que eso no se haga, pero estamos también en contra de la inescrupulosa actuación de carácter político que se lleva a cabo con estos agregados del título V, amenazándolos para que ellos voten con el partido de gobierno".[1248] Explica el senador Concepción de Gracia, en otro apartado del debate realizado en el hemiciclo del Senado sobre el título de propiedad: "... no queremos que se le dé un título de propiedad a los parceleros para que tengan un mero pedazo de papel. Nosotros queremos que la tierra sea rescatada y distribuída de modo que pueda llavarse a cabo un programa social. De modo que la tierra pueda ser utilizada en común, por todos estos parceleros, y que pueda tener un rendimiento para la colectividad."[1259]

Para el Dr. Concepción de Gracia, la propiedad se vinculaba a la responsabilidad social. El rescate de la tierra no podía estar divorciado de un plan de producción. Tanto en los programas de gobierno del PIP de 1952 y 1956, como en su gestión legislativa de 1953 a 1960, se insiste en una agricultura moderna, diversa e intensa. Se transita desde la protección de los derechos de los parceleros (P. del S. 75 de 1953) hasta la protección y rescate de

---

[123] Juan Dalmau Ramírez, *Actas del Senado. Periodo Legislativo de 1953-1960.*
[124] *Diario de Sesiones del Senado de Puerto Rico*, martes 19 de marzo de 1953, pág. 1825.
[125] *Ibid.*

tierras para la agricultura (P. del S. 732 de 1956, P. del S. 612 de 1960 y R.C. del S. 1098 de 1960), sin dejar de lado la fiscalización de la Autoridad de Tierras (R. del S. 68 de 1958). Tampoco se descuida la protección de las playas para el uso y disfrute de todo el pueblo (P. del S. 622 de 1960).[126] De la agenda no estaba ausente el desarrollo de una industria procesadora de alimentos ni la articulación de cooperativas de servicio, crédito, producción y distribución.[127]

El rumbo que se le trazó al pueblo de Puerto Rico fue otro. Si algo se ha cultivado entre los puertorriqueños es el pesimismo y el desprecio hacia la actividad agrícola. Quizás la amarga experiencia con la explotación azucarera no ayudó a conducirnos por una ruta más respetuosa del potencial agrícola de nuestra tierra. La llamada reforma agraria de la década de 1940 no tardó en degenerar en una reforma de bienes raíces en la que el especulador y el desarrollador desplazaron al agricultor. ¿Por qué sucedió esto?

La contestación es sencilla. Las leyes del mercado son ciegas, carecen de perspectiva, no responden a necesidades sociales, sino que sólo escuchan al motivo del lucro. Si resulta más rentable sembrar casas y cemento que sembrar alimentos, el mercado dicta entonces que se haga lo primero, independientemente de las consecuencias que esto pueda tener a mediano y largo plazo.

No obstante, el mercado no es culpable. Éste es sólo un mecanismo social de interacción mercantil. Carece de voluntad y de sentimientos. No es un ser. La responsabilidad recae sobre los actores sociales. Éstos, sobre todo, el gobierno, tienen que proveer la visión de que carece el mercado. ¿Por qué no se proveyó tal visión?

La ampliación de la base manufacturera, que era y es necesaria, se acompañó con el desmantelamiento del sector agrícola. Se confundió tal desmantelamiento con la alteración estructural asociada al desarrollo o con el cambio en el peso relativo en la contribución a la producción y al empleo de los distintos sectores que

---

[126] Juan Dalmau Ramírez, *op. cit.*
[127] Véase los programas del Partido Independentista Puertorriqueño (1952 y 1956) en Reece B. Bothwell González (1979), *Puerto Rico: Cien años de lucha política*, Editorial U.P.R., vol. I-1 (págs. 707-726) y vol. I-2 (págs. 774-795).

componen la economía. También se confundió el uso adecuado del espacio para la provisión de viviendas y otras instalaciones con desparramamiento urbano y con un voraz apetito de consumo de terreno guiado por el lucro.

Se creó una cultura en la que se identificó la agricultura con atraso. El gobernador Muñoz Marín avaló esta visión. La confiesa ante los propios agricultores reunidos en asamblea el 24 de noviembre de 1957: "La tierra es buena, la tierra puede ser rica, pero la tierra es lenta, mientras que la maquinaria tiene una velocidad de desarrollo, por su propia naturaleza, mayor que la tierra".[128] Se le escapó al gobernador Muñoz Marín la oportunidad de vincular la actividad agraria con la gestión industrial y con los afanes modernizadores. Su agenda era otra.

AGRIDULCE INDUSTRIALIZACIÓN

En 1947 se aprobó la Ley de Incentivos Industriales. El elemento medular de esta medida era toda una serie de exenciones fiscales complementada por otros incentivos supletorios, como provisión de infraestructura y mano de obra barata. Puede argumentarse que esta ley, que cobijó al programa de industrialización por invitación denominado Operación Manos a la Obra, aún sigue vigente a través de sus numerosas sucesoras. La exención tributaria continúa siendo el incentivo central.

Resulta interesante que una legislación similar a la aprobada en 1947 había sido propuesta anteriormente, en 1944, siendo gobernador Tugwell. Pero, éste la vetó. Una explicación de tal veto, aunque indirecta, se encuentra en un artículo publicado por Tugwell en 1953.[129] Allí señala que una estrategia basada en sa-

---

[128] Citado por Rubén Nazario Velasco (2003), "Pan, casa, libertad: De la reforma agraria a la especulación inmobiliaria", en Fernando Picó (editor), *Luis Muñoz Marín: Perfiles de su gobernación*, Fundación Luis Muñoz Marín, pág. 155.

[129] R.G. Tugwell (1953), "What Next for Puerto Rico?", *The Annals of The American Academy of Political and Social Science*, (vol. 285), págs. 145-152. En este artículo, Tugwell también favorece la estadidad para Puerto Rico. Pero, la postula como consecuencia del desarrollo económico y no como vía para el mismo. Cabe preguntar, ¿para qué entonces?

larios bajos y en favores fiscales no apuntala sólidamente a una base industrial. Se necesita gestión empresarial local. Además, con relación a la atracción del capital externo, postula que no basta con meramente atraerlo, sino que es necesaria la articulación de redes de interdependencia, es decir, eslabonamientos. Critica, además, el descuido de la agricultura. Incluso, propone varias medidas orientadas al cultivo intensivo, entre las que menciona las técnicas hidropónicas. Por último, en lo que dejando correr la imaginación podría catalogarse de autocrítica, arremete en contra de los intereses azucareros, las leyes de cabotaje y el comportamiento de la Marina y el Ejército en Puerto Rico, particularmente en Vieques. Nos parece que, en este artículo, Tugwell refleja su tradición intelectual, inscrita en la escuela institucionalista norteamericana y crítica de la ortodoxia económica neoclásica y de lo que ahora se denomina "neoliberalismo".

El Dr. Gilberto Concepción de Gracia, también en 1953, se expresa de forma análoga a Tugwell, al explicar en el Senado de Puerto Rico su oposición a una resolución que asignaba fondos a la Compañía de Fomento Industrial:

> El Partido Independentista Puertorriqueño denuncia como inadecuado el actual programa de industrialización del gobierno, por descansar primordialmente en la atracción de capital absentista, el mantenimiento de salarios de hambre y la concesión de privilegios, beneficios y exenciones, sin garantía alguna. Ese programa no responde a las necesidades fundamentales de nuestro pueblo, ni alienta la inversión puertorriqueña, ni ampara las industrias existentes, ni proyecta librar a Puerto Rico del aislamiento comercial a que le condena el presente régimen, ni ayuda a resolver en forma eficaz el pavoroso problema de desempleo con que se confronta el pueblo de Puerto Rico.[130]

La industrialización cobró la forma de enclave orientado, como la industria azucarera que le precedió, a la remisión del excedente o ganancias hacia el exterior. No sirvió para eslabonarse con otros sectores productivos del país y así contribuir a la movilización de

---

[130] *Diario de Sesiones del Senado de Puerto Rico*, sábado 9 de mayo de 1953, pág. 1234.

los recursos nacionales. Tampoco sirvió para vincular al país con diversos mercados en otros países. Ni siquiera logró generar los empleos anticipados. De 1950 a 1960, el número de empleados o plazas ocupadas se redujo de 596,000 a 543,000 trabajadores.[131] Esto significaba que la creación de empleos, aunque mejor remunerados, no lograba compensar la vertiginosa contracción del sector agrícola. Quizás lo más significativo fue la emigración: de una población que entonces era poco más de dos millones, la migración neta durante el periodo de 1950 a 1960 sumó 470,000 personas.[132]

Se confundieron las tasas de crecimiento del Producto Interno Bruto y las fábricas que ingresaban al enclave industrial con verdadero desarrollo. El entusiasmo que imperaba en los círculos oficiales durante los inicios del despegue de la industrialización se refleja en las proyecciones que entonces se hicieron. Recién iniciada la década del 1950, la Junta de Planificación estimaba que para 1960 se contaría con una fuerza de trabajo de 905,000 trabajadores, en la que 860,000 estarían empleados. Por lo tanto, el desempleo iba a ser de 5 por ciento.[133] Pero, como ya vimos, el empleo total en 1960 sólo alcanzó 543,000 plazas. Puesto que el grupo trabajador también se redujo - en buena medida, como consecuencia del flujo emigratorio - la tasa de desempleo, que pudo ser más alta, se mantuvo en alrededor de 13.2 por ciento.

¿Qué hacer desde la oposición, desde la posición de minoría? Dice don Gilberto en 1953:

> Se han invertido cantidades fabulosas de dinero para darle trabajo a un número irrisorio de empleados y, además, se han hecho inversiones que han resultado en fracasos de un número extraordinariamente alto de fábricas y no se han tomado las debidas providencias para garantizarle al Pueblo de Puerto Rico la permanencia de ninguna

---

[131] Eliezer Curet (1986), *Puerto Rico: Development by In-tegration to the U.S.*, Editorial Cultural, Río Piedras, pág. 52.
[132] Francisco Rivera Batiz y Carlos Santiago (1996), *Island Paradox, Puerto Rico in the 1990's*, New York, Russel Sage Foundation, pág. 45.
133 Puerto Rico Planning Board (1951), *Economic Development of Puerto Rico 1940-1950, 1951-1960.*

de las industrias para las cuales se han hecho inversiones de dinero por parte del Gobierno de Puerto Rico.

Nosotros creemos en los organismos de Fomento Económico, y por esa razón es que votamos los proyectos que trae aquí la mayoría parlamentaria a los fines de crear incentivos a las nuevas industrias y a los fines de dar exenciones contributivas de distintas naturalezas. No queremos ponerle obstáculos de ninguna clase a la forma como ellos quieren desarrollar su programa y solamente velamos para establecer las debidas garantías, a los fines de que no resulte en un despilfarro de los fondos públicos.[134]

Evidentemente, la estrategia fue mantener la actitud crítica, que aumentó paulatinamente a lo largo de la década, sin asumir una posición de obstrucción ante el programa industrial de Fomento que era la única vía que proponía el Gobierno para la ampliación de la base manufacturera. A medida que aumentaba la remisión de ganancias hacia el exterior y que se mantenían altas tasas de desempleo con bajas tasas de participación laboral, acompañadas de creciente emigración, se asumía un tono más crítico. La preocupación en torno a las condiciones de trabajo y a la situación, tanto de desempleados como de migrantes, se tornó cada vez más acusada. Esto, entre otras instancias, se reflejó en la gestión legislativa.

La lista de temas bajo los cuales cabría ubicar tales gestiones podría ser interminable o, por su variedad, lucir caótica. Baste, sin embargo, la siguiente muestra: salario mínimo, Banco Obrero, seguro por desempleo, compensación por accidentes del trabajo, pensiones, sistema integrado de seguridad social, sindicalización de empleados públicos y Junta Reguladora de Tarifas y Servicios. A éstos es obligado sumar la visita a los campamentos de los trabajadores agrícolas durante agosto y septiembre de 1955 y la constante lucha por la protección de los trabajadores puertorriqueños en Estados Unidos.[135]

---

[134] Gilberto Concepción de Gracia (2007), *op. cit.*, pág. 197.
[135] Para más detalles sobre éstos y otros temas legislativos, refiérase a Carmen D. Flores Colón (1986), *La obra legislativa de Gilberto Concepción de Gracia*, tesis, Centro de Estudios Avanzados de Puerto Rico y el Caribe.

Entre las piezas legislativas, cabe destacar la resolución para solicitar al Congreso de Estados Unidos el relevo de Puerto Rico de la Ley Taft-Hartley (R. Conc. del S. 7 del 19 de febrero de 1953), recurrente reclamo del movimiento de los trabajadores, y el proyecto para disponer la creación de salas maternales (P. del S. 194 del 20 de febrero de 1953), concebido, por un lado, para establecer clínicas de maternidad y, por otro lado, para proveer salas de custodia y alimentación de los hijos de las madres trabajadoras. También cabe hacer referencia, entre otros, al proyecto para establecer un periodo anual de vacaciones y licencia por enfermedad, en favor de los empleados de comercio, industrias, oficinas y empresas de servicio público (P. del S. 254 del 20 de marzo de 1953), la propuesta de aumento de los sueldos de los empleados públicos, en función del incremento en el costo de la vida (R.C. del S. 1254 del 5 de marzo de 1956) y la propuesta de estudio para un sistema integrado de seguridad social, para proteger a empleados de empresas agrícolas, industriales y comerciales, así como a los empleados públicos de todas las instancias estatales y municipales (R.C. del S. 1302).[136]

La preocupación de don Gilberto con el "pavoroso" desempleo trasciende la condición material, sin que por ello la subestime. De lo que se trata es que la cultura, material y no material, se forja eminentemente en los talleres de trabajo. Poco después de asumir la presidencia del Congreso Pro-Independencia, en su discurso con motivo del Día de la Raza el 12 de octubre de 1944, señaló: "Los trabajadores, campesinos y obreros, forman la columna vertebral de la nacionalidad".[137] Así ata la reivindicación de los trabajadores, tan recalcada en los programas del PIP y en su obra legislativa, con la reivindicación del pueblo de Puerto Rico.

Aquí no se trata, valga aclarar, del "nacionalismo cultural" con el que el populismo colonial entorna sus cantos de sirena, las notas falsas en un pentagrama barato del himno insulso a una "puertorriqueñidad" vacía. Se trata de la cultura que nace en el taller, con sudor; de la solidaridad que se forja en el trabajo; de las normas de convivencia que transitan entre el hogar y el taller. Su antíte-

---

[136] Juan Dalmau Ramírez, *op. cit.*
[137] Citado por Carmen D. Flores Colón (1986), *op. cit.*, pág. 9.

sis es la enajenación, el desempleo, el ocio inútil, la oquedad, la dependencia.

La década en la que se inauguró la criatura política del Estado Libre Asociado se acompañó de incrementalismo económico vía la inversión directa externa promovida por Operación Manos a la Obra. Durante esos años predominaba el elogio revestido de las obligadas hipérboles: "vitrina de la democracia", "puente de las Américas", "modelo de desarrollo", "milagro económico" . . . Esto se avalaba con toda una serie de indicadores económicos que demostraban el continuo crecimiento de la actividad productiva y de los ingresos de los puertorriqueños. Se daba por sentado que Puerto Rico estaba inscrito en un extraordinario proceso de "modernización" conducente al más pleno desarrollo. Se anticipaba, con desbordante entusiasmo, la inevitable convergencia con los indicadores de la economía de los Estados Unidos. El contexto en que todo esto se inició era muy particular: Europa y Japón se encontraban en reconstrucción, luego de haber sido escenarios de la Segunda Guerra Mundial; Estados Unidos y Canadá eran los únicos países industriales en pie; China estaba aislada del resto del mundo; prevalecía la rivalidad de Estados Unidos y la Unión Soviética en la llamada "Guerra Fría"; América Latina estaba sofocada por gobiernos en su mayoría reaccionarios o dictatoriales; y, con la descolonización, algunos países comenzaban la exploración de nuevos caminos, sobre todo en Asia.

Las críticas que se pudieran hacer entonces a la "vitrina" eran rápidamente descartadas ante la evidencia indiscutible del crecimiento económico. Sus "efectos colaterales", fuera la subordinación política, la creciente dependencia económica, el languidecimiento agrícola, la emigración masiva, la persistencia del desempleo o la degradación ambiental, no ocupaban un lugar prominente en los textos. En el mejor de los casos, se resumían en una referencia fugaz o en una nota al calce; en el peor de los casos eran ignorados o, incluso, negados. Algunos presumían que estos "efectos colaterales" eran meras insuficiencias de corto plazo; otros los aceptaban como el "precio que hay que pagar por el progreso". Ciertamente, ante los males, nunca han faltado las racionalizaciones.

El agotamiento de la economía de Puerto Rico durante las tres últimas décadas, su creciente descomposición social, así como su cada vez más evidente asincronía respecto a la economía estadounidense y a la economía mundial, ha alterado radicalmente la percepción de los "efectos colaterales". Ahora son éstos los que ocupan el lugar más prominente en los textos. Las altas tasas de crecimiento económico han desaparecido de la escena. Ya no pueden ser invocadas como racionalización o mistificación de un orden institucionalmente débil. La desnudez del maniquí en la vitrina ya no se puede ocultar, aunque aquí y allá no falten esfuerzos para disimularla.

Lo que don Gilberto advirtiera durante las décadas de 1950 y 1960 se ha intensificado a partir de la década de 1970. Persisten las altas tasas de desempleo con bajas tasas de participación laboral, revive la migración forzosa, se acentúa la dependencia, se descarrilan los planes de uso de terrenos, para darle paso a la especulación de la tierra y al desarrollismo ciego, privan las concesiones onerosas de nuestras playas, aumenta la desigualdad, y la remisión de ganancias hacia el exterior llega a niveles inimaginables. Toda esta hipertrofia, con la misma lista de variables, la resume Concepción de Gracia en un discurso transmitido por las ondas radiales el 1ro. de enero de 1963.[138] La única diferencia es que, aparte de la intensificación de los problemas citados, ya no está presente el crecimiento económico de entonces. En la agridulce industrialización ha terminado por prevalecer su componente agrio.

En dicho discurso, don Gilberto hace dos advertencias lapidarias que explican en extraordinaria síntesis las razones de fondo de la atrofia socioeconómica y política que padece nuestro país. La primera: ". . . el capital . . . no deberá ser nunca capital de explotación sino capital al servicio del bien comun." La segunda: " . . . la soberanía no es para lucirla como una flor en el hojal sino para utilizarla en beneficio del pueblo."

---

[138] Gilberto Concepción de Gracia (1963), *Discurso de Año Nuevo por la estación WIAC*, Centro de Investigaciones Históricas, Colección Gilberto Concepción de Gracia (Caja 12, Cartapacio 2, Número 6).

Independencia

Las palabras, sus significados, son extraordinariamente importantes. Nos comunican, expresan ideas, recogen visiones de mundo, albergan afectos, valores y se traducen en acción. El significado de algunas palabras es, en ocasiones, aviesamente tergiversado. En el discurso citado,[139] don Gilberto se refiere a este fenómeno, al que llama "desnaturalización", en el contexto de los esfuerzos para "culminar" al Estado Libre Asociado. Señala, por ejemplo, que la "soberanía" se invoca, a la misma vez que se niega. En su enumeración de palabras o conceptos desvirtuados también incluye "pacto", "constitución", "convención constituyente", "commonwealth" y "estado libre asociado."

En esta faena tergiversadora, la palabra "independencia", como opción política, se asoció con separatismo, aislamiento y autarquía. Esto es bastante paradójico, puesto que es difícil encontrar, ya desde el siglo 19, una visión más cosmopolita que la del independentismo en como, por ejemplo, la de Ramón Emeterio Betances y la de Eugenio María de Hostos. Esa es la tradición que sigue Gilberto Concepción de Gracia en el siglo 20. En el mismo discurso de 1963 afirma: "Resulta anacrónico hoy decir que la independencia va a resultar en el aislamiento porque en nuestro tiempo la independencia es, precisamente, la llave de las relaciones y de la cooperación internacional."

Unos años antes, en 1958, en su intervención en el Senado para comentar las conferencias dictadas por el Dr. Carl Friedrich en la Universidad de Puerto Rico, se había referido al mismo asunto: "Una cosa es el nacionalismo exclusivo, el aislamiento nacional y otra cosa es el reconocimiento de la plena autonomía de los pueblos para gobernarse a sí mismos y para entrar en la vida de relación internacional a base del respeto mutuo de esos pueblos".[140] Añade más adelante:

> Cuando el mundo camina hacia la interdependencia, realidad que nosotros afirmamos, no lo hace para retro-

---

[139] *Ibid.*
[140] Gilberto Concepción de Gracia (2007), *op. cit.*, pág. 494.

ceder, lo hace para avanzar. Cuando el mundo entra en la interdependencia, no lo hace para afirmar el poder de unos pueblos sobre otros pueblos, sino que lo hace para afirmar el derecho de todos a participar en creaciones de estructura, que puedan garantizar una vida de justicia y que puedan garantizar el principio de la libertad.[141]

El Dr. Friedrich, según Concepción de Gracia, atacó a la nación pequeña. Él, por su parte, defendió las posibilidades de las naciones pequeñas, apoyándose en la *Apología de la pequeña nación* de Mariano Picón Salas.[142] Transcurrían los años en que el mundo estaba dominado por la ideología de la gran escala. Su política giraba torpemente en torno a la llamada guerra fría de la bipolaridad, con Estados Unidos encabezando un extremo y la ya desaparecida Unión Soviética el otro. Ante la presencia apabulladora de las grandes potencias, los países de tamaño modesto se conceptualizaban como unidades política y económicamente subóptimas. En un influyente estudio de Alfred Cobban, publicado en 1945, se ridiculizó la noción de la independencia de Islandia y de Malta.[143] La historia ha demostrado el error de Cobban.

Los opositores a la independencia esgrimieron argumentos similares a los de Friedrich y Cobban durante las vistas públicas de la notoria Comisión de Status de mediados de la década de 1960.[144] El Dr. Concepción de Gracia, por su parte, insistía en la conquista de la soberanía como condición necesaria para insertarse en la creciente interdependencia económica, en función de los intereses de Puerto Rico. La historia ha demostrado el acierto de don Gilberto.

Desde la Segunda Guerra Mundial, - sobre todo a partir de la última década del siglo 20 - se han removido progresivamente las restricciones al comercio internacional. Esto se ha realizado bajo el palio de numerosas negociaciones y organismos en múltiples

---

[141] *Ibid.*, pág. 495.
[142] *Ibid.*, pág. 498.
[143] Godfrey Baldacchino y David Milne (eds.) (2000), *Lessons from the Political Economy of Small Islands*, St. Martin Press, New York, pág. 60.
[144] United States - Puerto Rico Commission on The Status of Puerto Rico (1965), *Public Hearings on Eco-nomic Matters*.

instancias: bilaterales, regionales, plurilaterales y multilaterales. El intercambio y su corolario, la interdependencia, han aumentado significativamente. A todo esto ha contribuído el avance en la tecnología de la comunicación y del transporte. Hasta el mismo siglo 20, la distancia (es decir, el espacio y el tiempo) constituyó una barrera formidable de protección.

Por otro lado, las nuevas tecnologías utilizadas en las actividades de producción han permitido reducir el umbral del tamaño subóptimo o punto de cierre de las unidades empresariales. Se han desarrollado sistemas flexibles de producción que multiplican la variedad de bienes producidos a partir de una determinada base de recursos. Así se logran economías de alcance: reducción de costos, en función de la diversidad del perfil de producción.

La dinámica en ambas dimensiones, la institucional y la tecnológica, ha alterado la concepción del tamaño de los países. La vieja lista de restricciones con que se asociaba a los países pequeños, como la carencia de una base amplia de recursos naturales, la modestia del mercado local, las pocas posibilidades de sustitución de importaciones, la limitada capacidad para generar economías de escala, la dependencia de pocos mercados externos, el peso insignificante en la determinación de los precios de los bienes que se exportan e importan, la tendencia hacia estructuras de mercado monopólicas u oligopólicas, los altos costos de transportación y la dependencia de fuentes externas de financiamiento, ha perdido vigencia. Ahora se destacan sus posibilidades, en función de la agilidad institucional, de la generación de economía de alcance, de la articulación de redes comerciales y de la reducción de los costos de la heterogeneidad y de los costos de transacción.

Durante la segunda mitad del siglo 20 coincidieron dos fenómenos centrales: la fusión económica, o articulación de redes de intercambio comercial, y la fisión política, o proliferación de estados nacionales. La conjunción de estos dos procesos, en los que se realza a la misma vez lo global y lo nacional, ha provocado el señalamiento de que la famosa expresión de Marshall McLuhan, "aldea global", debe sustituirse por la de "globo de aldeas".

A esto se refiere el actual presidente del Partido Independentista Puertorriqueño, Rubén Berríos Martínez, en su ensayo del año 2004 *Un mapa para la ruta,* cuando subraya el hecho de que "la interdependencia económica del mundo moderno promueve la independencia política".[145] Apunta Berríos Martínez: "La apertura e integración de los mercados ha logrado que las economías de escala, anteriormente exclusiva de los países grandes, ahora estén accesibles a los más pequeños. Más aún, los países pequeños compiten, con la gran ventaja de estar libres de los costos económicos de la diversidad y la complejidad, problema insalvable para los países grandes".[146] El presidente del PIP avala esto con un importante estudio teórico y empírico, *The Size of Nations*, de Alesina y Spoloare, profesores de las universidades de Harvard y Brown, publicado en el año 2003.[147]

Quizás todavía se escucha el eco de la voz de Gilberto Concepción de Gracia en el Capitolio, cuando acusaba la ignominia y el atraso que significa el sistema colonial:

> El sistema colonial es el aislamiento. El sistema de naciones libres es la oportunidad de colaboración, es la oportunidad de laborar unidos los pueblos sobre bases de igualdad. El sistema de naciones libres es la integración de todo el mundo. Es la convivencia universal sobre bases de recíprocos, de mutuos, de iguales derechos. Estamos rezagados...[148]

Esto lo dijo don Gilberto en el Senado de Puerto Rico en 1954. Ha transcurrido más de medio siglo, y todavía estamos rezagados. Pero, lo que él entonces veía es más fácil de percibir ahora. El mundo ha cambiado, y las contradicciones del orden colonial se han agudizado.

Ya no nos encontramos en el mundo bipolar en el que sus coordenadas políticas eran dictadas por la Guerra Fría. Tampoco es un mundo económicamente unipolar o bipolar. Se han multiplicado los polos de desarrollo. Y no se trata sólo de los países que componen la Unión Europea o de Japón o de China. Se trata de

---

[145] Rubén Berríos Martínez (2004), *Un mapa para la ruta*, Partido Independentista Puertorriqueño, San Juan, pág. 12.

[146] *Ibid.*, pág. 2.

[147] Alberto Alesina y Enrico Spoloare (2003) *The Size of Nations*, The MIT Press, Cambridge.

[148] Gilberto Concepción de Gracia (2007), *op. cit.*, pág. 70.

innumerables países pequeños que nos han dejado a la zaga.

El mundo es una compleja red de espacios jurisdiccionales. En estos momentos, aparte de los tratados multilaterales, hay alrededor de trescientos tratados regionales y bilaterales en vigor.[149] La independencia se concibe para el control del espacio interno y para la inserción en el espacio externo, lo que algunos denominan "espacio multidimensional" o interdependencia. Esta interdependencia no desdibuja, sino que fortalece a la unidad política nacional. Ya el tamaño no se concibe como restricción; lo que cuenta es el carácter y el dinamismo del andamiaje institucional.

Mientras tanto, el orden colonial de Puerto Rico se derrumba. Perdió la exclusividad de acceso al mercado de Estados Unidos y perdió el trato fiscal particular que éste le dispensaba a las ganancias repatriadas provenientes de sus "corporaciones de posesiones." La reducción generalizada de las tarifas arancelarias y los tratados comerciales se han ocupado de lo primero; la derogación de la Sección 936 se ocupó de lo segundo. El agotamiento económico, como ya se señalara, se hizo patente desde hace más de tres décadas. Durante los primeros ocho años del siglo 21 el agotamiento se ha traducido en franca contracción. La economía de Puerto Rico ha estado creciendo - cuando crece - a una tasa anual inferior a la que corresponde a la economía global, a la de América Latina como conjunto y a la de Estados Unidos. Cuando nos desplazamos del crecimiento al desarrollo - que supone no únicamente más bienes sino también menos males - (como la contaminación ambiental, el desparramamiento urbano, la desigualdad, el desempleo, la dependencia, la migración forzosa y la incidencia criminal) se torna más evidente el desmoronamiento que nos rodea.

Nada de esto se debe a fenómenos coyunturales de carácter pasajero. Se debe al creciente desfase entre el orden colonial y la dinámica institucional mundial. Lo que Gilberto Concepción de Gracia anticipó ya está aquí: las condiciones objetivas, el flujo de las corrientes, son favorables a la independencia. Falta que el pueblo de Puerto Rico reme en la dirección correcta.

---

[149] The World Bank (2005), *Global Economic Prospects: Trade, Regionalism, and Development*, Washington D.C., pág. 28.

Apostilla final

Gilberto Concepción de Gracia fue testigo crítico de tres rutas que recorrió Puerto Rico durante el siglo 20. La primera fue la de la amarga azúcar, la del monocultivo explotador y empobrecedor, la de las corporaciones absentistas con un rendimiento de capital en exceso de un 20 por ciento que se tradujo en un enorme flujo de ganancias remitidas al exterior. De esa ruta nos queda el bagazo. En estos momentos, cuando la producción de alimentos a nivel mundial confronta dificultades que se han traducido en aumento generalizado en sus precios, la industria avícola y la industria lechera de nuestro país parecen iniciar un proceso agónico. Otros sectores, como el café, la carne y los farináceos, no están en mejor estado.

La segunda ruta la trazó la industrialización o, más bien, el establecimiento de un enclave industrial. Con éste se modernizó al país, a la misma vez que se propició una emigración forzosa sin precedentes. Nunca se articularon los eslabonamientos para movilizar recursos nacionales. Todo se centró en la exención fiscal y en una descomunal remisión de ganancias hacia el exterior que hace palidecer la que protagonizaran las corporaciones azucareras. En estos momentos, como es común tarde o temprano en todo enclave, la manufactura está acusando, con el cierre de fábricas y la pérdida de empleos, señales críticas. El sector farmacéutico, que representa más del 60 por ciento del total de la producción manufacturera, enfrenta un futuro incierto, ante su rearticulación mundial y ante el vencimiento de numerosas patentes.

La tercera ruta es la de la dependencia, vinculada íntimamente a la insuficiencia de las otras dos. Su dimensión más perversa es la psicológica y la política. Con los fondos federales, se pavonean impúdicamente los políticos coloniales de ambos colores. En estos momentos, tal conducta es aún peor que en la época de don Gilberto. Por cierto, no suele destacarse que la mayor parte de las transferencias que reciben los individuos, como el seguro social, son devengadas, media una cotización o contribución.

Concepción de Gracia se enfrentó, desde la tribuna política y desde la trinchera legislativa, a los que trazaron tales rutas. De su hoja de servicio resaltan numerosas propuestas y proyectos: rearticulación de la reforma agraria junto a un plan de rehabilitación agrícola, replanteamiento de la política industrial, en función de la complementaridad entre el capital externo e interno, promoción de una industria de procesamiento de alimentos, multiplicación de vínculos comerciales externos, participación de los trabajadores en los beneficios de las empresas, desarrollo del movimiento obrero organizado, representación del trabajo organizado en todos los organismos gubernamentales, promoción de cooperativas, reivindicaciones para las mujeres trabajadoras, ampliación de las compensaciones por accidentes del trabajo, concepción del carácter social y universal de los servicios de salud y defensa del consumidor, entre otros. Le servia de guía su vocación anticolonial.

Sabía que el verdadero desarrollo, el que se nutre tanto de cambios cuantitativos como de cambios cualitativos, tiene que suponer el enfrentamiento con la subordinación, con la dependencia, con la desigualdad, con la ignorancia, con la mezquindad de opciones ...Su bien más preciado, a nivel individual y en la dimensión colectiva, era la libertad. Despreció los "viejos caminos del pesimismo derrotista", por donde deambulan caminantes extraviados que creen que todo esfuerzo para liquidar el orden colonial es inútil, que están cómodos y conformes con las cosas como están, en un presente interminablemente recurrente. Ante éstos, en los momentos más difíciles, interrogó: "¿Cómo, pues, rendir las armas, si todavía no ha empezado la lucha?"[150]

---

[150] Gilberto Concepción de Gracia (2007), *op. cit.*, pág. 210.

Nacionalidad, ciudadanía y nacionalidad dual: La experiencia de Estados Unidos y México y su Relevancia para Puerto Rico

Rubén Berrios Martínez*

"Al maestro debemos perpetua reverencia" (*Magistro debemus perpetuam reverentiam*). A la memoria de don Gilberto Concepción de Gracia, inspirador de tantas ideas que hoy podrían parecer originales. En el centenario de su nacimiento se impone señalar que, como advirtió Sarmiento, el olvido o la condenación de las grandes figuras tiene como su principal razón absolver y agrandar a las pequeñas.

Introducción

Los conceptos de nacionalidad, ciudadanía y nacionalidad dual son centrales para la adscripción de las personas naturales o jurídicas a un determinado estado nacional. Pero, no basta lo anterior para emprender un estudio sobre el significado, naturaleza, origen, desarrollo e implicaciones de dichos conceptos. Como advirtió Borges: «¿*Quién se resigna a buscar pruebas de algo no creído por él o cuya prédica no le importa?*» [151]

---

* Catedrático de la Escuela de Derecho de la Universidad de Puerto Rico y Presidente del Partido Independentista Puertorriqueño.
[151] I Jorge Luis Borges, Las tres versiones de Judas, Obras completas 514, (EMECE ed., 1989).

Al autor le importa el problema de la nacionalidad. El hijo de quien escribe ostenta por razón de nacimiento la ciudadanía o nacionalidad[152] «americana»[153], o de Estados Unidos y al mismo tiempo, por *ius sanguinis*, la nacionalidad sueca, pero es por crianza, tradición y sentimiento de nacionalidad puertorriqueña. Por esa singular circunstancia el problema de la nacionalidad o ciudadanía cobra un carácter esencialmente personal y afectivo. Además, el que escribe es puertorriqueño, hijo de un país cuyos habitantes son ciudadanos de otro país, Estados Unidos, cuya ciudadanía es considerada por muchos compatriotas como factor indispensable en su vida. Entonces, el problema cobra carácter de urgente naturaleza política, social y económica. Éstas son poderosas razones para estudiar y analizar a profundidad el concepto de nacionalidad. Para ello hay que apartarse del «mundanal ruido»[154] y construir un marco conceptual y doctrinario que sea aceptable como punto de partida para el análisis.

Inicialmente, me centraré en la doctrina general de la nacionalidad y la nacionalidad dual. Pasaré a considerar los desarrollos de dicha doctrina en Estados Unidos. Luego, discutiré la naturaleza de la ciudadanía de Estados Unidos en Puerto Rico. Posteriormente, indagaré sobre la reciente enmienda de nacionalidad dual a la Constitución Mexicana y sus consecuencias para Estados Unidos. Concluiré analizando la nacionalidad dual, la ciudadanía y la nacionalidad dual y su relevancia para el futuro de Puerto Rico.

---

[152] Por regla general, en Estados Unidos ambos conceptos son usados como sinónimos, aunque, como señalaremos, más adelante existe una distinción jurídica entre ambos. *Véase* pág. 4 y 5 *infra*.

[153] El término «ciudadanía americana» se usa comúnmente –tanto en Estados Unidos como en Puerto Rico- para referirse a los ciudadanos de Estados Unidos de América aunque el adjetivo americano se extiende en su acepción más propia a todos los habitantes del Norte, Centro, Sur América y el Caribe.

[154] «Qué descansada vida / la del que huye del mundanal ruido / y sigue la escondida / senda por donde han ido los pocos sabios que en el mundo han sido.» Fray Luis De León, Vida Retirada, Las Mil Mejores Poesías de la Lengua Castellana 130 (23ra Ed. Ediciones Ibéricas, Madrid, 1973).

I. EL MARCO HISTÓRICO DE LA DOCTRINA

Para comprender la naturaleza e implicaciones de los conceptos de nacionalidad, ciudadanía y nacionalidad dual, es necesario comprender las condiciones históricas, políticas y sociales que dieron origen a los mismos.

El concepto de nación –y por ende de nacionalidad- remonta sus orígenes a la antigüedad. No obstante, el concepto jurídico de nacionalidad es uno relativamente moderno que, al igual que el derecho internacional, está íntimamente ligado al surgimiento del estado nacional.[155]

Originalmente, los conceptos de nacionalidad y nación se referían a la pertenencia a una entidad social y cultural. Nación, del verbo latín «*nascere*» o nacer, se refería al lugar de nacimiento o, por extensión, al lugar o país de crianza ya que originalmente las personas tendían a criarse cerca del lugar de su nacimiento. Una nación es, según la definición clásica del término: «un conjunto de personas que tiene el mismo origen y que generalmente habla un lenguaje común y tiene una tradición común».[156] El territorio, la historia, los símbolos y rituales comunes son otras de las características asociadas a la nación. Sin embargo, la unidad política no es una característica indispensable de la nación en su sentido

---

[155] El surgimiento del estado nacional, por regla general, se hace coincidir con la caída del Sacro Imperio Romano y la muerte de su último emperador Federico III en 1493; y el comienzo del Derecho Internacional moderno con la época posterior a la Guerra de los 30 Años (1618-1648). Los primeros tratados de Derecho Internacional son también de esta época, (Gentiles, De Jure Belli; Hugo Grocio, De Jure Belli Ac Pacis y Pufendorf, De Jure Nature Pentium). Para un muy breve resumen de fácil acceso de los antecedentes e historia del Derecho Internacional *véase e.g.* LOUIS HENKIN ET. AL., LA INTRODUCCIÓN HISTÓRICA, INTERNACIONAL LAW-CASES AND MATERIAL 33- 40 (2d ed. West Publishing Co., St. Paul Minn. 1987). Respecto al desarrollo histórico del estado nacional y el nacionalismo *véase* ADRIAN HASTINGS, THE CONSTRUCTION OF NATIONHOOD, ETHNICITY, RELIGION AND NATIONALISM, (Cambridge University Press, 1997); LIAH GREENFELD, NATIONALISM, FIVE ROADS TO MODERNITY (Harvard University Press 1993); DAVID MILLER, ON NATIONALITY (Oxford University Press 1995).

[156] DICCIONARIO DE LENGUA ESPAÑOLA, REAL ACADEMIA ESPAÑOLA (20ed. 2001).

originario. Por ejemplo, los griegos siempre fueron considerados como un solo pueblo o miembros de una sola nación pues, aunque no tenían unidad política, tenían ascendencia, lengua y costumbres comunes.[157]

En contraste, luego del surgimiento del estado nacional, los conceptos de nación y nacionalidad también comenzaron a utilizarse con referencia a la pertenencia a una organización política que podía estar compuesta por una[158] o varias nacionalidades; y los primeros estados nacionales de Europa, como Francia, España y Gran Bretaña, fueron estados multinacionales. Además, como consecuencia de las revoluciones americana y francesa de finales del siglo 18, el término *estado nacional* se confundió con el término *nación* que vino a significar un cuerpo de ciudadanos cuya voluntad encontraba expresión en un estado político. Para los franceses y norteamericanos «nosotros el pueblo» se refería a los ciudadanos de Estados Unidos y de Francia, aunque por ejemplo los corsos,

---

[157] HERODOTO, HISTORIADORES GRIEGOS 689 libro VIII, CXLIV, (EDAF, Eds. Madrid 1972).

[158] Las ventajas de los países de común identidad han sido ampliamente reconocidas por prominentes teóricos políticos de las más diversas épocas. Aristóteles señaló en su Política que «es difícil, si no imposible» que un estado de gran población y consecuentemente heterogéneo «sea regido por buenas leyes». Montesquieu, en su *Espíritu de las Leyes*, sostenía que en una república pequeña, y por ende de población homogénea, «el bien común… se conoce mejor y está más cerca de cada ciudadano». Y John Stuart Mill, argumentaba que por norma general «las instituciones libres son prácticamente imposibles en un país compuesto por diversas nacionalidades».

Estos clásicos expresaban lo evidente. La solidaridad social y los requerimientos psicológicos básicos, que son necesarios para constituir una comunidad política verdaderamente viable, son consustanciales a la nacionalidad e incapaces de ser generados exclusivamente por factores económicos.

Pertenecer a un país presupone lograr amplios consensos respecto a la política pública a regir, pero mientras más heterogéneo el país, más difícil el acuerdo; y por el contrario a mayor homogeneidad, mayor posibilidad de armonía. Por eso, al presente, por ejemplo, es ampliamente reconocido que la clave del desarrollo económico consiste en establecer un balance adecuado entre los beneficios del tamaño y los costos de la heterogeneidad que acarrea el gran tamaño de una nación. *Véase* ALESINA Y SPOLOARE, THE SIZE OF NATIONS (Mass. Institute of Technology 2003).

los bretones y los vascos no pertenecían a la misma etnia que la gran mayoría de los franceses. En Estados Unidos la mayoría de los ciudadanos eran de extracción anglosajona, aunque otros provenían de diversos pueblos europeos.

A la luz de dicha historia, no debe extrañar la confusión que en muchos genera el término nación; ni que en la literatura, tanto jurídica como de otras ciencias sociales, particularmente en Estados Unidos, los términos nacionalidad y ciudadanía se usen prácticamente como sinónimos.

No obstante lo anterior, existe diferencia entre ambos términos no solo social y cultural, sino también jurídica. El término «ciudadano, en su acepción general es aplicable solo a la persona que ostenta los plenos derechos políticos y civiles en el cuerpo político del estado» y el término nacional se aplica a «la persona, que aunque no es ciudadano le debe fidelidad permanente a un estado y tiene derecho a su protección».[159] La ciudadanía,[160] en los ordenamientos jurídicos de estados como México, Paraguay y Colombia, Chile, Brasil y Venezuela, entre otros, es un concepto de carácter jurídico interno que se refiere a la capacidad de la persona para ejercer sus derechos políticos. Por otra parte, la nacionalidad es un concepto de carácter jurídico internacional que une a la persona a un estado. La distinción entre ciudadanía y nacionalidad también ha sido utilizada en relaciones coloniales para diferenciar entre los ciudadanos con plenitud de derecho del estado nacional y los súbditos de las colonias, llamados nacionales, que estaban bajo la protección internacional del estado nacional.[161]

---

[159] G. Hackworth, 3 DIG. OF INT'L LAW 1-2 (1942).

[160] Este escrito limita su análisis de la ciudadanía a la época posterior al surgimiento del estado nacional moderno. El término ciudadanía en el derecho romano y en épocas anteriores está fuera del alcance del mismo.

[161] Estados Unidos ha tenido bajo su jurisdicción a un número considerable de personas que no eran ciudadanos de esa nación, como lo eran los negros antes de su emancipación y los indios americanos, cada uno bajo un régimen jurídico particular. Por virtud de la Guerra Hispanoamericana del 1898, como veremos más adelante, los habitantes de Filipinas, Guam y Puerto Rico pasaron a ser nacionales, pero no ciudadanos de Estados Unidos, y los puertorriqueños, según la Ley Foraker, también "ciudadanos de Puerto Rico". Con respecto a la condición de los habitantes de Samoa como nacionales de Estados Unidos. *Véase* ARNOLD H LEIBOWITZ., DEFINING STATUS: A COMPREHENSIVE ANALISIS OF U.S. TERRITORIAL RELATIONS 450 (Martinus Nieoff Pub 1989).

El Estado nacional y la nacionalidad

Luego del siglo 17, con la gradual consolidación de su poder a través de Europa el Estado nacional pretendió reclamar poder exclusivo sobre las personas que habitaban su territorio. Esa exclusividad sobre las personas significaba el poder sobre las riquezas de éstas y su lealtad en caso de guerra.

Aunque las antiguas lealtades reclamadas por el clan, la región, el imperio o la religión mantenían todavía gran vigencia, la lealtad primaria hacia el estado nacional fue paulatinamente ocupando un lugar de primacía. Como consecuencia, la determinación de la nacionalidad de las personas se dejó casi exclusivamente bajo la jurisdicción del derecho interno de cada Estado y recibía escasa atención del derecho internacional. No es de extrañar, por lo tanto, que luego de más de dos siglos de consolidación del estado nacional el Artículo 1 de la Convención de La Haya, relativa a las leyes de nacionalidad, del 1930,[162] dispone que "cada estado determin[e] según sus propias leyes quiénes son sus nacionales".[163]

Establecida la hegemonía del Estado nacional, la nacionalidad se convirtió, para expresarlo en los términos más sencillos, en el lazo jurídico que unía a una persona a un determinado Estado nacional. Desde entonces, el Derecho de Nacionalidad, a su vez, se refiere básicamente a las condiciones que cada Estado impone para la adquisición o pérdida de su nacionalidad y a las consecuencias, los derechos y obligaciones que surgen de la adquisición o pérdida de la misma.

Tradicionalmente los Estados confieren su nacionalidad a una persona por razón de nacimiento en su territorio (*ius solis*) o por razón de descendencia (*ius sanguinis*) o por una combinación de ambas. El concepto de *ius sanguinis*, que tiene su origen en la familia, el clan o la tribu, es el que prevalece en la mayor parte de los países europeos y asiáticos. El concepto de *ius solis*, que tiene su origen en el sistema feudal, constituye la base de las leyes de nacionalidad de Estados Unidos, Gran Bretaña y la mayoría de los

---

[162] CONVENTION ON CERTAIN QUESTIONS RELATING TO THE CONFLICT OF NATIONALITY LAWS, firmado en La Haya, 12 de abril del 1930, 179 L.N.T.S.
[163] *Id.*

países latinoamericanos. Pero, además del lugar de nacimiento o la descendencia, existen otras condiciones o circunstancias que posibilitan la concesión de la nacionalidad por parte de los Estados, como pueden ser la naturalización, la transferencia de territorio, el domicilio, el matrimonio y la adopción, entre otros.[164]

Las maneras de adquisición o pérdida de la nacionalidad, al igual que los derechos y obligaciones que surgen de la misma, dependen de la legislación nacional. De ahí que los derechos políticos, el derecho a ocupar cargos públicos, el derecho a la protección en el extranjero, al igual que las obligaciones militares y el deber de lealtad, entre otros, son tan variados como los diversos ordenamientos nacionales.

No obstante, el poder del Estado para determinar la nacionalidad de las personas no es de la absoluta competencia nacional. Baste mencionar que la segunda oración del Artículo 1 de la Convención de la Haya dispone que dichas leyes de nacionalidad deben ser consecuentes «con las convenciones internacionales, la costumbre interna y los principios de ley generalmente reconocidos respecto a la nacionalidad».[165]

Aunque no es tarea sencilla definir cuáles son los límites específicos que el derecho internacional le impone al poder del Estado para adscribir la nacionalidad, existen ciertas limitaciones obvias. De no existir límite alguno de carácter internacional respecto a la determinación del Estado sobre adquisición y pérdida de su nacionalidad, cualquier Estado podría reclamar como sus nacionales a todos los seres humanos, lo cual sería absurdo. Más aún, cualquier intento, por ejemplo, por parte de un Estado de naturalizar personas que no han tenido conexión de índole alguna con ese Estado sería contrario al derecho internacional.[166]

---

[164] Para un útil compendio de las normas de diversos estados nacionales sobre las normas relativas a la adquisición y pérdida de la nacionalidad, *véase* LAWS CONCERNING NATIONALITY, U.N. LEGISLATIVE SERIES 4 (1954), ST/LEG/SER. B4.

[165] CONVENTION ON CERTAIN QUESTIONS RELATING TO THE CONFLICT OF NATIONALITY LAWS, firmada en La Haya, 12 de abril del 1930, 179 L.N.T.S.

[166] *Véase* RUTH DONNER,, HARVARD RESEARCH IN INTERNATIONAL LAW, CAP. 2 NATIONALITIY 26 (1929).

La jurisprudencia y la práctica internacional confirman que la adscripción de nacionalidad no es un asunto de la exclusiva competencia nacional. Los Estados, por ejemplo, sólo pueden conferir su nacionalidad a las personas cuando éstas tengan una relación real y estrecha con los mismos, y para juzgar la naturaleza de dicha relación se tendrá que tomar en cuenta al lugar de nacimiento, la afiliación o los otros criterios que ya han sido mencionados.[167] De no existir dicha relación, la concesión de la nacionalidad sólo puede tener efectos internos y no puede otorgar, por ejemplo, derechos frente a otros estados, como sería el de la protección diplomática. El vínculo de la nacionalidad es lo que le da al estado el derecho de protección diplomática en beneficio de la persona. Ese derecho se refiere a la acción unilateral por parte de un Estado a favor de sus nacionales en el exterior y puede incluir desde protestas y amenazas hasta intervenciones de distintos tipos –ex-

---

[167] En el caso de Nottembohm –Liechstenstein vs Guatemala de 1955, la Corte Internacional de Justicia se planteó si Guatemala, luego de Nottembohm, de nacionalidad alemana, haber adquirido la nacionalidad de Liechstenstein sin tener relación alguna real con ese país y de residir en Guatemala sin ser guatemalteco, estaba obligada a reconocer dicha nacionalidad. La corte decidió que Guatemala no estaba obli-gada, ya que Nottembohm se convirtió en ciudadano de Liechstenstein "with the sole aim of thus coming within the protection of Lichstestein -but not of becoming wedded to its traditions, its interests, its way of life or of assuming the obli-gations- and exercising the rights pertaining to the status this acquired". Nottembohm –Liechstenstein vs Guatemala, CIJ (Recueil 1955).

Véase también Opinión Consultiva de los Decretos de Nacionalidad Túnez-Marruecos CIJ (1923). (Los decretos en cuestión se referían a personas nacidas en territorio de los protectorados franceses de Túnez y Marruecos a quienes se les adscribió nacionalidad tunecina y marroquí. Aún cuando Gran Bretaña reclamaba a dichas personas como súbditos la corte decidió que la competencia de un estado para legislar sobre materia de nacionalidad «no es en el derecho internacional una materia de exclusiva jurisdicción doméstica»).

Desde mucho tiempo también está claramente establecido que la sola posesión de propiedad inmueble o la residencia transitoria en un país no es suficiente para adquirir una nacionalidad que tenga eficacia según el derecho internacional. Véase RALSTON, THE LAW AND PROCEDURE OF INTERNATIONAL TRIBUNAL, 186 (2da ed. 1926). (los casos de Anderson y Thompson y Elliot de la Comisión Estados Unidos-México del 1868).

cluyendo acciones de guerra. Aunque existe abundante normativa[168] y práctica internacional al respecto, los países más poderosos, como es natural, siempre han insistido en ampliar el concepto de protección diplomática, mientras los más débiles se han resistido a dicha tendencia.[169]

La nacionalidad dual o múltiple

La nacionalidad dual o múltiple es parte integral de la doctrina sobre la nacionalidad. El ejemplo más frecuente es el de nacionalidad dual por nacimiento que surge por la aplicación de *ius solis* e *ius sanguinis* a un solo individuo; es decir, el de una persona que por nacimiento adquiere la nacionalidad del país donde nació y por sangre la del país de sus padres.[170]

Tradicionalmente, la nacionalidad dual ha sido vista con recelo por los Estados siempre interesados en controlar los valiosos recursos humanos y sospechosos de la lealtad de sus nacionales duales en caso de conflicto bélico o de otra naturaleza. Sin embar-

---

[168] Véase Barcelona Traction Light and Power Company, (Belgium v. Spain) 1970 I.C.J. pag. 3 (la corte dispone que "in the abscence of a special agreement it is the bond of nationality between the state and the individual which alone confers the rights of diplomatic protection in its territory to foreign nationals, whether national or juridical person. It is bound to extend to them the protection of the law and assumes obligations concerning the treatment to be afforded them..." as are "those arising vis à vis another state in the field on diplomatic protection".

[169] No hay más que recordar las pretensiones de Hitler como supuesto protector de los alemanes en el extranjero, para darse cuenta de los peligros potenciales que encierra una amplia extensión de la doctrina de protección diplomática. Los recientes desarrollos relativos a la protección de los derechos humanos a nivel internacional amplían la protección de los derechos de los individuos vis à vis todos los estados, incluyendo al propio. No hay la menor duda que los tratados y la acción internacional para proteger los derechos humanos, aún contra las acciones del propio gobierno, constituyen un gran paso de avance, aunque al presente los mecanismos instituidos a nivel internacional –con la excepción de los establecidos en la Unión Europea- no son aún los más efectivos.

[170] Dichos nacionales duales no pueden ser protegidos por ninguno de los dos Estados frente al otro y sólo pueden ser protegidos en un tercer Estado por aquel que tenga una relación efectiva más estrecha. Véase Convención de la Haya sobre Conflictos de Nacionalidad del 12 de abril de 1930, arts. 4 y 5.

go, a partir de la Segunda Guerra Mundial, la internacionalización de las economías, el constante movimiento de personas entre las diversas naciones, la llamada globalización y la relativa era de la paz en amplias zonas del mundo han multiplicado los casos de nacionalidad dual y múltiple y han contribuido a reducir la aversión de muchos estados a la doble nacionalidad dual.

Diversos acuerdos entre Gran Bretaña y miembros de la comunidad británica sirvieron de precursores. Al presente, países latinoamericanos como Chile, Perú, Paraguay, Bolivia, Nicaragua, Guatemala, Costa Rica, Ecuador, Honduras, República Dominicana y Argentina, entre otros, han concertado tratados de nacionalidad dual o nacionalidad recíproca con España durante el último medio siglo. En muchos de ellos, una de las nacionalidades se conserva latente o en potencia mientras la del país de domicilio cobra plena eficacia.[171] Al presente existen también diversos estados, como Italia, Grecia, Gran Bretaña, Suiza, Israel, Irlanda, República Dominicana, El Salvador y Colombia, entre otros,[172] que

---

[171] Por ejemplo, el Convenio de Nacionalidad entre la República Argentina y España provee para la doble nacionalidad hispano-argentina con determinación de la nacionalidad efectiva por arraigo domiciliario; es decir, una de las nacionalidades queda suspendida o latente mientras el domicilio no revierta al estado de la nacionalidad originaria. El artículo 1 del Convenio lee: «Los argentinos y los españoles, de origen, podrán adquirir la nacionalidad española y argentina, respectivamente, en las condiciones y en la forma prevista por la legislación en vigor en cada una de las partes contratantes, manteniendo su anterior nacionalidad con suspensión del ejercicio de los derechos inherentes a esta última». El artículo 4 lee: «El traslado de domicilio al país de origen de las personas acogidas a los beneficios del presente Convenio implicará automáticamente, la recuperación de todos los derechos y deberes inherentes a su anterior nacionalidad». Véase Convenio de nacionalidad del 14 de abril de 1969, Republica Argentina y Gobierno del Reino de España, arts. 1 y 4.

En términos similares se firmó un convenio entre Italia y Argentina. Véase Convenio de nacionalidad del 18 de mayo de 1973, Italia y la Republica Argentina. Un acuerdo parecido fue concertado por Brasil y Portugal cuyo artículo 1 lee: «Los portugueses en Brasil y los brasileños en Portugal gozarán de igualdad de derechos y deberes como los respectivos nacionales». Véase Convenio de nacionalidad del 7 de septiembre de 1971, República de Brasil y Portugal, art. 1.

[172] *Véase* E. GOLDSTEIN & V. PIAZZA, NATURALIZATION, DUAL CITIZENSHIP AND THE RETENTION OF FOREIGN CITIZENSHIP: A SURVEY, 73 Interpreter Releases 517 (1966).

permiten a sus nacionales conservar su nacionalidad de origen, aunque hayan obtenido otra nacionalidad.

En el mundo actual, por lo tanto, los acuerdos y tratados respecto a nacionalidad dual sólo parecen tener como límite potencial el interés mutuo de las partes en el contexto de consideraciones de carácter histórico o cultural. El caso particular de Estados Unidos merece consideración aparte.

II. Ciudadanía y ciudadanía dual en Estados Unidos

Para entender a cabalidad el significado del concepto de nacionalidad o ciudadanía[173] y el de ciudadanía dual en el régimen jurídico de Estados Unidos es necesario estudiar su origen, la legislación, los reglamentos y el ordenamiento administrativo sobre la materia y la jurisprudencia aplicable.

El pueblo y la ciudadanía de Estados Unidos

Alexander Bickel, eminente jurista y profesor de Derecho Constitucional, insistía ante sus estudiantes que el concepto jurídico de ciudadanía ni tan siquiera fue definido en la Constitución de Estados Unidos. Para Bickel, como más tarde escribió, la Constitución de Estados Unidos se ocupaba de asuntos más fundamentales, como el de establecer «un gobierno que otorgaba derechos al pueblo y a las personas y que se obligaba a sí mismo a cumplir ciertas normas de conducta en sus relaciones con gente y con personas, no con una construcción jurídica llamada ciudadano».[174]

Lejos estaba yo de descubrir en mis tiempos de estudiante lo que quería comunicar mi profesor con su patente desprecio a la «construcción jurídica llamada ciudadano»: cuando se trata de los asuntos medulares de un país hay que mirar detrás de los términos jurídicos para verdaderamente entender no sólo cómo funciona el gobierno del país, sino incluso para comprender cabalmente los propios conceptos jurídicos. Y más lejos aún de entender la impor-

---

[173] *Supra* texto en las págs. 4 y 5.
[174] Alexander Bickel, The Morality of Consent 36 (1975).

tancia de sus ideas para comprender la naturaleza de la ciudadanía americana de los puertorriqueños, la cual consideraremos posteriormente. Para ello, hay que comenzar por conocer el significado en Estados Unidos de los conceptos pueblo y ciudadano. Hay que ir, además, mucho más atrás que el 25 de julio de 1898, día en que las tropas americanas invadieron a Puerto Rico como consecuencia de la Guerra Hispanoamericana.

La Constitución de Estados Unidos, contrario a otras, como señalaba Bickel, no define la ciudadanía. Las referencias más relevantes a la ciudadanía contenidas en dicha Constitución se refieren a los requisitos para senador,[175] representante[176] o para presidente en cuyo caso dispone que debe ser un "natural born citizen" –«ciudadano por nacimiento»- (obviamente, en el 1789, sólo puede referirse a ciudadanos de uno de los estados) «o ciudadanos de Estados Unidos al tiempo en que se adopte esta Constitución».[177] Esa escasa mención del término ciudadanía era totalmente cónsona con las realidades de la época, pues, desde la aprobación de la Constitución en el 1789 hasta la Guerra Civil de Estados Unidos, 70 años después, cada uno de los estados tenía un amplio margen de control y jurisdicción, es decir, de soberanía sobre las personas que en ellos residían.[178]

---

[175] CONST. EE.UU. art. II, § 3.
[176] CONST. EE.UU. art. II, § 2.
[177] CONST. EE.UU. art. II, § 1.
[178] El Artículo IV de la Constitución de Estados Unidos, por ejemplo, lee: «los ciudadanos de cada estado disfrutarán de los privilegios e inmunidades de los ciudadanos de otros estados». CONST. EE.UU. art. IV, §2, ¶1.

Luego de la Guerra Civil y la enmienda 14, a la cual haremos referencia más adelante, los asuntos de nacionalidad se convirtieron en asuntos de la exclusiva competencia del gobierno federal. Para una descripción de los conflictos respecto a ciudadanía con anterioridad a la Guerra Civil entre los estados y el gobierno federal, Véase James H. Kettner, The Development Of American Citizenship, 1608-1870, pág. 248-286. Actualmente, la mal llamada ciudadanía estatal es una de carácter estrictamente domiciliario y aún así la Corte Suprema de Estados Unidos ha sostenido que para propósitos del voto y para recibir beneficios públicos los requisitos de residencia tienen que ser limitados. Véase Duna v. Blumstein, 405 U.S. 330 (1972); Shapiro v. Thompson, 394 U.S. 618 (1969); Memorial Hospital v. Monicopa County, 415 U.S. 250 (1974). El potencial favoritismo de un estado a favor de sus residentes se limita a asuntos de poca monta como el de imponer cuotas más altas para licencias de caza. Véase Baldwin et al. v. Fish and Game Commission of Montana et al., 436 U.S. 371 (1978).

En contraste con el de ciudadanía, el concepto de «pueblo de Estados Unidos», es en el preámbulo la fuente originaria del poder y el «pueblo» constituye el corazón mismo de las primeras diez enmiendas, mientras el término ciudadano no se menciona en ellas ni en una sola ocasión.

Ese concepto de «pueblo» era un concepto básicamente histórico, cultural y racial que encontró concreción jurídica y política en la Constitución del 1789 mediante la cual los habitantes de las trece colonias inglesas, a través de sus delegados, se constituyeron como el Pueblo de Estados Unidos de América. Esas personas eran a su vez blancos, de extracción europea, en su mayoría de cepa anglosajona que habían estado por largo tiempo bajo el dominio y tutela de las instituciones británicas y la Corona. El concepto de pueblo al que se refiere originalmente la Constitución tenía, por lo tanto, un sentido restringido, pues excluía a los negros y a los indios, quienes no llegarían a ser parte de la comunidad política norteamericana y a ser considerados ciudadanos, los primeros hasta luego de la Guerra Civil y los segundos hasta el 1924.[179] Tan restringido era el concepto de pueblo que la Ley de Nacionalidad del 1790 sólo permitía la naturalización de los blancos[180] y la del 1870, luego de la emancipación, incluía a los negros, pero excluía a chinos, japoneses e hindúes.[181] Originalmente, el pueblo de Estados Unidos era definitivamente el pueblo blanco de las trece ex colonias inglesas de Norteamérica.

Luego de la independencia, Estados Unidos se convirtió más y más en un país de inmigrantes blancos que expandió su dominio a territorios escasamente habitados (o habitados por indios que no

---

[179] Indian Citizenship Act of 1924, Ch 233, 43 Stat. 253.

[180] Naturalization Act of March 26, 1790, Ch. 3, 1 Stat 103 (disposición que permaneció inalterada hasta el 1870 cuando se permitió la naturalización de personas de la raza negra.)

Las exclusiones de los que no eran ni blancos ni negros continuaron y no fue hasta el 1952 que se eliminó formalmente la discriminación por raza mediante el Inmigration and Nationality Act of 1952, Ch. 477, 311, 66 Stat. 163, 239. Sin embargo, la discriminación permaneció bajo el manto de "Nacional origins quota" hasta el 1965. Véase G.J. Chin, The Civil Rights Revolution Comes to Immigration Law, 75 N.C.L. REV. 273 (1966).

[181] NATURALIZATION ACT OF 1870, CH. 254, 7, 16 STAT 254.

eran parte del «pueblo» de Estados Unidos) y a los cuales pobló con su propia gente. Por regla general, la mayoría de los habitantes de dichos territorios ya eran parte del pueblo norteamericano antes de que sus territorios se incorporaran como estados al cuerpo político de Estados Unidos. La fase territorial sólo era una espera transitoria en el camino inexorable a la estadidad. No podía ser otra su aspiración, pues provenían de una república que se formó como consecuencia de la primera lucha anticolonial del Nuevo Mundo.

Los conceptos de pueblo y ciudadanía se mantuvieron, pues, por largo tiempo dentro de los parámetros en que habían sido originalmente concebidos y no fue hasta el 1857, en vísperas de la Guerra Civil, que los mismos comenzaron a alterarse. Fue entonces que el Tribunal Supremo de Estados Unidos, respondiendo a la contradicción subyacente desde los inicios de la República –la existencia de la esclavitud en un país que proclamaba la igualdad entre los seres humanos– intentó resolver jurídicamente dicha contradicción. Para tratar de lograr su propósito, la Corte Suprema utilizó el hasta entonces relativamente poco importante concepto de ciudadanía.

En el caso de *Dred Scott v. Sanford*,[182] la Corte sostuvo que, bajo la Constitución de Estados Unidos, los privilegios e inmunidades sólo se concedían a los ciudadanos, que no se podía ser miembro de la comunidad política de Estados Unidos sin ser ciudadano y que «un negro de descendencia africana» no podía ser considerado como ciudadano. Desde otra perspectiva, según *Dred Scott*, el negro sencillamente no era parte del pueblo de Estados Unidos, no estaba incluido en la comunidad política en condición de igualdad, aunque estaba bajo la jurisdicción de Estados Unidos pero en calidad de súbdito. El Tribunal Supremo habló claro al enunciar en términos jurídicos el estado de derecho prevaleciente en aquel entonces.

---

[182] Dred Scott v. Sanford, 60 U.S. (19 How.) 393 (1857).

Para revocar el caso *Dred Scott* fue necesario una Guerra Civil, la enmienda número 14 a la Constitución de Estados Unidos[183] y el *Civil Rights Act* del 1866.[184] La Corte Suprema en *Dred Scott* no logró imponer sus criterios políticos y raciales pero sí logró que la ciudadanía, por lo menos jurídicamente, ocupara el lugar de importancia que no tenía en la Constitución. No fue hasta el 1898 que, como veremos más adelante, el tema de la ciudadanía vino a ocupar nuevamente el centro del debate en la discusión política de Estados Unidos.[185]

Ciudadanía dual en Estados Unidos

En el *common law*, parte de la herencia anglosajona de Estados Unidos, ninguna persona podía abjurar o renegar de su patria o soberano. La regla, expresada en latín como se acostumbraba en aquellos tiempos, era sencilla: *"nemo potest exuere patriam"* (Nadie puede abjurar o renegar de su patria). Enraizada en la Edad Media, en el derecho natural y en las relaciones personales y perpetuas[186] entre señor y siervo dicha regla dio margen a la teoría de fidelidad perpetua debida por el ciudadano a su nación y según la cual nadie podía renunciar a su nacionalidad de origen. Dicha doctrina era el fundamento sobre el que se asentaba el concepto de nacionalidad, tanto en Inglaterra como en las 13 colonias que luego se convertirían en los Estados Unidos.

Luego de obtener su independencia a finales del siglo 18, los Estados Unidos, aunque, como era natural en un país compuesto por inmigrantes, nunca se adhirió formalmente a la teoría de la fidelidad perpetua (aceptada entonces como el principio básico de

---

[183] «Toda persona nacida o naturalizada y sujeta a su jurisdicción será ciudadana de Estados Unidos y del estado en que resida. Ningún estado aprobará o hará cumplir ninguna ley que restrinja los privilegios o inmunidades de los ciudadanos de Estados Unidos...». Const. EE. UU. enmd. XIV, §1.
[184] Civil Rights Act of 1866, 14 Stat 27, Ch 31 81.
[185] *Infra* texto en la pág. 27.
[186] Según Blackstone: «Una deuda de gratitud que no puede perderse, cancelarse o alterarse por cambio alguno en tiempo, en lugar o circunstancia». WILLIAM BLACKSTONE, COMMENTARIES ON THE LAWS OF ENGLAND 229 (The Lawbook Exchange 2003). [traducción suplida por autor].

la ciudadanía), sí reconoció por largo tiempo el derecho de otras naciones a así hacerlo. Sin embargo, no tardó mucho la nueva nación en impugnar dicha doctrina y reclamar el derecho de las personas a la expatriación –el derecho a renunciar a la ciudadanía- en contraste con la teoría de la fidelidad perpetua.

A finales del siglo 18 y a principios del 19, comenzaron a surgir conflictos de ciudadanía entre Estados Unidos e Inglaterra, ya que esta última reclamaba como súbditos ingleses, bajo las normas clásicas del derecho común, a ciudadanos naturalizados en Estados Unidos. Frecuentemente, dichos conflictos surgían cuando barcos de guerra ingleses abordaban barcos norteamericanos y apresaban a aquellos marinos americanos que Inglaterra reclamaba como súbditos. En esas circunstancias, Estados Unidos invocó la aplicación de la doctrina de derecho internacional de protección diplomática en beneficio de dichos ciudadanos. Inglaterra, por su parte, argumentaba que dicha doctrina era inaplicable, ya que las relaciones entre esa nación y sus súbditos eran de su exclusiva competencia.

El conflicto entre ambas naciones y entre la doctrina de fidelidad perpetua y el derecho a la expatriación comenzó a resolverse a raíz de un tratado entre ambos países, en el que Inglaterra reconoció la legitimidad de las leyes de naturalización de Estados Unidos.[187] Poco antes, este último había concluido tratados similares con varios países; entre otros, Dinamarca, Suecia, Austro-Hungría y Bélgica.[188] En consecuencia, fueron mermando los conflictos en-

---

[187] Según Blackstone: «Una deuda de gratitud que no puede perderse, cancelarse o alterarse por cambio alguno en tiempo, en lugar o circunstancia». WILLIAM BLACKSTONE, COMMENTARIES ON THE LAWS OF ENGLAND 229 (The Lawbook Exchange 2003). [traducción suplida por autor].

Esto sucedió luego de que el Congreso de los Estados Unidos –a raíz de que Inglaterra arrestara a varios ciudadanos naturalizados de Estados Unidos, acusándolos de haber participado en una insurrección en Irlanda en 1868- aprobó legislación que declaraba que el derecho a la expatriación es un derecho natural inherente. Véase Expatriation Act of July 27, 1868. Ch. 249, 15 Stat 223 Codify Act 22 U.S. C. §1732 (1976).
[188] *Id.*

tre los que Estados Unidos se veía envuelto por razón de la nacionalidad dual de algunos de sus ciudadanos.[189]

No obstante, la lealtad perpetua demandada por el estado nacional no era el único factor que daba margen a la existencia de la ciudadanía dual en Estados Unidos. También había ciudadanos que, por una combinación de las doctrinas de *ius solis* y *ius sanguinis*, o por naturalización, ostentaban ciudadanía dual. Estados Unidos enfrentó esa realidad con una actitud de recelo y exclusividad y, tal como lo habían hecho otras naciones, respondió con la expatriación forzada o la desnacionalización.

Inicialmente, como era de esperarse en un país de derecho común, fue a través de la práctica como comenzó a desarrollarse la doctrina sobre la ciudadanía dual. Ésta fue constantemente impugnada y cuestionada, y los criterios para determinar la expatriación o desnacionalización de los ciudadanos duales se fueron desarrollando en las últimas décadas del siglo 19, particularmente a través de opiniones del Departamento de Estado. Los criterios para la expatriación no eran fijos y podían incluir, entre otros, el tiempo de residencia en el extranjero (si no estaba acompañado del pago de contribuciones y otros actos de fidelidad a Estados Unidos), además de otros criterios considerados en su totalidad como la nacionalidad del cónyuge, la tenencia de propiedad y el servicio militar en el extranjero, entre otros.[190] La Ley de Expatriación de 1907, que intentó codificar la práctica prevaleciente, disponía para la expatriación (no ya como derecho del ciudadano, sino como prerrogativa del Estado) de cualquier ciudadano por razón de su naturalización en un país extranjero, por contraer matrimonio con un extranjero o por haber jurado lealtad a otra nación.[191]

---

[189] Para el inicio del siglo 20, el principio de expatriación —como derecho del ciudadano- era generalmente reconocido internacionalmente y más tarde pasó a formar parte de la normativa internacional sobre derechos humanos. Véase Convención Internacional sobre Derechos Civiles y Políticos, Art. 12(2), G.A Res 2,200, U.N. GAOR, 2 1st Sess, Supp No 16, U.N. Doc A/6316 (1966).

[190] *Véase* I MIEN TSIANG, THE QUESTION OF EXPATRIATION IN AMERICA PRIOR TO 1907. (1942).

[191] *Véase* ACT OF MARCH 2, 1907, CH 2534, 2, 34 STAT. 1228 (1907). DEROGADO (1940).

Distinto era el caso de los ciudadanos duales por razón de su nacimiento. Según llegaban grandes oleadas de inmigrantes a un país de *ius solis* provenientes de países europeos que se regían por *ius sanguinis*, se multiplicaron las personas con ciudadanía dual. La respuesta fue obligar a dichos ciudadanos a elegir entre ambas ciudadanías.[192] De igual forma se trataba a aquéllos que residían en el extranjero o habían nacido fuera de los Estados Unidos de padres ciudadanos norteamericanos.[193]

La Ley de Expatriación del 1907[194] no fue más efectiva que la práctica, en clarificar la situación de los ciudadanos duales y las condiciones que podían dar margen a la expatriación. Los criterios después de la aprobación de la ley continuaron siendo más o menos los mismos que habían prevalecido con anterioridad a dicha legislación, y no fue hasta el 1940 que se produjeron cambios de importancia.

Ciudadanía dual en Estados Unidos desde la Segunda Guerra Mundial

En el clima de guerra prevaleciente en el 1940[195] era natural que la nacionalidad o ciudadanía dual fuera vista en Estados Unidos no sólo con recelo, sino con gran hostilidad. De ahí que bajo el Nationality Act de 1940 prácticamente cualquier identificación política activa con una nación extranjera era suficiente causa para la expatriación. Votar en las elecciones de otro país, jurar fidelidad a una nación extranjera o servir en sus fuerzas armadas eran causas que conllevaban la pérdida de la ciudadanía.[196] La ley llegó al extremo de considerar causa para expatriar a ciudadanos duales

---

[192] *Véase* Perkins v. Elz 307 U.S. 325 (1939).
[193] *Véase* Act of March 2, 1907, Ch 2534, 6, 34 Stat 1228, 1229.
[194] *Véase* John P. Roche, The Loss of American Nationality – The Development of Statutory Expatriation, 99 U. PA L. REVIEW 1950.
[195] *Véase* T. KEELAGHANN-SILVESTONE, DUAL NATIONALITY AND THE PROBLEM OF EXPATRIATION, 291, 297 (1982) y Thomas M. Frank, Clan and Superclan: Loyalty, Identity and Community in Law and Practice, 90 A.M.J. INT. L. 359 (1996).
[196] *Véase* Thomas M. Frank, *Clan and Superclan: Loyalty, Identity and Community in Law and Practice*, 90 A.M.J. INT. L. 359 (1996), en la pág.378.

por nacimiento, el haber residido por más de seis meses en el país extranjero cuya ciudadanía también ostentaban dichos ciudadanos.[197]

La Ley de Inmigración y Nacionalidad de 1952,[198] similar en su filosofía a la ley de 1940, fue la respuesta de Estados Unidos a la Guerra Fría. Disponía, por ejemplo, que un ciudadano dual por nacimiento perdería su ciudadanía americana si residía por más de tres años en el país de su otra ciudadanía, a menos que tomara un juramento de fidelidad a Estados Unidos antes de vencer ese periodo. El afán exclusivista y la política pública contra la ciudadanía dual se convirtieron en norma.

Partiendo de las leyes sobre nacionalidad de 1940 y 1952, la Corte Suprema de Estados Unidos ha ido desarrollando la doctrina contemporánea norteamericana sobre la ciudadanía dual. Paralelamente, varias enmiendas a la ley de 1952 y la práctica administrativa han ido alterando dicha doctrina.

La Corte Suprema ha reconocido que una persona «puede tener y ejercer los derechos de nacionalidad en dos países y estar sujeta a las responsabilidades de ambos».[199] No obstante, hasta finales de la década del 60 también validó el poder del gobierno de Estados. Unidos para desnacionalizar a un ciudadano en contra de su voluntad y reconoció el poder del Congreso para imponer condiciones a la retención de la ciudadanía en tanto y en cuanto

---

[197] *Véase* Nationality Act of 1940, 54 Stat. 1137 (1940), Cabe destacar el temor a los japoneses americanos como potenciales ciudadanos desleales. Véase ROCHE, *Supra* nota 45, en la pág. 66 (nótese como en la literatura jurídica en Estados Unidos frecuentemente se usa el término "Nationality" y no "Citizenship".)

[198] Inmigration and Nationality Act, Pub. L. No 82-414, 66 Stat 163 (1952) (la ley disponía la ciudadanía *ius solis* para las personas nacidas en Estados Unidos y la ciudadanía *ius sanguinis* para las personas nacidas en el extranjero de padres ciudadanos de Estados Unidos, pero dichos ciudadanos tendrían que regresar a Estados Unidos antes de los 23 años y permanecer en residencia por un periodo de 5 años.)

[199] Kawakita v U.S. 343 US 717,723 (1952). (En este caso, Kawakita, un ciudadano dual nacido en Estados Unidos, fue convicto por traición por servir de traductor durante la Segunda Guerra en un campo de concentración en Japón donde prisioneros de guerra de Estados Unidos eran sometidos a trabajos forzados.)

mediara la voluntad del individuo en el cumplimiento de dichas condiciones.[200] Así lo confirmó el caso de *Pérez v Brownell* [201] del 1958, en el que la Corte Suprema declaró válida la expatriación de un ciudadano dual por haber votado en una elección extranjera en violación de la Ley de Inmigración y Nacionalidad de 1952.[202] Al hacerlo, la corte le dio su aprobación a los argumentos sobre los potenciales problemas en casos de ciudadanos duales referentes a la protección diplomática y a las lealtades en conflicto de dichos ciudadanos.

En el 1967, sin embargo, la corte revocó la decisión de Pérez y en el caso de *Afroyim v. Rusk*[203] liberalizó su política contra la ciudadanía dual, rehusando expatriar a un ciudadano -en contraste con su decisión anterior- por haber votado en una elección extranjera. Decidió la corte que la enmienda 14 de la Constitución norteamericana le otorgaba el derecho a Afroyim de retener su ciudadanía, a menos que la renunciara voluntariamente.[204]

Reflejando el clima de mayor liberalidad recogido en el caso de Afroyim entre 1976 y 1978, el Congreso enmendó la Ley de

---

[200] La doctrina de desnacionalización, es decir, la de privar a un ciudadano de su nacionalidad contra su voluntad, fue considerada por la Corte Suprema de Estados Unidos inicialmente en el caso MacKenzie v Hare, afirmando el poder del estado para desnacionalizar a un ciudadano por contraer matrimonio con un extranjero, en violación del Nationality Act del 1907. McKenzie v Hare 239 U.S. 299 (1915).

[201] Pérez v Brownell 356 US 44(1958).

[202] La Immigration and Nationality Act of 1952 disponía en su sección 349 (a) (5) que las personas perderán su nacionalidad por «votar en una elección política en un país extranjero o por participar en una elección o plebiscito para determinar la soberanía sobre territorio extranjero». Immigration National-ity Act §349, 8 U.S.C. §1481 (1952).

[203] Afroyim v Rusk 387 U.S. 268 (1967).

[204] Este caso se refiere a aquellas personas que son ciudadanos de Estados Unidos por nacimiento o naturalización, los que se conocen como ciudadanos de enmienda 14. *Véase infra* en la pág. 61 con referencia a los que son ciudadanos de Estados Unidos por virtud de un estatuto, los llamados ciudadanos estatutarios.

Nacionalidad de 1952 y redujo el número de causas que podían dar margen a la expatriación.[205]

Posteriormente, en el 1980, la Corte Suprema fue más lejos aún. En el caso de *Vance v. Terrazas*[206] al pasar juicio sobre la constitucionalidad de la sección de la Ley de Nacionalidad de 1952[207] que proveía para la revocación de la ciudadanía por tomar un juramento de fidelidad a una nación extranjera, la Corte Suprema determinó que el ciudadano debía tener la intención específica de renunciar a la ciudadanía, para que procediera la expatriación.[208] La mera ejecución de actos voluntarios no sería suficiente para la expatriación; el gobierno tendría que probar que se había cometido un acto sujeto a expatriación[209] y probar «por preponderancia de prueba» que existía la intención específica de renunciar.[210] Dicho de otra forma, la ciudadanía de Estados Unidos solo se puede perder si el ciudadano comete un acto sujeto a expatriación con la intención de renunciar a la ciudadanía.

---

[205] Las redujo de 10 a 7. Permanecieron las siguientes causas:

> naturalización en un estado extranjero; tomar un juramento de fidelidad a un estado extranjero; servir en las fuerzas armadas del gobierno de Estados Unidos; servir como empleado de un estado extranjero como ciudadano de ese estado bajo un juramento de fidelidad a dicho estado; renunciar formalmente a la ciudadanía ante un cónsul o un funcionario diplomático en el extranjero; renuncia formal en Estados Unidos según prescrito y aprobado por el Procurador General en tiempo de guerra; cometer traición en contra de o intentar derrocar por la fuerza al gobierno de Estados Unidos luego de ser convicto por una Corte Marcial o por un tribunal competente. Immigration Nationality Act, 8 U.S.C. 1481 (a) (1)-(7) (1952).

[206] Vance v Terrazas 444 US 252 (1980).
[207] Immigration Nationality Act §349, 8 U.S.C. §1481 (a) (2) (1952).
[208] Terrazas era un ciudadano dual de México y Estados Unidos que obtuvo su ciudadanía americana por *ius solis* y la mexicana por *ius sanguinis*. A los 22 años solicitó un certificado de ciudadanía mexicana jurando obediencia a México y renunciando a su ciudadanía de Estados Unidos y cualquier «obediencia y lealtad a cualquier gobierno extranjero, especialmente al de Estados Unidos de América». Vance v Terrazas 444 U.S. 252 (1980).
[209] Mien Tsiang, *supra* nota 41.
[210] Posteriormente, la ley fue enmendada a esos efectos. *Véase* Immigration and Nationality Act Amendments of 1986, Pub. L. No. 99-653, §18, 100 Stat. 3655.

Luego de las decisiones judiciales, las enmiendas a las leyes y las prácticas administrativas de las últimas décadas, puede aseverarse sin exagerar que el único acto sujeto a expatriación que, de seguro, podría dar margen a la revocación de la ciudadanía es el de la renuncia formal ante un cónsul en el extranjero.[211]

Incluso en ese caso no basta cumplir con las formalidades de la renuncia, sino que el Departamento de Estado se reserva el derecho de examinar si del contexto en que se da la renuncia se evidencia una verdadera voluntad de renuncia. En el caso del Lic. Alberto Lozada,[212] luego de que éste renunciara a la ciudadanía ante un cónsul en el extranjero, el Secretario de Estado de Estados Unidos rehusó reconocer dicha renuncia y emitir un certificado de pérdida de nacionalidad, argumentando que el demandante no tenía una verdadera intención de renunciar a la misma, ya que pretendía permanecer residiendo en Puerto Rico sin registrarse como extranjero propiamente documentado. La Corte del Distrito de Columbia reafirmó y amplió dicha determinación, rehusando emitir un mandamus contra el Secretario de Estado para forzarlo a emitir dicho certificado. En el caso del Lic. Juan Mari Bras, el Departamento de Estado de Estados Unidos fue más allá.

---

[211] *Véase* Alan G. James, *Expatriation in the United States: Precept and Practice Today and Yesterday*, 27 SAN DIEGO L. REV. 853 (1990). No sólo innumerables ciudadanos de Estados Unidos votan hoy en elecciones extranjeras sin perder la ciudadanía, sino incluso ciudadanos americanos duales han ocupado posiciones como la de Ministro de Relaciones Exteriores de Armenia o Jefe del Ejército de Estonia sin perder su ciudadanía americana. *Véase además* Thomas M. Franck, *Clan and Superclan: Loyalty, Identity and Community in Law and Practice*, 90 AM. J. INT'L L. 359, 379 (1996); y Ansgar Kelly, *Dual Nationality, the Myth of Election, and a Kindler, Gentler State Department*, 23 U. MIAMI INTER-AM. L. REV. 421

[212] Alberto O. Lozada Colón v. Department of State et. al., District Court for the District of Columbia, Civil Action No 97-183 1, April 23 1998.

Luego de que éste renunciara a la ciudadanía americana[213] ante un cónsul en el extranjero y de que dicha renuncia fuera aceptada, posteriormente, el mismo Departamento de Estado revocó dicha decisión, pues el renunciante tenía la intención de seguir residiendo en Estados Unidos (en Puerto Rico).[214]

En síntesis, aunque el gobierno de Estados Unidos no estimula la ciudadanía dual, no cabe duda de que, en respuesta a los nuevos tiempos, la tradicional actitud exclusivista de esa nación ha experimentado cambios profundos en cuanto a su política pública y ordenamiento respecto a la ciudadanía dual.

III. EL PUEBLO DE PUERTO RICO Y LA CIUDADANÍA AMERICANA

En 1898, por virtud de la Guerra Hispanoamericana y el Tratado de París,[215] España le cedió Filipinas, Puerto Rico y Guam a Estados Unidos, que formalizó así su dominio sobre dichos territorios. De república, Estados Unidos pasó a ser imperio. Su gobierno reaccionó dentro de las posibilidades y limitaciones que imponía un sistema constitucional y una tradición surgida de una

---

[213] El tema de si en este momento existe una ciudadanía puertorriqueña que coexista con la ciudadanía americana y cuyo contenido trascienda el mero vínculo domiciliario es uno que está más allá del ámbito de este trabajo, que se refiere a la ciudadanía «americana» de los puertorriqueños. El tema de la ciudadanía puertorriqueña ha sido objeto de una decisión del Tribunal Supremo de Puerto Rico. *Véase* Miriam J. Ramírez de Ferrer v Juan Mari Bras y Comisión Estatal de Elecciones, 144 D.P.R. 141, (1997).

[214] La Secretaria de Estado, Katherine Peterson, el 3 de junio de 1998, expidió una certificación donde revocaba la certificación de renuncia que el mismo Departamento había expedido en diciembre de 1995. Cuanto más tiene que hacer un ciudadano americano de Puerto Rico para renunciar a la ciudadanía y continuar viviendo en su patria rebasa la imaginación. Pero, de lo que no hay la menor duda es que, en cuanto a la ciudadanía americana de los puertorriqueños, las determinaciones, como analizaremos más adelante, se toman sobre bases políticas y no jurídicas. En el caso de Lozada, la Corte señaló que «en esencia, el reclamo del demandante al Secretario de Estado versa sobre la muy debatida cuestión política del status de Puerto Rico...». *Lozada Colón*, District Court for the District of Columbia, Civil Action No 97-183 1, April 23 1998.

[215] Tratado de París, 10 de diciembre de 1898, 30 Stats. 1754 (ratificado por el Senado, 6 de febrero de 1899; por el Presidente, 6 de febrero de 1899; proclamado, 11 de abril de 1899).

guerra por la independencia contra el imperio británico y de una guerra civil para salvar la unión que tuvo como consecuencia la emancipación de los esclavos. De ahí que intentó enfrentar los problemas de los habitantes de su nuevo imperio –o, por lo menos, de los habitantes de Puerto Rico– con similares parámetros jurídicos a los que había utilizado para enfrentar el problema de los negros dentro del cuerpo político de la república. Si dicho marco referencial, centrado en el concepto de la ciudadanía, había resultado útil para enfrentar jurídicamente el problema de los negros, ¿por qué no habría de resultar igualmente efectivo para enfrentar los problemas de los puertorriqueños?

La trayectoria de esa decisión tuvo diversas etapas en las que participaron la rama ejecutiva, la legislativa y la judicial.

Cuando las tropas de Estados Unidos ocuparon a Puerto Rico y Filipinas, por primera vez en la historia de su expansión territorial, esa nación extendía su dominio sobre pueblos asentados históricamente sobre sus propios territorios - islas o archipiélagos ambos–, no sobre pedazos de tierra o territorios vacíos o escasamente poblados por sociedades tribales que resultaron víctimas de una campaña genocida. Filipinas y Puerto Rico, aunque todavía colonias españolas por siglos, constituían nacionalidades plenamente formadas con historias más antiguas que las del propio Estados Unidos y con idioma y costumbres distintas de las de los recién llegados. Puerto Rico era un país latinoamericano de casi un millón de habitantes, densamente poblado, cuya historia estaba íntimamente ligada a la de los pueblos hispanoamericanos y en particular a la de Santo Domingo y a la de Cuba. Filipinas era un país asiático, a 7,000 millas de distancia de Estados Unidos, un archipiélago de 9 millones de habitantes cuya cultura, tradiciones e idioma eran radicalmente distintos y ajenos a los del pueblo de Estados Unidos. Si grande era la brecha cultural entre Estados Unidos y Puerto Rico, abismal era la que existía con Filipinas.

A partir del 1898, por lo tanto, el gobierno de Estados Unidos tenía bajo su dominio colonial al pueblo de Filipinas y al pueblo de Puerto Rico, y sobre la base de esa nueva realidad pudo haber desarrollado sin ambages una política coherente respecto a las recién adquiridas colonias. Ya fuera por racismo, por falta de previsión, por hipócrita respeto a su propia historia, porque lo juzgaba conveniente a sus intereses estratégicos o por una combinación de estas razones, Estados Unidos optó —particularmente en el caso de Puerto Rico- por el circunloquio y por hacer prevalecer su dominio detrás del concepto jurídico de ciudadanía.

El debate sobre la ciudadanía americana de los puertorriqueños

El debate para la aprobación en el Senado de Estados Unidos del Tratado de París de 1898 se da en el contexto de un más amplio debate entre imperialistas y antiimperialistas que permea toda esa época en Estados Unidos. El Tratado, a su vez, fue el primero relativo a la adquisición de territorios en la historia de ese país que no disponía para la concesión de la ciudadanía americana ni promesa alguna respecto a la estadidad para los territorios adquiridos.[216]

Ante la realidad insoslayable de que los pueblos de Filipinas y Puerto Rico enfrentaban a Estados Unidos a situaciones nunca antes conocidas en su historia, no era oportuno ni necesario para esa nación —negociando tras una aplastante victoria militar- comprometerse de inmediato a un determinado curso de acción. Por eso, el Tratado de París dejó a Estados Unidos en absoluta libertad para disponer sobre el futuro de los recién adquiridos territorios. No obstante, las necesidades estratégicas demandaban la adquisición de nuevos territorios aunque estuvieran habitados por otros pueblos, y esas necesidades imperiales se impusieron en el Senado sobre la tradición anticolonial cuando dicho cuerpo ratificó el Tratado por el mínimo de un voto sobre las 2/3 partes necesarias.[217]

Posteriormente, luego de la campaña electoral de 1900 que tuvo como tema central el imperialismo y en la cual resultó triunfante el presidente William Mckinley, que favorecía la expansión imperialista, llegó el tiempo de administrar los nuevos territorios.

---

[216] L. GETTYS, *THE LAW OF CITIZENSHIP IN THE U.S.* 144 (1934).

[217] Puerto Rico constituía una pieza clave para resguardar los accesos al futuro Canal de Panamá. Como señaló don Pedro Albizu Campos años después: «*Los Estados Unidos estaban interesados en la jaula, no en los pájaros*». Hawaii fue anexado también en el 1898. Véase Joint Resolution 55, 55th Cong. 26 Sess., 30 Stat. 750 (1898).

Fue entonces que, pasada la euforia de la post guerra, llegó el momento de los escrúpulos jurídicos, de los remilgos retóricos, el momento de hilar fino, aunque, claro está, para asegurar los mismos objetivos de control colonial plasmados en el Tratado de París. De eso se trató el Proyecto Foraker de 1900[218], que establecía un gobierno civil en Puerto Rico y disponía para la concesión de la ciudadanía americana a los puertorriqueños. Ése fue el primer capítulo en la prolongada odisea sobre la ciudadanía americana de los puertorriqueños.

Cuando el senador Foraker, poco después de presentar su proyecto, retiró la propuesta contenida en el mismo para el otorgamiento de la ciudadanía a los puertorriqueños, quedó evidenciado que no existía discordancia real entre el Tratado de París que no hacía referencia a la ciudadanía y el Proyecto Foraker. El propósito esencial de ambos era mantener los nuevos territorios bajo dominio colonial de Estados Unidos. La ciudadanía americana era un instrumento jurídico a utilizarse a discreción para el logro de ese objetivo primordial. Así lo demuestran los periódicos debates sobre varios proyectos para extender la ciudadanía a los puertorriqueños que se presentaron durante los próximos años en el Congreso[219], antes de que los puertorriqueños se convirtieran en ciudadanos por virtud de la Ley Jones de 1917.

El Senador Foraker, durante la discusión de su proyecto del 1900[220] (al igual que en años posteriores cuando se presentaron varios proyectos para extender la ciudadanía a los puertorriqueños) y como presidente de la Comisión del Senado para las Islas del Pacífico y Puerto Rico, con gran precisión y sin ambigüeda-

---

[218] S. 2264, 56th Cong., 15 Sess., 33 Cong. Rec. 702 (1990). La presentación del proyecto había sido precedida por el discurso del presidente McKinley al Congreso en diciembre de 1899, en el que recomendaba el libre comercio entre Puerto Rico y Estados Unidos, 33 Cong., Rec. 36 (1899).

[219] Para una discusión de los diversos proyectos presentados en el Congreso de Estados Unidos *véase* JOSÉ A. CABRANES, CITIZENSHIP AND THE AMERICAN EMPIRE. NOTES ON THE LEGISLATIVE HISTORY OF THE U.S. CITIZENSHIP OF PUERTO RICANS, NEW HAVEN; (Yale Univ. Press 1979). *Ver también* Raúl Serrano Geyls, *El Misterio de la Ciudadanía*, 40 REV. COL. ABOG. DE P.R.. 437 (1979).

[220] S. 2264, 56 th Cong.; 1st Sess. (1900). Ver 33 Cong. Rec. 1486 (1900).

des definió desde el inicio el significado, el alcance y la naturaleza de la ciudadanía que 17 años después habría de extenderse a los puertorriqueños.[221] Según Foraker, el objetivo de extender la ciudadanía a los puertorriqueños era «reconocer que Puerto Rico pertenece a Estados Unidos"»[222] La razón para utilizar el término «ciudadanos» era la siguiente: «. . . los habitantes de esa isla (Puerto Rico) tienen que ser ciudadanos o súbditos o extranjeros. Nosotros no queremos tratar a los nuestros como extranjeros. Por lo tanto, adoptamos el término 'ciudadanos'. Al adoptar el término 'ciudadanos' no entendíamos, sin embargo, que le estábamos dando a esa gente *(those people)* derechos que el pueblo americano no quiere que ellos tengan. 'Ciudadanos' es una palabra que indica, de acuerdo con la obra de Story sobre la Constitución de Estados Unidos, fidelidad de un lado y protección del otro».[223]

Más aún, cuando en el proyecto se usaba el término «ciudadano», se usaba «en sentido político», era un término «sin importancia» que sólo significaba «una persona que le debe lealtad al gobierno y tiene derecho a protección del mismo».[224] Por eso, la concesión de la ciudadanía a Puerto Rico no tenía que ver, según Foraker, con los derechos individuales bajo la Constitución y «no le confería el derecho a votar o a participar en el gobierno a nadie».[225] Remató su tesis, aseverando que la Constitución y el Tratado de París le conferían al Congreso «el poder plenario para hacer en este caso lo que el Congreso juzgue conveniente».[226]

Las pautas y premisas que sentó Foraker durante la consideración de su primer proyecto en el 1900 se convirtieron en el canon sobre la materia y orientaron las discusiones sobre la ciudadanía que habrían de efectuarse en el Congreso de ahí en adelante, incluyendo las que antecedieron inmediatamente a la aprobación de la Ley Jones del 1917. De ahí que Muñoz Rivera, representante de

---

[221] Su razonamiento -como veremos más adelante- fue confirmado posteriormente por el Tribunal Supremo de Estados Unidos., Balzac v. Porto Rico 258 U.S. 298 (1922).
[222] 33 Cong. Rec. 2473 (statement of Sen. Foraker).
[223] *Id.* 2473.
[224] *Id.* 2474.
[225] *Id.* 2474.
[226] *Id.* 2475.

Puerto Rico ante Estados Unidos y líder del partido mayoritario en la isla, comprendiendo con gran claridad la naturaleza de la ciudadanía que se pretendía extender a los puertorriqueños, expresó en el 1914 ante el Comité de Asuntos Interiores del Congreso: «...si no podemos convertirnos en uno de sus estados; si no podemos constituir nuestro propio país, entonces tendremos que ser perpetuamente una colonia, una dependencia de Estados Unidos. ¿Es ése el tipo de ciudadanía que nos ofrecen? Entonces, ésa es la ciudadanía que rechazamos".[227]

En resumen, la ciudadanía que se le extendió[228] colectivamente a los puertorriqueños era una «ciudadanía *sui generis*»; como la llamó Muñoz Rivera «una ciudadanía de un orden inferior, una ciudadanía de segunda clase» *("a citizenship of the second class")*[229], para hacer claro que «Puerto Rico pertenece a Estados Unidos»; o como la tildó, más mordaz, Matienzo Cintrón, «la ciudadanía de los ukeleles y pendangas de países no contiguos que no hablan inglés».[230]

---

[227] A Civil Government for Porto Rico: Hearings before the Sen-ate Committee on Pacific Islands and Porto Rico, 63th Cong., 2d Sess. 54 (1914).

[228] La palabra correcta es imponer. Véase pág. 34-35 *infra*. Jones Act (Puerto Rico) Ch. 145 §35, 39 Stat. 951 (1917).

[229] 55 Cong. Rec. 7472 (15 de mayo de 1916).

[230] *Véase* 1 Luis M. Díaz Soler, *Rosendo Matienzo Cintrón: Mentor y Guardián de una Cultura*,. 501 (Ediciones del Instituto de Literatura Puertorriqueña, UPR 1960). Refiriéndose a la ciudadanía americana de los puertorriqueños, también dijo Matienzo: "La toga viril, al caer sobre la espalda del enclenque pendanga, se convierte, en el acto, en pobre túnica de esclavo...".

Es interesante que, aunque Muñoz Rivera y Matienzo Cintrón («padre» del Partido Unión de Puerto Rico según Díaz Soler, presidente de la Cámara de Delegados) fueron adversarios encarnizados, particularmente durante la última parte de sus vidas, coincidían en cuanto a la naturaleza de la ciudadanía americana de los puertorriqueños. Decía Matienzo de Muñoz Rivera, que era de los que llegaban «cuando las ollas están en llameante hogar y hay humillos de esperanza por la cumblera de la cocina política» y que le era fácil «convertir una idea en lechón asado y una bandera, por sagrada que fuese, en servilleta». *Id* en la pág. 497- 498.

Y refiriéndose al Partido Unión bajo el liderato de Muñoz Rivera, decía que, «algunas creaciones proteicas de la política intentan colindar con todas las posiciones, formar parte de todos los apetitos y estar metidos en todas y cada una de las combinaciones que tengan por ideal supremo la guagua... Estos políticos lo son todo. Los pobres, han tenido la paciencia de hacer la prueba de medirse la boca y han concluido de su estudio que, cualquiera que sea su tamaño, el biberón les cabe perfectamente". *Id*. En la pág. 524.

Puerto Rico, Filipinas y la geopolítica

Finalmente, para entender plenamente la naturaleza de la ciudadanía americana que se extendió a los puertorriqueños y las razones de fondo para esa decisión, es necesario recordar que la misma estuvo inextricablemente unida a la decisión sobre el futuro de las Filipinas, ya que se temía que Puerto Rico sirviera como precedente para extender la ciudadanía a ese país.[231] Tan fuerte era la objeción a convertir a los filipinos en ciudadanos americanos que, una semana después de aprobar el Tratado de París, el Senado aprobó una resolución en la que declarabaque no era su intención «incorporar a los habitantes de las Islas Filipinas a la ciudadanía de Estados Unidos ni anexar permanentemente a dichas islas como parte integral del territorio de Estados Unidos".[232] Filipinas era un bocado demasiado grande para tragar.

Aunque el objetivo de Estados Unidos era el mismo en ambos países - mantener el control colonial - las formas y maneras para lograrlo serían distintas. Por eso, como se ha señalado, el Senador Foraker, temeroso de que la concesión de la ciudadanía a los puertorriqueños abortara su proyecto de un gobierno civil para Puerto Rico, retiró de su proyecto original la propuesta de ciudadanía.

No debe extrañar, pues, que la ciudadanía se extendió a Puerto Rico sólo después de que una ley de 1916, conocida también como Ley Jones,[233] resolvió mantener a Filipinas bajo dominio colonial pero con la promesa de una eventual independencia y, por supuesto, sin extenderle la ciudadanía a los filipinos. Una vez resuelto el

---

[231] Además de lo señalado en páginas anteriores, para Estados Unidos, Filipinas y Puerto Rico representaban problemas radicalmente distintos, por razón también de sus diversas historias de lucha por la independencia. En este contexto debe también señalarse que los esfuerzos ante el Congreso de los propios impulsores del colonialismo para hacer creer que Puerto Rico, contrario a las Filipinas era un país blanco, son patéticos y merecen un estudio de por sí. Baste recordar que en un informe del Senado del 1913 se describía a la población de Puerto Rico como compuesta por 2/3 de blancos de origen español. Véase S. Res 1300, 62d Cong. 3d Sess 2 (1913).

[232] S.J. Res. 240, 55th Cong. 3d Sess. 32 Cong. Rec. 1846 (1899).

[233] Jones Act (Philippine Islands), 39 Stat 545 (1916).

problema de Filipinas, el Congreso decidió enfrentarse al problema del destino de Puerto Rico.

Prevaleció entonces, respecto a Puerto Rico, la razón de carácter geopolítico y militar que había orientado la política de Estados Unidos desde antes de la invasión: hacer de la isla una colonia permanente. Ese propósito se pretendió lograr mediante la imposición colectiva de la ciudadanía en el 1917. La Ley Jones, al disponer para la extensión de la ciudadanía, prácticamente imposibilitaba la opción de no aceptarla -es decir, la imponía- pues excluía de la vida política puertorriqueña a los que la rechazaran, pues, con posterioridad a la ley, sólo los ciudadanos de Estados Unidos tendrían derecho a obtener cargos públicos y a ejercer el voto.[234]

La situación reinante en aquella época dio margen a dicha imposición. En Puerto Rico, ya para finales de la primera década de dominio norteamericano, había comenzado a ampliarse el apoyo a la independencia. En el 1912 se había fundado el primer Partido de la Independencia de Puerto Rico.[235] El programa del partido mayoritario de Puerto Rico, el Partido Unión, postuló en el 1913 la independencia como la aspiración final de esa colectividad.[236] La Cámara de Delegados de Puerto Rico rechazó en el 1914 la

---

[234] Jones Act (Puerto Rico), 39 Stat. 951 (1917). Si se considera, además, que los puertorriqueños tenían un año para expresar oficial e individualmente su no aceptación, es lógico el número limitado de personas que se acogieron a dicho procedimiento.

[235] El 8 de febrero de 1912 se fundó el Partido de la Independencia de Puerto Rico por Rosendo Matienzo Cintrón, Luis Lloréns Torres, Manuel Zeno Gandía, el Dr. Pedro Franceschi, entre otros. Fue seleccionado presidente, Eugenio Benítez Castaño. *Véase* 1 BOLÍVAR PAGÁN, *HISTORIA DE LOS PARTIDOS POLÍTICOS*, 146-147 (Librería Campos, San Juan 1959).

[236] *Id.* en las págs. 156-59. El 22 de noviembre de 1913, el Partido Unión de Puerto Rico incluyó en su Programa la sección 2 que estipulaba: «Declaramos que el ideal supremo de la Unión, como el de todas las colectividades fuertes y como el de todos los hombres dignos, a través del mundo, es la fundación de una patria libre, dueña en absoluto de su propia soberanía para el presente y para el futuro. Dentro de esta finalidad, la Unión de Puerto Rico proclama la Constitución de Puerto Rico como una república por completo independiente, o con el protectorado y la amistad de la república angloamericana». Este planteamiento se ratificó posteriormente en Asamblea del 5 al 6 de septiembre de 1914. Ver Bolívar Pagán, Historia de los Partidos Políticos.

ciudadanía de Estados Unidos y así se lo comunicó al Congreso mediante un memorial introducido en el récord del Congreso.[237] Todas éstas eran señales preocupantes para los líderes de un país interesado en mantener su dominio colonial sobre Puerto Rico. Más aún, esto ocurriría cuando era patente el interés de Alemania por obtener una base en el Caribe (no fue casual que Estados Unidos le comprara a Dinamarca las Islas Vírgenes en el 1916) y ya estaba en curso la Primera Guerra Mundial, en la cual muy pronto intervendría Estados Unidos.

En ese contexto histórico, Estados Unidos decide enviarle un mensaje inequívoco a sus enemigos. Prueba de ello es que el informe del 1914 del Comité de Asuntos Insulares presidido por el representante Jones, autor del proyecto para extender la ciudadanía y el cual fue aprobado por unanimidad,[238] estaba «construido sobre la idea de que Puerto Rico permaneciera como una posesión permanente de Estados Unidos».., y para «resolver esta cuestión y, por lo tanto, para sacarla de la política puertorriqueña».[239] Pero, Jones fue más allá y argumentó que, si los puertorriqueños permanecieran siendo, como lo disponía la Ley Foraker, «ciudadanos de Puerto Rico»,[240] esto los podría inducir a creer que «Estados Unidos no ha determinado el futuro status político de los puertorri-

---

[237] 51 Cong. Rec. App. 358 (1914). *Véase además* 2 JOSÉ DE DIEGO, OBRAS COMPLETAS 244 (, Instituto de Cultura Puertorriqueña, San Juan 1966). En su parte culminante, el memorial del 12 de marzo del 1914 lee:

«Si hubiera una ciudadanía del cielo, con derecho a la eterna venturanza y se nos ofreciera a cambio de la nuestra, vacilaríamos para aceptarla y en ningún caso la aceptaríamos hasta después de muertos».

[238] Ya anteriormente, en el 1911, el Secretario de Guerra, Henry Stimson, en su informe anual al Congreso, hizo constar que: «La conexión entre Puerto Rico y Estados Unidos es permanente y ha sido considerada desde el principio como permanente». Esto, después de señalar que en el caso de Puerto Rico la idea de ciudadanía debe estar «totalmente desasociada de cualquier pensamiento sobre la estadidad». Informe Anual al Congreso del Secretario de Guerra, H.R. No 341-62 Cong. 2d Sess. (1912).

[239] A Civil Government for Porto Rico: Hearings on H.R. 13818, Before the House Comm. on Insular Affairs, 63d Cong; 2nd Sess. 5 (1914), pág. 58.

[240] LEIBOWITZ, *supra* nota 12, y notas 64 y 65 y Alberto O. Lozada Colón v. Department of State et. al., Distrtct Court for the District of Columbia, Civil Action No 97-183 1, April 23 1998.

queños y, por lo tanto, estarían en libertad de echar hacia delante y clamar por la independencia».[241]

Para confirmar lo evidente, el gobernador de Puerto Rico, Arthur Yager, dijo en el 1916 ante el Comité de Asuntos Insulares de la Cámara: «Puerto Rico, de otro lado, (es decir, contrario a las Filipinas) siempre será parte de Estados Unidos, y el hecho de que nosotros, ahora, después de estos años, los hagamos ciudadanos de Estados Unidos simplemente significa, según lo entiendo, que prácticamente hemos determinado que la bandera americana nunca será arriada en Puerto Rico».[242]

La jurisprudencia y la ciudadanía americana en Puerto Rico

El caso de la adquisición de Puerto Rico y la imposición de la ciudadanía a sus habitantes es un ejemplo claro de la simbiosis que existe entre el Ejecutivo, el Legislativo y la Rama Judicial, cuando se trata de impulsar los grandes asuntos de política pública en Estados Unidos.

Ya se ha analizado el rol que cumplió en ese proceso la Rama Legislativa. El presidente McKinley, por su parte, no sólo había promovido y llevado a feliz término la Guerra Hispanoamericana, sino que, luego de ella, nombró una comisión que recomendó en el 1899 respecto a Puerto Rico un tratamiento similar al que se le había dado a todos los otros territorios adquiridos con anterioridad a esa fecha.[243] Implícita en su recomendación estaba la anexión de la Isla y su incorporación como una parte integral de Estados Unidos.

La Rama Judicial no se quedó atrás, y es difícil determinar si, luego del 1900, ésta o las ramas políticas desempeñaron el rol imperial con mayor entusiasmo.

---

[241] HEARINGS ON H.R. 13818 PÁG. 13.
[242] A Civil Government for Porto Rico: Hearings before the House Comm. on Insular Affairs, 64th Cong. 1st Sess. 7.
[243] HENRY K. CARROLL, REPORT ON THE ISLAND OF PORTO RICO, SPECIAL VOMMISSIONER FOR THE U.S. TO PORTO RICO 59-61 (US Government Printing Office Washington 1899).

Poco después del triunfo de McKinley en las elecciones de 1900, la Corte Suprema de Estados Unidos, en una serie de decisiones conocida como los Casos Insulares[244], habría de darle la bendición constitucional, el imprimátur jurídico, a la aventura imperial de Estados Unidos y a la adquisición de nuevos territorios. Dichos casos han sido analizados extensamente[245] y baste señalar sólo lo indispensable para propósitos del presente estudio.

La Corte dictaminó, al analizar la constitucionalidad de la Ley Foraker del 1900 referente a Puerto Rico, que el poder del Congreso para tratar los territorios adquiridos de España era distinto del poder que tenía sobre los «territorios incorporados» que habían

---

[244] De Lima v. Bidwell 182 U.S. 1 (1901); Dooley v. U.S. 182 U.S. 222 (1901); Armstrong v. U.S. 182 U.S. 243 (1901); Downes v. Bidwell 182 U.S. 244 (1901).

[245] La doctrina de los Casos Insulares se ha discutido abarcadoramente en un sinnúmero de publicaciones, entre las que resaltan los siguientes: Raúl Serrano Geyls, The Territorial Status of Puerto Rico and Its Effects on the Political Future of the Island, XI REV. JUR. U.I.P.R. 385 (1977); JUAN A. TORRUELLA, THE SUPREME COURT AND PUERTO RICO: THE DOCTRINE OF SEPARATE AND UNEQUAL 40-100 (1985); JOSÉ TRÍAS MONGE, HISTORIA CONSTITUCIONAL DE PUERTO RICO 235-272 (1980); Carlos L. Gorrín Peralta, Historical Analysis of the Insular Cases: Colonial Constitutionalism Revisited, 56 REV. COL. ABO. PUERTO RICO 31 (1995); Jaime B. Fuster, The Origins of the Doctrine of Territorial Incorporation and Its Implications Regarding the Power of the Commonwealth of Puerto Rico to Regulate Interstate Commerce, XLIII REV. JUR. U.P.R. 259 (1974); EFRÉN RIVERA RAMOS, THE LEGAL CONSTRUCTION OF IDENTITY (2001); CHRISTINA DUFFY BURNETT AND BURKE MARSHALL, FOREIGN IN A DOMESTIC SENSE: PUERTO RICO, AMERICAN EXPANSION, AND THE CONSTITUTION (Duke University Press 2001); United States: American Expansion and Territorial Deannexation (2005), citado este último con aprobación por la Corte Suprema de Estados Unidos en el caso de Boumediene v. Bush, 128 S. Ct. 2229 (2008).

existido hasta entonces,[246] determinando (aunque, técnicamente, estaba tratando un problema de aranceles) que Estados Unidos podía poseer colonias indefinidamente. Más adelante añadió que «el poder para adquirir territorios por tratado implica, no sólo el poder de gobernar dichos territorios, pero también para prescribir los términos según los cuales Estados Unidos recibirá a sus habitantes y cuál será su futuro status».[247] Sostuvo, además, la Corte que la noción popular que sostenía que la Constitución «seguía a la bandera» no constituía un mandato constitucional y no tenía apoyo alguno en la propia Constitución.[248]

La línea imperialista había triunfado también en el Tribunal Supremo. Las premisas en las que se fundamentó la Corte prevalecen hasta hoy. En última instancia, tienen que ver con el significado del término «Estados Unidos» en la Constitución de ese país. De acuerdo con la Corte, luego de la cesión de la isla a Estados Unidos por virtud del Tratado de París, ya Puerto Rico no era un país «extranjero»[249] y sí un «territorio de Estados Unidos»,[250] un territorio que «... pertenece a pero no es parte de Estados Unidos...».[251]

---

[246] No fue la Corte quien inicialmente propuso el concepto de territorio no incorporado. Ya a finales de la década del 1890, en una serie de artículos publicados en las revistas jurídicas de las universidades de Yale y Harvard, prominentes juristas debatieron lo relacionado con el futuro de los nuevos territorios y se sugirió formalmente lo que habría de convertirse en ley: que un territorio podría ser adquirido por Estados Unidos sin ser «incorporado» al cuerpo político de esa nación. Véase Lowell, The Status of our New Possessions -A Third View, 13 HARV. L. REV. 155, (1899).

El Congreso legisló el concepto, al aprobar la Ley Foraker con un tributo especial para productos importados desde Puerto Rico, confirmando la teoría de que la Constitución (cláusula de uniformidad tributaria) no era de aplicación a Puerto Rico. La Corte validó la acción congresional, adoptando la idea de que, por ser territorio no incorporado, la Constitución no era aplicable a Puerto Rico ex propio vigore. Downes v. Bidwell, 182 U.S. 244 (1901).

[247] *Downes* 182 U.S. at 287.
[248] *Downes* 182 U.S. at 287.
[249] De Lima v. Bidwell 182 U.S. 1, 200 (1901).
[250] *De Lima* 182 U.S. at 196
[251] *Downes* 182 U.S. at 287.

La Corte habló con claridad. Puerto Rico no era parte del pueblo de Estados Unidos -eso era evidente- pero pertenecía a Estados Unidos indefinidamente como un territorio no incorporado o que no estaba destinado a la estadidad. Llana y simplemente -aunque en términos no utilizados ni en la Constitución ni en las decisiones del Tribunal Supremo del primer país anticolonial de las Américas- Puerto Rico era una colonia de Estados Unidos.

Dos décadas más tarde, en el 1922, en el importantísimo caso de Balzac v. Porto Rico,[252] la Corte Suprema, por voz de su Juez Presidente Taft, confirmó la doctrina de los Casos Insulares y determinó que el status constitucional de Puerto Rico permaneció inalterado luego de la imposición colectiva de la ciudadanía a los puertorriqueños en el 1917, doctrina que rige hasta el presente.[253]

Según Balzac, ya que Puerto Rico no había sido incorporado a Estados Unidos por virtud de la extensión de la ciudadanía a los

---

[252] Balzac v. Porto Rico 258 U.S. 298 (1924).

[253] *Balzac* 258 U.S. at 309. Muy recientemente, la Corte Suprema de Estados Unidos ha reiterado la doctrina constitucional reconocida en los Casos Insulares. En Boumediene v Bush, 128 S.Ct. 2229 (2008), la Corte tenía que resolver si los llamados «combatientes enemigos» que el gobierno de EE.UU. ha mantenido encarcelados en la base naval de Guantánamo, Cuba, desde hace años, tenían derecho al recurso de hábeas corpus. Para ello era necesario determinar si la cláusula constitucional que garantiza el hábeas corpus, Art. 1, Sección 9, cláusula 2, de la Constitución es invocable en Guantánamo, a pesar de que dicho enclave militar, si bien se encuentra bajo control absoluto de las fuerzas armadas, no es parte de EE.UU. Para resolver que los detenidos en Guantánamo sí tienen derecho a hábeas corpus, la Corte recurrió a la «doctrina centenaria» (*century-old doctrine*) de los casos insulares. En aquellos lugares del extranjero en que el gobierno de EE.UU. ejerce control absoluto, las acciones del gobierno están limitadas por aquellas disposiciones constitucionales que garantizan derechos personales fundamentales. La corte descarta el argumento que había ofrecido el gobierno para justificar la negación del recurso de hábeas corpus porque se basaba en una interpretación formalista de un caso -Johnson v. Eisentrager, 339 U.S. 763 (*1950*). "If the Government's reading of Eisentrager were correct, the opinion would have marked not only a change in, but a complete repudiation of, the Insular Cases'... functional approach to questions of extraterritoriality. We cannot accept the Government's view". Prevalece, pues, hasta el día de hoy la doctrina que constitucionalizó el colonialismo bajo la racionalización de que, al menos, sus víctimas tienen la protección de los derechos fundamentales que garantiza la Constitución.

puertorriqueños, éstos sólo podrían reclamar los derechos «fundamentales» garantizados por la Constitución de Estados Unidos. Se cumplían en la práctica las palabras de Muñoz Rivera. La ciudadanía de los puertorriqueños era una ciudadanía de segunda clase, hecha a la medida para los habitantes de un pueblo exótico que no era parte del pueblo de Estados Unidos. Dicho en otros términos, según la Corte Suprema, la estadidad (o, más correctamente, el territorio incorporado, que es la estadidad para mañana) se hizo para el pueblo americano, no para pueblos latinoamericanos, aunque los habitantes de ese pueblo sean ciudadanos de Estados Unidos o vivan en un territorio que pertenece a ese país. A menos que, como dictaminó Balzac, se mudaran a uno de los estados,[254] en cuyo caso como individuos y no como pueblo latinoamericano podrían convertirse en ciudadanos americanos de «primera clase», como lo hacen todos los otros inmigrantes.[255]

¡Nadie más representativo ni más autorizado para emitir la decisión de la Corte que el entonces Juez Presidente![256] Taft había sido gobernador de Filipinas y Presidente de Estados Unidos, antes de ser Presidente del Tribunal Supremo, y su decisión resumió paradigmáticamente la doctrina, no solamente jurídica, sino social y política sobre los nuevos territorios. En el caso de Puerto Rico se trataba sencillamente de un pueblo distinto —en esto se extiende detalladamente la Corte- del de Estados Unidos. La ciudadanía constituía un instrumento para garantizar el poder colonial norteamericano sobre el territorio. La extensión de la ciudadanía a las Islas Vírgenes en 1927,[257] Guam en el 1950[258] y las Marianas del Norte en 1976,[259] no hizo más que confirmar esa tesis.

---

[254] *Balzac* 258 U.S. at 308.
[255] Oficialmente, en relación con su política interna, con excepción de las tribus indias, Estados Unidos reconoce a individuos, a personas, no a pueblos. Repetimos, Estados Unidos ni es ni ha pretendido ser un estado multinacional.
[256] Esta decisión del juez Taft merece de por sí un estudio aparte, pues, rara vez en la historia constitucional de Estados Unidos, un juez tan representativo del orden prevaleciente fue tan claro y específico al hablarde un asunto de tanta importancia.
[257] *Véase* LEIBOWITZ, *supra* nota 12 en la pág. 254.
[258] *Véase* LEIBOWITZ, *supra* nota 12 en la pág. 329.
[259] *Véase* LEIBOWITZ, *supra* nota 12 en la pág. 558.

En resumen, la ciudadanía de Estados Unidos, además de su acepción general para referirse a los ciudadanos de los estados miembros de la unión de Estados Unidos de América, ha sido en la historia de ese país un concepto utilizado como instrumento jurídico para significar el dominio de ese país sobre gente claramente diferenciada del resto del pueblo de Estados Unidos. Se trata de una relación que exige la obligación de fidelidad de ese grupo de personas a Estados Unidos, a cambio de protección. Así se usó el término en el caso de los negros luego de la emancipación -y hasta bien entrado el siglo 20- quienes, en la práctica, en los estados del sur, no podían ejercer efectivamente el derecho al voto ni otros derechos garantizados por la Constitución. También ése ha sido el caso de los puertorriqueños, a menos que se muden a Estados Unidos. Esto, a pesar de que la diferencia entre ambos casos era evidente -una minoría, desarraigada de su lugar de origen, dispersa dentro del cuerpo político de Estados Unidos y potencialmente propensa a la asimilación con el paso del tiempo, en contraste con una nación ocupada en su propio territorio, enclavado en el corazón del Caribe y parte integral de América Latina.

Las implicaciones o consecuencias que tendrá ese instrumento jurídico, esa ciudadanía *sui generis* o de segunda clase, para las futuras relaciones entre Estados Unidos y Puerto Rico está por verse, pero, no cabe la menor duda de que será un factor de importancia al momento de tomar cualquier determinación sobre el futuro *status* de la isla. Confío que la desmitificación del concepto de la ciudadanía americana de los puertorriqueños sirva para clarificar ese futuro al que dedicaré la última parte de este trabajo. Pero, antes es necesario analizar el caso de México y la nacionalidad dual.

IV. MÉXICO Y LA NACIONALIDAD DUAL

Al igual que Estados Unidos, otros países han ido desarrollando sus propias doctrinas de nacionalidad dual, respondiendo a sus propias realidades e intereses. El caso de México, y específicamente la enmienda de finales de siglo 20 a su ordenamiento jurídico y constitucional[260] conocida como la Enmienda de Nacionalidad Dual, es una particularmente relevante para este estudio. Debido al gran número de mexicanos residentes en Estados Unidos, dicha enmienda podría afectar la actitud de ese país respecto a la nacionalidad dual. También podría incidir en la futura relación entre Estados Unidos y Puerto Rico, lo que analizaremos en la última parte de este escrito.

La Constitución Mexicana vigente distingue claramente entre nacionalidad y ciudadanía. La nacionalidad mexicana puede adquirirse por nacimiento en el territorio de la república -por *ius solis*- o por nacimiento en el extranjero de padre o madre mejicana,

---

[260] La Constitución Mexicana tiene un tracto extenso en materia de nacionalidad. Originalmente, la Constitución del 1857 consideraba, en su Sección II, Art. 30, como mexicanos a todos los nacidos de padres mexicanos dentro o fuera del territorio de la república y a los extranjeros que se naturalizaran conforme a las leyes nacionales. *Véase* RICHARD W. FLOURNOY & MANLEY O. HUDSON, A COLLECTION OF NATIONALITY LAWS OF VARIOUS COUNTRIES, 426 (Oxford University Press, 1929).

La Constitución de 1917 cambió muy poco en lo relativo a la nacionalidad. Disponía, sin embargo, que los hijos de mexicanos nacidos en el extranjero tenían que optar por la nacionalidad mexicana para poder mantenerla. Le imponía, además, requisitos de elección a los nacidos en México de padres extranjeros.

Posteriormente fue enmendada para simplificar el Art. 30 referente a materia de nacionalidad.

La ola de nacionalismo, y contraria a la ciudadanía dual previa y posterior a la Segunda Guerra Mundial, tuvo como consecuencia las enmiendas de 1939 y 1944 al Decreto de 1934 que especificaba las causas para la pérdida de la nacionalidad, incluida la de adquisición de una nacionalidad extranjera; específicamente el art. 3 (1) del Decreto de Nacionalidad del 18 de enero del 1934, en U.N. Legal Dep't Laws Concerning Nationality, 307, U.N. Doc St/LEG/SER.B/4 (Secretariat of the U.N., 1954).

Debe señalarse, además, que por, virtud del Tratado de Montevideo de 1933, 19 países de América Latina, incluido México, rechazaban cualquier forma de nacionalidad dual. *Véase* Pacto de Montevideo de 26 de diciembre de 1933; 49 Stat. 3097; 165 L.N.T.S 19.

es decir, por *ius sanguinis*.[261] Además, puede adquirirse por naturalización.[262]

De otra parte, la Constitución define como ciudadanos a aquellos de nacionalidad mexicana que hayan cumplido 18 años y tengan un «modo honesto de vivir».[263] Además les impone obligaciones[264] y les otorga ciertos derechos, como el de votar en las elecciones y postularse para todos los cargos de elección popular.[265]

Por último, la Constitución Mexicana disponía en su Art. 37 para la pérdida de la nacionalidad, y por ende de la ciudadanía, por razón de la naturalización en un país extranjero. Más aún, la Constitución Mexicana prohíbe a los extranjeros ser propietarios de tierras dentro de los 100 kilómetros de sus fronteras ó 50 kilómetros de sus costas. También limita la capacidad de los extranjeros en cuanto al por ciento de acciones que pueden tener en ciertos negocios, entre otras restricciones.[266]

---

[261] Constitución Política de los Estados Unidos Mexicanos, *según enmendada*, Diario Oficial de la Federación, Título Primero, Capítulo II De los Mexicanos, Art. 30. La distinción entre nacionalidad como el vínculo que une a una persona con un Estado y la ciudadanía como el derecho que tienen los nacionales para intervenir en los negocios públicos y de ser electos y elegidos también se establecen en las constituciones de diversas naciones. *Véase* discusión en pág. 6, *supra*.

[262] CONST. MEX. Capítulo II Art. 30 (b). Dispone que serán mexicanos naturalizados los extranjeros que obtengan carta de naturalización de la Secretaría de Estado y los extranjeros, varón o mujer, que contraigan matrimonio con un mexicano o mexicana, establezcan su domicilio en el territorio nacional y cumplan con otros requisitos de ley.

[263] CONST. MEX. Tit. I, Cap. IV, Art. 34.

[264] Los ciudadanos tienen que inscribirse en el padrón municipal, manifestando la propiedad que tienen o la industria o el trabajo del cual viven y alistarse en la guardia nacional, entre otros. CONST. MEX. Tit. I, Cap. IV, ART. 16.

[265] Otras prerrogativas del ciudadano son poder ser nombrado para cualquier empleo público o comisiones, asociarse para poder tratar asuntos políticos, tomar las armas en el ejército para la defensa de la república y ejercer el derecho de petición. CONST. MEX. Tit. I, Cap. IV, ART. 35.

[266] CONST. MEX. Título I, Cap. I, Art. 27.

Es dentro de ese contexto jurídico que debe analizarse la enmienda a la Constitución Mexicana,[267] que entró en vigor en 1998, la llamada enmienda de nacionalidad dual que dispuso para que se pueda conservar la nacionalidad mexicana aunque se pierda la ciudadanía por razón de naturalización en un país extranjero.[268]

---

[267] En marzo de 1997, tres meses después de que el Parlamento Mexicano aprobara las enmiendas sobre la doble nacionalidad, México se retiró del Tratado de Montevideo de 1933 que prohibía la doble nacionalidad.

[268] Esta enmienda guarda similitud con la disposición constitucional que permite a los nacionales dominicanos obtener una nacionalidad extranjera. Los nacionales de la República Dominicana que se hayan naturalizado en otros países conservan derechos políticos en su país de origen.

«La adquisición de otra nacionalidad no implica la pérdida de la nacionalidad dominicana.» *Véase* CONST. REP. DOM. Título III §I art. 11 ¶ I y ¶IV.

La Sección II del mismo título habla sobre la ciudadanía: «Son ciudadanos todos los dominicanos de uno y otro sexo que hayan cumplido 18 años de edad y los que sean o hubieran sido casados, aunque no hayan cumplido esa edad." En su artículo 13, de esta misma sección, menciona los derechos de los ciudadanos dominicanos: «1)votar con arreglo a la ley para elegir los funcionarios a que se refiere el artículo 90 de la Constitución; y 2) ser elegibles para ejercer los mismos cargos a que se refiere el párrafo anterior.» Según este artículo, los ciudadanos dominicanos pueden elegir y ser elegidos para ocupar puestos de presidente, vicepresidente, senadores, diputados, regidores de ayuntamiento y sus suplentes, síndico del Distrito Nacional y síndicos municipales y sus suplentes, así como cualquier otra función que se determine por ley.

La Ley Electoral dominicana establece que los dominicanos residentes en el extranjero pueden ejercer el derecho al sufragio para elegir el presidente y el vicepresidente de la República Dominicana. Esta Ley permite que los emigrantes y los dominicanos que se naturalizaron como ciudadanos en los Estados Unidos puedan ejercer el derecho al voto en las elecciones presidenciales de la República. Véase Ley Electoral de la República Dominicana, Ley núm. 275-97, Título IX, Art. 82. En las elecciones del 2004, por primera vez, los dominicanos que residen en el extranjero pudieron ejercer el derecho al voto en ciudades como Caracas, San Juan, Madrid y New Jersey.

Por otro lado, los dominicanos residentes en los Estados Unidos sólo pueden votar en las elecciones de ese país si se han naturalizado, es decir, si se convirtieron en ciudadanos americanos. Esto no significa -a tenor con lo explicado anteriormente- que hayan perdido sus derechos políticos en la República Dominicana.

Pero dicha enmienda no puede comprenderse a cabalidad, si no analizamos las razones económicas y políticas que dieron margen a la misma.

Trasfondo de la Enmienda de Nacionalidad Dual

No es de extrañar que, a la luz de su historia[269], haya primado en México hasta finales del siglo 20 una actitud exclusivista respecto a la nacionalidad. El interés de México en mantener el mayor control posible sobre sus recursos - incluido el humano- y de evitar a toda costa los reclamos e intervenciones del extranjero así lo demandaban. Sólo muy poderosas razones podrían explicar la nueva enmienda de nacionalidad dual a la Constitución en un país de larga estirpe nacionalista como México.

La razón más importante fue una de carácter económico. Durante décadas, la extensa frontera de miles de kilómetros entre Estados Unidos y México ha sido, para usar un término en boga, una frontera porosa y las prohibiciones al libre tránsito entre ambos países son violadas constante y frecuentemente. La necesidad de mano de obra barata de la economía de Estados Unidos ha constituido el imán detrás del constante influjo a ese país de trabajadores mexicanos, particularmente en tiempos económicos

---

[269] Lo que algunos observadores superficiales podrían considerar como un exagerado nacionalismo prevaleciente en México es una consecuencia lógica no sólo de su lucha por la independencia de las primeras décadas del siglo 19, sino de su historia posterior. Durante el curso del siglo 19, primero la expoliación para mediados de siglo de la mitad de su territorio por parte de Estados Unidos (incluida a California, Texas, Arizona, Nuevo México, Nevada y Colorado), y posteriormente la invasión francesa y el gobierno del Emperador Maximiliano fueron creando en el pueblo mexicano una actitud defensiva y antiextranjera. Durante el siglo 20, comenzando en el 1910, la Primera Revolución Social del siglo y la consecuente Reforma Agraria -además de la incursión de Pershing- en una época cuando muchos extranjeros, particularmente norteamericanos, eran dueños de la tierra a través de múltiples subterfugios, se fueron solidificando las actitudes originadas en el siglo 19. Ese proceso llegó a su cúspide en la década de 1930 con la expropiación del petróleo, previo a la Segunda Guerra Mundial cuando, como ya hemos señalado, el sentido exclusivista de los mexicanos encontró también expresión en su ordenamiento jurídico respecto a sus leyes de nacionalidad.

difíciles. Como consecuencia, ya para finales del siglo 20, millones de trabajadores mexicanos residían legalmente en Estados Unidos y millones adicionales lo hacían ilegalmente.[270] El 70% de los inmigrantes que llegaron a Estados Unidos después del 1980 son mexicanos. En la década del 1990 lo hicieron a un ritmo de medio millón por año.

Mientras la relativa prosperidad de la postguerra prevaleció, el acuerdo escrito y no escrito entre México y Estados Unidos respecto al flujo de inmigrantes mexicanos mantuvo su vigencia. Pero, ya para la última década del siglo 20 las condiciones económicas en ambos países que hacían posibles dichos arreglos comenzaron a cambiar. La crisis económica de México de 1994 y la extraordinaria devaluación del peso marcaron la escena mexicana, y el desempleo y la emigración a Estados Unidos se multiplicaron. En Estados Unidos, a su vez, comenzaron, en la década final del siglo 20, a evidenciarse fisuras y dificultades en la economía, y ya para el 1995 empezaron a manifestarse abiertamente señales claras de un sentimiento anti inmigrante, particularmente en California, las cuales se extendieron a regiones más amplias del país. Dichas actitudes encontraron expresión en varias iniciativas legislativas contra los inmigrantes iniciadas a mediados de la década del 90.[271] Ejemplo de ellas son el *Personal Responsibility and Work Opportunity Reconciliation Act* del 1996, que hace inelegibles para

---

[270] Según el Pew Hispanic Center, entre 1996 y 2006, la población de Estados Unidos creció en cien millones de personas hasta alcanzar los 300 millones. Los latinos contribuyeron con un 36 por ciento a este crecimiento. Así, entre 1966-1967 y 2006 la población latina aumentó de 8,5 millones a 44,7 millones, convirtiéndose en la primera minoría étnica. El crecimiento de la natalidad -cuya tasa es el doble de la estadounidense- y la migración constituyen dos factores explicativos de este crecimiento.

En cuanto a los indocumentados, se estima que para el 2007 su número era 12 millones, la mitad de los cuales eran mexicanos, cifra que aumentaría a un ritmo anual de medio millón de personas, esto es, más de mil diarios. *Véase* Publicación I.S: Comité sobre Migración, verano 2008, págs. 49-64.

[271] *Véase e.g. Personal Responsibility and Work Opportunity Reconciliation Act* del 1996, Pub. L. No. 104-193, 110 Stat. 2105 (1996). *Véase además* Mindy S. Chung, *Proposition 187: A Begin-ner's Tour Through a Recurring Nightmare*, 1 V.C. DAVIS J. INT'L L. AND POLY 267 (1995).

recibir beneficios federales a los inmigrantes ilegales y sus hijos. La Proposición 187 de California, de otro lado, le negaba a los inmigrantes ilegales la educación pública y servicios sociales y de salud. Estas propuestas aceleraron en México el proceso de consideración y aprobación de la enmienda a la Constitución Mexicana para permitir la nacionalidad dual.

México se enfrentó a un potencial influjo de mexicanos domiciliados en Estados Unidos empujados por la nueva política anti inmigrante de ese país que consecuentemente podría empeorar más aún la difícil situación económica mexicana. Al poder adquirir la ciudadanía de Estados Unidos sin perder la nacionalidad mexicana, dichas personas quedarían protegidas en el país de domicilio, Estados Unidos, sin verse forzadas a regresar a México.

Pero, también existen otras razones que explican la aprobación de la enmienda. Éstas demuestran cuán variados pueden ser los factores que tanto en México como en otros países inciden a la altura del siglo 21 en las determinaciones y actitudes respecto a la nacionalidad y a la nacionalidad dual.

Son muchos los mexicanos en Estados Unidos que valoran profundamente sus relaciones culturales y afectivas con México y para quienes perder su carácter de mexicanos al obtener la ciudadanía de Estados Unidos, según disponía el Art. 37 de la Constitución, sería inaceptable.[272] En las décadas posteriores a la Segunda Guerra Mundial, tales consideraciones podían resultar irrelevantes para la clase política mexicana. En muchas ocasiones, los inmigrantes a Estados Unidos eran mirados con desdén y hasta con desprecio. Pero, a la vuelta del siglo 21, dichos inmigrantes se habían multiplicado y convertido en un factor de mucha importancia económica y política en la vida mexicana. Tanto sus remesas

---

[272] En el periodo de 1977 al 1992, menos del 17% de los inmigrantes mexicanos se naturalizaron, mientras que el 40% de todos los inmigrantes de Estados Unidos lo hicieron en el mismo periodo. U.S. Department of Justice, *1993 Statistical Year Book of the Immigration and Naturalization Service*, 1994.

multimillonarias[273] como su poder político y el de sus familiares gravitaban poderosamente en México. Por lo tanto, en esas condiciones, el afán de los inmigrantes mexicanos por mantener sus lazos culturales con México fue uno de los factores -sin exagerar su importancia- que trajo como consecuencia la enmienda constitucional sobre la nacionalidad dual.

Otro factor fue el potencial para el fortalecimiento del bloque o *lobby* de votantes méxico-americanos que (tomando como ejemplo el bloque judío-americano) no sólo velaría por los intereses de esos votantes, sino que también contribuiría a legislación y políticas en Estados Unidos favorables a México. Si a los millones de votantes de origen mexicano que ya votan en Estados Unidos se le añaden los millones que podrían naturalizarse[274] luego de la enmienda sobre ciudadanía dual- entre 2 a 5 millones de inmigrantes mexicanos podrían ser elegibles para residencia legal en Estados Unidos por virtud del *Emigration Reform Control Act* de 1996- el peso total de tal bloque electoral podría ser determinante en estados como Texas, California, Illinois y Arizona, entre otros, y muy importante en las elecciones federales de Estados Unidos. Nada demostró mejor lo anterior que la preocupación de los candidatos a la presidencia de Estados Unidos respecto al llamado voto hispano para las elecciones de 2008.

Pero, los efectos potenciales de la enmienda mexicana respecto a la fuerza política en Estados Unidos de un bloque político méxico-americano no se limitan a lo ya señalado. Para analizarlos, hay que considerar el potencial efecto multiplicador de la referida enmienda sobre futuras generaciones.

---

[273] Según un estudio del BID del 2006, se estima que para ese año las remesas de los latinos de Estados Unidos eran de unos 45,000 millones de dólares, la gran mayoría de los cuales se remite a México. Para la América Latina y el Caribe, el monto de tales remesas para el 2005 representó más que la ayuda al desarrollo y la inversión extranjera directa. Publicación IS Comité sobre Migración, op. *supra* en la nota 121, pág. 52.

[274] Debe señalarse que a los 2 a 5 millones de inmigrantes mexicanos que se calcula podrían ser elegibles para residencia legal en Estados Unidos por virtud del *Emigration Reform Control Act* de 1996, habría que añadir a la familia de tales personas, que podrían adquirir la ciudadanía americana más fácilmente, ya que no estarían sujetos a las cuotas o listas de espera.

Ese efecto podría darse porque ciudadanos norteamericanos de padres mexicanos podrían optar por la nacionalidad mexicana, ya que la Constitución Mexicana le permite a los hijos nacidos en el extranjero de padres mexicanos optar por la nacionalidad de sus padres. Consecuentemente, los hijos nacidos de dichos ciudadanos norteamericanos también tendrían similar opción. La cadena de ciudadanos duales podría así repetirse de generación en generación. Si consideramos que la gran mayoría de los llamados hispanos o latinos en Estados Unidos son de extracción mexicana, podemos comprender la magnitud del problema. ¿Estaría Estados Unidos dispuesto a permitir tanto poder político en un bloque de votantes, parte del cual ostenta, además de la de Estados Unidos, la nacionalidad de un país extranjero?[275]

Bajo el actual ordenamiento jurídico de Estados Unidos es muy poco lo que ese país puede hacer para que la nueva enmienda a la Constitución Mexicana no tenga los efectos señalados.[276]

La pregunta de fondo que se le presenta a Estados Unidos luego de la enmienda sobre nacionalidad dual a la Constitución Mexicana es la siguiente: ¿Cómo enfrentar el problema de un incremento de ciudadanos americanos con nacionalidad dual tratándose de una inmigración, como la mexicana, totalmente distinta -como veremos a continuación- de la que enfrentó ese país con inmigraciones anteriores en su historia? Esto, sin considerar el enorme problema de la inmigración mexicana ilegal, asunto que está fuera del alcance de este escrito.

Las primeras oleadas de extranjeros que arribaron a Estados Unidos luego de su independencia, en su mayoría inmigración eu-

---

[275] Tampoco deben subestimarse los problemas para México de la doble ciudadanía. El sentido de unidad nacional tan importante en tiempos de crisis podría verse socavado por la existencia de dos tipos de ciudadanos mexicanos, los que ostentan sólo la ciudadanía mexicana y los que ostentan además la ciudadanía de la nación más poderosa del mundo.

[276] Como hemos analizado anteriormente, y la jurisprudencia americana (*véase* Vance v. Terrazas en la nota 57) ha dejado claramente establecido, por regla general, un ciudadano no puede ser privado de su ciudadanía en contra de su voluntad. Más aún, al requerir la comisión voluntaria de ciertos actos sujetos de expatriación y además la intención de abandonar la ciudadanía americana, la renuncia a dicha ciudadanía es «extremadamente» difícil.

ropea, no tuvieron mucha dificultad en asimilarse al modo de ser y cultura general del país. *E Pluribus Unum* (de muchos uno) se convirtió no sólo en el lema, sino en la realidad de Estados Unidos. La similar extracción racial, los amplios espacios, la migración interna y la diseminación del idioma inglés también contribuyeron al ya famoso *melting pot* estadounidense. Los que llegaban lo hacían en búsqueda de una nueva patria y, alejados por un océano de sus patrias originales, ayudaron a crear una nueva nacionalidad en el sentido social y cultural del término. En Estados Unidos, las minorías étnicas podían retener rasgos particulares pero las aglutinaba el modo de vida norteamericano. Como consecuencia, Estados Unidos, entrando en su tercer siglo de historia como país independiente, aún con sus problemas de minorías, se ha convertido en un país unitario, quizás también multicultural, pero definitivamente no multinacional.[277] La experiencia de Quebec y de varios estados nacionales de Europa, plagados por conflictos de nacionalidades, no han sido más que fantasmas exóticos en la experiencia política norteamericana.

Y es precisamente ese concepto y realidad de país unitario, no multinacional, el que para muchos en Estados Unidos puede poner en riesgo la masiva inmigración mejicana proveniente de un país vecino, con una frontera común de miles de kilómetros, con una cultura e historia antiquísima y vibrante - parte de la vasta cultura continental latinoamericana- con una raza y un idioma distinto y que emigra hacia un territorio norteamericano gran parte del cual era previamente territorio mexicano.

---

[277] Sobre el multinacionalismo y el multiculturalismo *véase* WILL KYMLICKA, LA POLÍTICA VERNÁCULA, NACIONALISMO. MULTICULTURALISMO Y CIUDADANÍA 311 (Barcelona, ed Paidós, 2003). Dice el autor: «Estados Unidos incluye varios grupos que fueron colonizados y que piensan en sí mismos como naciones internas, Puerto Rico, los chamorros de Guam y los indios americanos», y añade que «... son efectivamente tratados como naciones internas...».

Para la evidente distinción jurídica entre una «nación interna» como Catalunya y una como Puerto Rico, *véase* PARLAMENT DE CATALUNYA, EL ALCANCE DE LA AUTONOMÍA POLÍTICA DE PUERTO RICO, (Barcelona, 2005) (particularmente las intervenciones de Fernando Martín, págs. 45, 58, 64 y 99).

El problema de la nacionalidad dual méxico-americana es el reflejo jurídico de esa realidad subyacente. A su vez, el problema político fundamental es precisamente aquél que llevó a los estados nacionales a repudiar el concepto de nacionalidad dual: el problema de las potenciales lealtades divididas o en conflicto de dichos ciudadanos duales, particularmente en momentos de crisis. Si en el caso de la inmigración mexicana "*the chickens are coming home to roost*"[278] y si «el río busca su cauce», ¿será verdad también que «la sangre pesa más que el agua»? Ésa es una de las grandes interrogantes y de los grandes retos que tiene por delante el gobierno de Estados Unidos.

Puerto Rico también representa para Estados Unidos un reto de incalculables dimensiones. A eso dedico las últimas páginas de este artículo.

V. Ciudadanía, nacionalidad y el futuro de Puerto Rico

Luego de una historia colonial más que centenaria bajo el dominio de Estados Unidos, el rigor exige, si se pretende incursionar a la altura del siglo 21 en el inescrutable campo de la profecía, un esfuerzo consciente de comparar las condiciones existentes al presente y en el futuro previsible con las que dieron margen a la decisión estadounidense de extender la ciudadanía americana a los puertorriqueños.

El interés geopolítico norteamericano en el Caribe[279] era ya evidente desde finales del siglo 18 y principios del siglo 19,[280] y antes de la Guerra Hispanoamericana había encontrado concreción práctica en los intentos de anexión de Santo Domingo de

---

[278] Podría traducirse libremente como «Las gallinas vuelven a su nido».

[279] *Véase* LA FABER, THE NEW EMPIRE: AN INTERPRETATION OF AMERICAN EXPANSION 1860-1898 (Itaca, Cornell Univ. Press, 1963); W.H. CALLCOTT, THE CARIBBEAN POLICY OF THE U.S. 1898-1920 (Baltimore, The Johns Hopkins Univ. Pres, 1942).

[280] Sobre la historia y trasfondo del interés norteamericano sobre Puerto Rico con abundantes notas y diversas fuentes, *véase* la ponencia ante el Comité de Descolonización de la ONU de agosto de 1973 en RUBÉN BERRÍOS MARTÍNEZ, LA INDEPENDENCIA DE PUERTO RICO: RAZÓN Y LUCHA 61 (Linea, México, 1983).

mediados del siglo 19. La ocupación militar de Puerto Rico en 1898 fue, a su vez, consecuencia lógica de ese trasfondo histórico. Posteriormente, en el 1917, en medio de la Primera Guerra Mundial, Estados Unidos reafirmó mediante la extensión de la ciudadanía a Puerto Rico su decisión estratégica de hacer de la isla un enclave militar permanente en el Caribe para proteger los accesos del Canal de Panamá y mantener el control e impedir el acceso de una potencia hostil en el área.[281]

El interés de mantener a Puerto Rico como colonia también quedó demostrado por la política de americanización y asimilación cultural[282] que llevó a cabo ese país en Puerto Rico desde el inicio de su ocupación, además de la persecución continua contra el independentismo.

En las diversas ocasiones durante el siglo 20 en que los independentistas incrementaron su apoyo, Estados Unidos logró imponer directamente y a través del gobierno local su voluntad colonial debido a la enorme disparidad de fuerzas entre metrópoli y colonia. Lo hizo con mano dura, mediante la persecución, el discrimen y el chantaje, con mano blanda mediante el soborno y la compra de conciencia, y a través de una combinación de ambas.

---

[281] Mientras esto ocurría en Puerto Rico, Estados Unidos llevaba a cabo políticas intervencionistas dirigidas a mantener su control en toda la zona del Caribe. Testimonio de ello son la ocupación de Haití en 1915 y de República Dominicana en 1916 y las intervenciones en Nicaragua en 1912 y en Cuba en 1916; más la compra de las Islas Vírgenes Danesas en 1916. Véase discusión en págs. 35-36, *supra*.

[282] *Véase* NEGRÓN DE MONTILLA, AIDA, LA AMERICANIZACIÓN EN PUERTO RICO Y EL SISTEMA DE INSTRUCCIÓN PÚBLICA 1900-1930 (Ed. Universitaria, Río Piedras, 1977). Véase también la sección "La Situación Lingüística en Puerto Rico" en Raúl Serrano Geyls & Carlos I. Gorrín Peralta, Puerto Rico y la Estadidad: Problemas Constitucionales, REV. COL. ABOG. PR, Nov. 1981, Vol. XLII, Núm. 4, págs. 31-56; Nilita, Vientós Gastón, "*El Tribunal Supremo de Puerto Rico y el Problema de la Lengua*", Casa de Las Américas, enero-febrero, 1972; ALFONSO GARCÍA MARTÍNEZ, IDIOMA Y POLÍTICA EN PUERTO RICO, (ed. Cordillera, San Juan, 1976), con introducción de Carmelo Delgado Cintrón; CHARLES JOSEPH BEIRNE SJ, EL PROBLEMA DE LA AMERICANIZACIÓN EN LAS ESCUELAS CATÓLICAS EN PUERTO RICO, (ed. Universitaria, Río Piedras, 1976); EDUARDO SEDA BONILLA, RÉQUIEM PARA UNA CULTURA, (ed. Edil, Río Piedras,1970).

La historia entre 1930 y 1960, por ejemplo, constituye un relato de horrores. Éstos van desde la Masacre de Río Piedras y la de Ponce[283] y el primer encarcelamiento de don Pedro Albizu Campos, a la Ley de la Mordaza y la persecución inmisericorde del Partido Nacionalista y del Partido Independentista en la década del 50, incluyendo el posterior encarcelamiento de don Pedro y de cientos de independentistas y nacionalistas.[284]

En esa época, luego de la Segunda Guerra Mundial, cuando comienza la Guerra Fría y se expande el proceso de descolonización en el mundo, es que, ante el auge del independentismo, Estados Unidos, con la colaboración de un sector importante de ex independentistas, hizo prevalecer nuevamente su interés geopolítico y militar. Ese propósito se logró mediante la aprobación de la Ley del Gobernador Electivo del 1947[285] y un proyecto reformista en el 1952 bajo el nombre de Estado Libre Asociado, que dejaba intacta la base de la colonia.[286] En el léxico oficioso de la colonia —no de Estados Unidos- la ciudadanía americana pasó a conocerse también como la ciudadanía común.

---

[283] Marisa Rosado, El Nacionalismo Y La Violencia En La Década Del 1930 (ed. Puerto, San Juan, Puerto Rico, 2000) (*véase* pág. 31 y 93, respectivamente. En la Masacre de Ponce hubo 22 muertos y más de 100 heridos, lo que contrasta con la famosa masacre de Boston donde murieron 4 personas).

[284] Ivonne Acosta Lespier, La Mordaza. Puerto Rico 1948-1957 (ed. Edil, Río Piedras, 1987). *Véase también* Bruno Miñi Seijo, La Insurrección Nacionalista En Puerto Rico: 1950 (ed. Edil, San Juan, Puerto Rico 1997). Desde finales de la década del 50, a la persecución contra el Partido Nacionalista y el Partido Independentista, se unió la persecución contra el Movimiento Pro Independencia (luego Partido Socialista Puertorriqueño) y otras organizaciones independentistas.

[285] Elective Governor Act 1947, 48 U.S.C. §737.

[286] *Véase* Vicente Géigel Polanco, La Farsa Del Estado Libre Asociado (Editorial Edil, 1972); Vicente Géigel Polanco, *Ley de Relaciones Federales y el Estado Político de Puerto Rico*, Rev. Col. Abog. PR, (1962); Fernando Martín García, La Independencia De Puerto Rico. Historia Y Futuro 18-26 (publicación PIP 2006).

La política represiva que continuó en décadas posteriores y dura hasta el presente[287], unida a la propaganda colonial y antiindependentista, tuvieron como resultado que grandes sectores del pueblo identificaran la independencia con todas las calamidades imaginables.

Al tiempo que se criminalizaba y se intentaba aplastar al independentismo, un número mayor de puertorriqueños comenzó a asociar su supervivencia económica personal con la relación política con Estados Unidos, y con el vínculo jurídico que manifiesta individualmente dicha relación, es decir, la ciudadanía americana. Esa tendencia se fortaleció con los primeros planes de reconstrucción económica bajo el Nuevo Trato da Roosevelt en los años 30. En la segunda parte del siglo 20, comenzando con los planes federales de la postguerra, y particularmente a partir de la llamada Guerra contra la Pobreza del presidente Johnson, más y más puertorriqueños, principalmente de las clases más necesitadas, asociaron las ayudas sociales con la ciudadanía americana. Similar opinión existía y existe respecto al resto de las transferencias federales, aunque más de la mitad de las mismas son devengadas, es decir, son pagos por servicios rendidos o por envíos recurrentes

---

[287] No fue hasta 1988 que el Tribunal Supremo de Puerto Rico, luego de un largo proceso y frente a la férrea oposición del gobierno colonial, se vio forzado finalmente a declarar ilegal la práctica policiaca de mantener expedientes secretos sobre más de 135 mil independentistas por razón de su ideología política, quedando así confirmadas las denuncias de persecución y discrimen sistemático que venía señalando el independentismo por más de medio siglo, y que, sin duda, continúan aún. Esta decisión judicial (Noriega v. Hernández Colon, 122 D.P.R. 650, del 21 de noviembre de 1988), por supuesto, no obligó -ni podía obligar- al FBI a suspender sus propias prácticas persecutorias que persisten hasta el día de hoy. En el 1978, el gobierno perpetró el asesinato de dos jóvenes independentistas en el Cerro Maravilla. En el 2005, Filiberto Ojeda, líder del grupo «Los Macheteros», luego de años en la clandestinidad, fue emboscado y asesinado en su casa por fuerzas del FBI. Aún cumplen condena en Estados Unidos Oscar López, Haydeé Beltrán y Carlos Alberto Torres, quienes han estado en prisión por más de 25 años, mientras que William Guillermo Morales, luego de ser encarcelado, logró evadir a sus captores y permanece asilado en Cuba. FERNANDO MARTÍN GARCÍA, LA INDEPENDENCIA DE PUERTO RICO. HISTORIA Y FUTURO (publicación Partido Independentista Puertorriqueño 2007).

desde Puerto Rico al gobierno de Estados Unidos; no ayudas sino derechos adquiridos.[288]

---

[288] A partir del último medio siglo, la economía de Puerto Rico ha incrementado su dependencia de fondos o transferencias federales de 5.8% del PNB en 1960 a 16.4% en el 2007, aunque con altas y bajas significativas durante ese período. Estos niveles no alcanzan ni de lejos las cifras a las que se ha aludido durante tanto tiempo, como han reclamado algunos, de entre una cuarta parte y un tercio del PNB. Debe establecerse una diferencia entre las transferencias devengadas y las transferencias otorgadas. Contrario a la creencia generalizada, la cuantía mayor de las transferencias recibidas por los residentes de Puerto Rico son devengadas, es decir, pagos por servicios rendidos o por envíos recurrentes de los individuos al gobierno de Estados Unidos a lo largo de su vida productiva. De modo que la cuenta más grande -el Seguro Social- así como los pagos de Medicare, los beneficios de veteranos y otras pensiones, son derechos adquiridos, por lo que no constituyen ayudas como se ha pretendido hacerle ver a sus recipientes, sino compensaciones recibidas debido a que se pagó por ellas, ya fuese en servicios prestados o en forma monetaria. En el caso de las transferencias otorgadas, la cuenta más grande es la del PAN, pero en el 2007 ésta representó apenas una cuarta parte del monto del Seguro Social. Tanto las becas como los subsidios de vivienda y otros programas se consideran ayudas, pero su monto es muy inferior al del total de transferencias devengadas. Llama la atención que, a partir de 1980, cuando las transferencias otorgadas representaron 40.8 por ciento del total, la tendencia ha sido declinante: en el año fiscal 2007 las ayudas directas a individuos representaron apenas 17.8 por ciento de los recibos provenientes del gobierno federal de Estados Unidos. En otras palabras, 82.2 por ciento de los pagos recibidos por los puertorriqueños en el último año fiscal constituyeron transferencias devengadas -derechos adquiridos- por cada uno de los recipientes. Específicamente, las transferencias otorgadas a los ciudadanos fueron poco más de $1,926 millones, en comparación con $8,902.5 millones en pagos recibidos por derechos adquiridos. A pesar de la creciente brecha entre las transferencias devengadas y las otorgadas, no cabe duda de que el volumen de las segundas es indicativo de los problemas de desempleo y de pobreza en el país. En lo que concierne a las transferencias que recibe el sector público consolidado de Puerto Rico (gobierno central, corporaciones públicas y municipios) estas sumaron en el 2007 a $2,377 millones. Si esta última cifra se suma a los $1,926 millones de transferencias otorgadas recibidas por los individuos, obtenemos la cifra absoluta de ayudas provenientes del gobierno federal: $4,303 millones. La cifra representa menos de la mitad (poco más de 48%) de las transferencias devengadas. Ahora bien, si a los $4,303 millones recibidos como ayudas del gobierno federal de Estados Unidos se le restan los $3,709 millones que se enviaron desde Puerto Rico hacia ese gobierno en el 2007 (en pagos de Seguro Social, Medicare y otros), y se le suma los $8,063 millones recibidos en Puerto Rico por concepto de Seguro Social y Medicare, llegaríamos a lo que podríamos denominar como la "dependencia" de Puerto Rico respecto al gobierno de Estados Unidos La cifra representa menos de la mitad (poco más de 48%) de las transferencias devengadas. Ahora bien, si a los $4,303 millones recibidos como ayudas del gobierno federal de Estados Unidos se le restan los $3,709 millones que se enviaron desde Puerto Rico hacia ese gobierno en el 2007 (en pagos de Seguro Social, Medicare y otros), y se le suma

El imaginario colectivo convirtió a la ciudadanía americana en la gallina de los huevos de oro, especialmente cuando se comparaba la situación económica de Puerto Rico con la prevaleciente hasta recientemente en gran parte del entorno caribeño. Más tarde, luego de la extensión a Puerto Rico del Programa de Cupones para Alimentos en el 1975, se creó una nueva relación de dependencia -personal y concreta- entre el gobierno de Estados Unidos y gran parte de la población de Puerto Rico.[289] Esto sucedía mientras las multinacionales norteamericanas establecidas en Puerto Rico, y exentas del pago de contribuciones estatales y federales (situación que prevaleció hasta el 2005), obtenían cuantiosas ganancias, mucho mayor que el monto total de las aportaciones federales.[290] A

---

los $8,063 millones recibidos en Puerto Rico por concepto de Seguro Social y Medicare, llegaríamos a lo que podríamos denominar como la "dependencia" de Puerto Rico respecto al gobierno de Estados Unidos, el equivalente a 16.4% del PNB ó 9.7% del PIB del 2007.Sin embargo, siguiendo un acercamiento distinto del análisis que se ha presentado, podría argumentarse que, tratándose de derechos adquiridos, no hay por qué sumar en el cálculo anterior los $8.063 millones de Seguro Social, ya que los puertorriqueños tendrían derecho a ellos bajo cualquier escenario futuro. Si se aceptara esa premisa, la dependencia de Puerto Rico se reduciría a apenas 0.66% del PIB.

En todo caso, si a las cifras anteriores se añade que en el 2007 las compañías norteamericanas en Puerto Rico informaron transferencias de ganancias al exterior por un monto de 34,0 14 millones (comparados con $8,657 en aportaciones federales) y que las importaciones de productos norteamericanos a Puerto Rico fueron de $22,662 millones (que representan sobre 700 mil puestos de trabajo en los Estados Unidos) y añadimos que en los últimos 30 años las compañías norteamericanas han sacado de Puerto Rico la astronómica suma de más de 500,000,000,000 (medio «trillón» que es el equivalente a 20 veces el presupuesto anual consolidado de la isla) el mito de que Puerto Rico recibe mucho sin dar nada a cambio queda totalmente derrumbado.

Los datos utilizados en esta nota han sido tomados de las publicaciones económicas oficiales del gobierno de Puerto Rico; véase el Apéndice Estadístico del Informe Económico al Gobernador, 2007, de ese año y anteriores. Un análisis detallado de dichos datos está contenido en la Segunda Edición del libro Dr. Edwin Irizarry Mora, Economía De Puerto Rico, Evaluación Y Perspectivas (Thompson, Leanin, México, D.F.) (en imprenta).

[289] Estos programas en Estados Unidos son dirigidos a alrededor del 12% de la población que vive bajo el nivel de pobreza. En Puerto Rico, a donde se extienden parcialmente, el por ciento es alrededor de 48.2%, Censo de Población y Vivienda, U.S. Department of Commerce, 2000.

[290] *Véase* nota 139, *supra*, parte final. Hasta 2005 no pagaban en EU al remitir ganancias.

mayor dependencia económica, mayor identificación de la ciudadanía americana con el bienestar económico y con la posibilidad de la emigración a Estados Unidos.[291]

Los efectos políticos de dichos desarrollos no se hicieron esperar. Durante el último medio siglo ha crecido continuamente el número de los que en Puerto Rico pretenden que se aumenten y garanticen permanentemente los pagos federales. Para los estadistas puertorriqueños, la ciudadanía americana es preludio para convertir a los puertorriqueños en ciudadanos «de primera» y a Puerto Rico en estado de la Unión; a su vez, convirtiendo a Estados Unidos en un Estado multinacional.

Pero, la decisión de convertir a Puerto Rico en un estado –presumiendo que los puertorriqueños lo solicitaran– al igual que la de extender la ciudadanía en el 1917, no es prerrogativa de los puertorriqueños. Esa decisión compete a Estados Unidos, que la tomará según lo dicten sus intereses. De otro lado, si Puerto Rico se convirtiera en un país independiente,[292] Estados Unidos tendría entonces que enfrentarse, desde la perspectiva de sus propios intereses, al problema de la ciudadanía americana de los puertorriqueños.

---

[291] Entre el 1945 y 1964 cerca de 750,000 puertorriqueños –más de una tercera parte de la población de entonces- emigraron a Estados Unidos. *Véase* Rubén Berríos Martínez, *Independence for Puerto Rico: The Only Solution* , Foreign Affairs, Vol. 55, Núm. 3, abril 1977, bajo el subtítulo «El costo de la operación Manos a la Obra». *Vease además* Oficina del Gobernador, Taller de Empleo, Adiestramiento y Educación, Departamento de Educación y Síntesis, 1974. La emigración ha continuado con alzas y bajas y se calcula que al presente residen en Estados Unidos más o menos la misma cantidad de puertorriqueños que en la Isla, 4 millones incluyendo nacidos en Estados Unidos. Las últimas emigraciones se caracterizan por un alto grado de escolaridad.

[292] Según el Derecho Internacional, la libre asociación es también una alternativa jurídica de descolonización. Estados Unidos ha entrado en acuerdos de libre asociación con los Estados Federados de Micronesia y la República de las Islas Marshall desde 1986, y con la República de Palau en 1994. Estos territorios estaban sometidos al control de Estados Unidos bajo los términos del Fideicomiso de Territorios del Pacífico constituido por la ONU en 1947 y habían pertenecido al Japón hasta la conclusión de la Segunda Guerra Mundial. Su población, según los más recientes censos, asciende a 117 mil en los Estados Federados, 56 mil en las Islas Marshall, y 19 mil en Palau.

A cambio de retener un absoluto control de todo lo relacionado con defensa y seguridad, incluyendo importantes bases militares, Estados Unidos provee asistencia económica y programática a estos gobiernos, aunque sujeto a un estricto y abarcador control financiero y administrativo. Los nacionales de estos estados -quienes nunca habían sido ciudadanos de Estados Unidos- adquirieron bajo los Compacts of Free Association el derecho a entrar libremente a Estados Unidos, conservando la condición de extranjeros residentes y sujetos a ciertos requisitos de la Ley de Inmigración de Estados Unidos. Los acuerdos entre Estados Unidos y estos estados «soberanos» (los tres son miembros de Naciones Unidas) no tienen término fijo de duración y los de los Estados Federados y las Islas Marshall ya fueron objeto de renegociación en 2003. Pueden ser terminados por acuerdo mutuo o unilateralmente. Véase Public Law 108-1 88, de 2003 y 99-658 de 1986.

Nueva Zelanda tiene acuerdos de libre asociación con las Islas Cook (población: 65 mil) y desde 1965 con Nive (población: mil seiscientos) desde 1974. Véase CIA World Factbook ,disponible en https://www.cia.gov (última visita, 2 de febrero de 2009).

Contrario a las estructuras de integración federativas o supranacionales en que los componentes delegan ciertas atribuciones y competencias a una entidad central en la que cada componente tiene, a su vez, algún grado proporcional de participación decisoria, en el modelo de libre asociación el ejercicio de los poderes delegados por parte del socio «menor» se lleva a cabo de manera virtualmente unilateral por parte del socio «mayor» en la relación de asociación. Para que no resulte obliterado, el principio de la soberanía requiere que el socio «menor» tenga la facultad de poder revocar la delegación de competencias. La realidad, sin embargo, es que la absoluta dependencia financiera y gubernamental del socio «mayor» por parte del socio «menor» convierte a este último en un ente sometido y subordinado.

La experiencia histórica, por lo tanto, es que el modelo de libre asociación ha sido una opción para lograr la descolonización jurídica sólo en casos en que las circunstancias de exigua población y dependencia extrema del territorio colonial no hacían posible la creación de un aparato estatal y un sistema económico autosostenido que pudiera ejercer efectivamente todos los atributos de soberanía que componen la independencia nacional. Es por ello que es típico del modelo de libre asociación que la antigua metrópoli no solo controla lo relativo a «seguridad y defensa» sino que administra programas de salud pública, aviación civil, correos, asuntos ambientales, entre otros. Difícilmente podría ser de otra forma en Nive, por ejemplo, con sus 4,600 habitantes, y aún en el más poblado de los territorios en libre asociación con Estados Unidos, los Estados Federados de Micronesia, con sus cerca de 120,000 habitantes. Se trata de retazos coloniales que jamás podían ser integrados a la metrópoli, pero que no contaban con la escala y el desarrollo necesario para ser plenamente responsables por todos sus asuntos nacionales, como lo requeriría el modelo descolonizador de la independencia.

Sorprende, pues, que, en Puerto Rico, con cuatro millones de habitantes y una economía mayor y más sofisticada que la de muchísimos países independientes, y con una larga tradición de modernidad y tecnificación en sus estructuras gubernamentales, haya quien pueda ver en el modelo de la libre asociación una alternativa de descolonización para nuestro país. Después de todo, ¿cuáles serían las competencias gubernamentales que alguien podría querer delegarle a Estados Unidos bajo dicho régimen? ¿Y con qué posible justificación?

Dicho de otra manera, ¿es cuestionable que Palau, Micronesia, Islas Marshall, Islas Cook o Nive se hubiesen resignado a ser libremente asociados en vez de independientes si hubiesen tenido cuatro millones de habitantes?

Proponer el modelo de libre asociación para Puerto Rico, por lo tanto, no deja de ser una manera de afirmar el mito colonial de que Puerto Rico no tiene la capacidad de poder ser un país plenamente independiente.

Esa posibilidad ya la anticipó, en tiempos del Proyecto Jones, Elihu Root, ex Secretario de Estado de Theodore Roosevelt, ex Secretario de Guerra, Senador, Premio Nobel de la Paz y reconocido como uno de los idéologos, juristas y políticos más brillantes e influyentes de la historia norteamericana. Su profundo conocimiento de las grandes corrientes y paradigmas que determinan la historia lo llevaron hace casi un siglo -en entrevista con Roberto H. Todd, conocido anexionista- a concluir respecto al otorgamiento de la ciudadanía a los puertorriqueños que: *«No les conviene a ustedes porque dentro de tres años vendrían a quejarse de que no son ciudadanos de la misma clase dé nosotros. Y a nosotros no nos conviene porque nos traería complicaciones en México, Centroamérica, Cuba, Santo Domingo y en todos los demás países del Mar Caribe.., baste saber que el paso que tomamos con ustedes ha de resonar y debemos evitar complicaciones y disgustos».* Luego se refirió a Puerto Rico como *«un país de un millón y pico de habitantes de raza, civilización y costumbres distintas de las nuestras»,* para finalmente concluir: *«No esperen ustedes nunca ser un estado de la Unión... Puerto Rico no puede sustraerse a la lógica de las cosas y también debe ser una república...»*[293]

También, hace casi cien años, un puertorriqueño, en representación del Partido Unión, advirtió al Congreso que, de Estados Unidos extender la ciudadanía a los puertorriqueños podría enfrentarse en el futuro: *«al muy serio problema de tener que deshacer*

---

[293] Sobre Root y Puerto Rico *véase* MARÍA EUGENIA ESTADES FONT, LA PRESENCIA MILITAR DE ESTADOS UNIDOS EN PUERTO RICO 1898-1918: INTERESES ESTRATÉGICOS Y DOMINACIÓN COLONIAL 206-07 (ed. Huracán, Río Piedras 1988).

En el artículo seminal de la prima edición del Foreign Affairs del 1922, Root, luego de señalar que como consecuencia del «desarrollo de la civilización», los pueblos aspiran «a la libertad del gobierno propio de acuerdo con sus propias ideas» escribe: «... no puede haber una tiranía tan despreciable como la del control de los asuntos locales o propios por gobernantes extranjeros que son completamente indeferentes a los conceptos locales de cómo debe ordenarse la vida. La independencia nacional es una defensa organizada contra ese tipo de tiranía. Probablemente, la organización de las naciones es una etapa en su desarrollo, pero es lo más cerca que la humanidad ha estado de lograr un grado razonable de libertad junto a un grado razonable de orden». JAMES F. HOGE JR. & FAREED ZAKARIA, THE AMERICAN ENCOUNTER, THE U.S. AND THE MAKING OF THE MODERN WORLD 14 (ed. Basic Books, 1997).

a 1,500,.000 (ahora 4,000,000) ciudadanos, que es un problema más serio que el de hacerlos ciudadanos».[294]

Jurídicamente, para enfrentar ese problema, existe, de un lado, la teoría, en apariencia sencilla, de que ya que el Congreso de Estados Unidos otorgó colectivamente a los puertorriqueños la ciudadanía a través de legislación, también la podría retirar colectivamente a través de legislación posterior. Esa tesis se funda en que existen dos tipos de ciudadanos americanos: los que son ciudadanos por virtud de la Enmienda 14 de la Constitución norteamericana y los que son ciudadanos por virtud de un estatuto, como, por ejemplo, los ciudadanos por razón de nacimiento en el extranjero, que por ser hijos de ciudadanos americanos tienen el derecho a reclamar la ciudadanía luego de cumplir ciertas condiciones. La Corte Suprema de Estados Unidos, según hemos señalado, ha determinado en el caso de Afroyim[295] que a los ciudadanos nacidos o naturalizados en Estados Unidos, los llamados ciudadanos de Enmienda 14, no se les puede quitar la ciudadanía sin su consentimiento.[296] Pero, también ha determinado en el caso de Rogers vs. Bellei[297] que a un ciudadano que ha obtenido la ciudadanía individualmente por virtud de un estatuto (no colectivamente, como fue el caso de los puertorriqueños) se le puede quitar la ciudadanía, si no cumple con las condiciones que impone el estatuto.

Por otro lado, el estudio más abarcador publicado sobre esta materia concluye que, con toda probabilidad, sería inconstitucional quitarle a los puertorriqueños la ciudadanía americana por razón de que se proclame en la isla la república.[298] Concluye, ade-

---

[294] Government for Puerto Rico: Hearings on S.1217, Before the Senate Comm. On Pacific Island and Puerto Rico, 64th Cong., 1st Sess. 55 (1916). (Expresiones de Cayetano Coll Cuchí).
[295] Afroyim v. Rusk 387 U.S. 268 (1967). Ver discusión en la pág. 24, *supra*.
[296] *Id.*
[297] Rogers v. Bellei 401 U.S. 815 (1971).
[298] José Julián Alvarez ,The Empire Strikes Out, Ruminations on the Citizenship Status of Puerto Rico, 27-2, p 341, 361-62, HARV. J.ON LEGIS. Summer 1990. Cabe preguntarse, además, ¿desde el punto de vista político, es posible para Estados Unidos, con 4 millones de puertorriqueños residiendo en esa nación, impedir la entrada a su territorio a ciudadanos de Puerto Rico que con posterioridad a la república deseen mantener su ciudadanía americana?

más, que negarle la ciudadanía *ius sanguinis* a personas nacidas en Puerto Rico con posterioridad a la independencia podría adolecer de serios problemas de constitucionalidad bajo los principios de igual protección de las leyes.[299] También estaría sujeto a graves cuestionamientos constitucionales un mecanismo que forzara exclusivamente a los puertorriqueños a escoger entre la ciudadanía americana y la ciudadanía de la república de Puerto Rico.[300]

De lo que no hay la menor duda es que la decisión que tomaría Estados Unidos respecto a la ciudadanía, si Puerto Rico se convirtiera en una república no es una de carácter jurídico -y esto es lo esencial- sino político, para lo cual lo determinante sería el interés nacional de Estados Unidos, al igual que lo fue al momento de extenderla en el 1917 y de no extenderla en el 1900. Por lo tanto, antes de preguntarse qué papel desempeñará la ciudadanía americana en el futuro de las relaciones entre Estados Unidos y Puerto Rico, es necesario considerar cuáles son los intereses de Estados Unidos respecto al futuro de Puerto Rico.

La razón fundamental geopolítica y estratégica que determinó el interés de Estados Unidos sobre Puerto Rico desde el siglo 19 ha sido superada por el tiempo. Prueba de ello es el retiro de la Marina de Guerra de Estados Unidos de la isla municipio de Vieques[301] luego de una prolongada lucha del pueblo puertorriqueño, y el consecuente desmantelamiento de la base naval de Roosevelt Roads en la costa este de Puerto Rico. En el mundo de la post Guerra Fría, en un mundo de satélites y balística intercontinental, en que el valor militar de Puerto Rico para proteger los accesos al Canal de Panamá ha desaparecido, los factores básicos que impulsaron la ocupación de la isla y la imposición de la ciudadanía son cosa del pasado.

---

[299] *Véase* ALVAREZ, Id. nota número 219 en pág. 359, que se refiere a la opinión a esos efectos del profesor Laurence Tribe.
[300] *Id.*, en la pág. 362.
[301] *Véase* Manuel Rodríguez Orellana, *Vieques: The Past, Present and Future of the Puerto Rico-US Colonial Relationship*, La Raza L. J., Vol. 13, Núm. 2, 2002. (El artículo fue publicado cuando el gobierno de Estados Unidos aún no había anunciado formalmente su retiro de Vieques y de la Base de Roosevelt Roads).

Estamos en la época que la ONU ha decretado como la del fin del colonialismo. Puerto Rico es la última gran colonia en el mundo, hecho antes negado y hoy reconocido por el propio ejecutivo de Estados Unidos.[302] La discusión del caso colonial de Puerto

---

[302] En el año 2000, los presidentes de los tres partidos políticos de Puerto Rico fueron invitados a la Casa Blanca para discutir el tema de status de la Isla. Allí, el 28 de junio del 2000, el presidente del PIP le propuso al Presidente de Estados Unidos, William J. Clinton, la creación de un Comité Especial de Casa Blanca (un Task Force) para hacer recomendaciones respecto al status de Puerto Rico. Poco tiempo después, aceptando la recomendación, el presidente Clinton anuncia la creación del Comité Interagencial (Task Force) de Casa Blanca sobre el Status de Puerto Rico, el cual luego fue continuado por el presidente George Bush. El informe de la Cámara de Representantes de Estados Unidos, sobre el proyecto del Puerto Rico Democracy Act de 2007, lee: "At the summit, PIP President Berríos proposed that a Presidential task force be formed to continue efforts on the issue into the succeding ad-ministration and that the Presidential candidates be asked to continue the effort. The presidential candidates pledged to do so. The President subsequently established the Task Force". U.S. House of Representatives, Puerto Rico Democracy Act of 2007, Report together with Additional View to accompany H.R. 900110-597, 110th Congress, 2d Session , pág. 10 (April 22, 2008).

En el 2005, dicho Comité rindió su primer informe, seguido por otro en 2007 que reafirma las conclusiones del primero.

Report by the President's Task Force on Puerto Rico's Status, De-cember 2005 y December 2007. Cito las partes pertinentes: "The U.S. Constitution allows for three options for the future status of Puerto Rico:

continuing territorial status (including the current Commonwealth system), statehood, and independence.

The existing form of government in Puerto Rico is often described as a "Commonwealth," and this term recognizes the powers of self-government that Congress has allowed...

However that term may be used, Puerto Rico is, for purposes un-der the U.S. Constitution, "a territory," as President George H.W. Bush recognized in his 1992 memorandum concerning Puerto Rico... It is, therefore, subject to congressional author-ity, under the Constitution's Territory Clause, "to dispose of and make all needful Rules and Regulations respecting the Territory... belonging to the United States." ...Congress may continue the current system indefinitely, but it also may revise or revoke it at any time.

For example, Congress could legislate directly on local matters or determine the island' s governmental structure by statute, as it has for Guam and the U.S. Virgin Islands. Congress likewise could allow the island increased powers of selfgovernment, subject to limitations imposed by the Constitution. . . .(page 5)

Rico está en el umbral de la Asamblea General de la ONU y el status colonial de la isla constituye una vergüenza internacional para Estados Unidos. La América Latina ha dado muestras de su creciente independencia y se ha unido fuera de líneas ideológicas para repudiar el colonialismo y apoyar la independencia de Puerto Rico.[303] La identidad puertorriqueña ha dado testimonio de su fortaleza durante más de un siglo de perseverancia, y prácticamente todos los puertorriqueños reclaman el carácter no negociable de su identidad.

¿Cuáles serían, entonces, ante esas nuevas circunstancias, las razones de Estados Unidos para mantener a Puerto Rico en su actual desacreditado status colonial, sumido en el estancamiento económico y social, rechazado por la mayoría de los puertorrique-

---

The Federal Government may relinquish United States sover-eignty by granting independence or ceding the territory to an-other nation; or it may, as the Constitution provides, admit a territory as a State, thus making the Territory Clause inappli-cable. (page 6)

Public Law 600 gave Puerto Rico the right to establish a government and a constitution for the internal administration of Puerto Rico "on matters of purely local concern." (page 3)

When "Commonwealth" is used to describe the substantial political autonomy enjoyed by Puerto Rico, the term appropriately captures Puerto Rico's special relationship with the United States. The commonwealth system does not, however, de-scribe a legal status different from Puerto Rico's constitutional status as a "territory" subject to Congress's plenary authority under the Territory Clause "to dispose of and make all need-ful Rules and Regulations respecting the Territory ... belong-ing to the United States." Congress may continue the current commonwealth system indefinitely, but it necessarily retains the constitutional authority to revise or revoke the powers of self-government currently exercised by the government of Puerto Rico... as long as Puerto Rico remains a territory, its system is subject to revision by Congress. (pp. 5-6)

The official request [in 1953, at the United Nations] did not state that Congress could make no changes in Puerto Rico's status without its consent. It is true that, prior to the submission of this official request, the U.S. representative to the U.N. Gen-eral Assembly indicated orally that common consent would be needed to make changes in the relationship between Puerto Rico and the United States. Notwithstanding this statement, however, the Department of Justice concluded in 1959 that Puerto Rico remained a territory, and as noted above, the Supreme Court, while recognizing that Puerto Rico exercises substantial political autonomy under the current commonwealth system, has held that Puerto Rico remains fully subject to congressional authority under the Territory Clause. See Harris, 446 U.S. at 651-52." (p. 6)

[303] Podría traducirse libremente como «Las gallinas vuelven a su nido».

ños[304] y que día a día multiplica la posibilidad de producir una mayoría pro estadidad en la isla; y en última instancia, cuáles serían las razones para convertir a Puerto Rico en un estado?[305] ¿Obedecer, si ése fuese el caso, la voluntad de los puertorriqueños? ¿Desde

---

[304] La merma en el apoyo al status colonial del ELA ha sido constante durante el último medio siglo, aún si tomamos como punto de referencia los plebiscitos o referéndums que se han celebrado desde la concepción del ELA. En el referéndum del 1951 -para la aceptación o rechazo de la Ley Pub. 600 que dio base al ELA-el 76.5% de los electores votó a favor. La Estadidad y la Independencia no fueron incluidos como alternativas. En el plebiscito del 1967, boicoteado por las organizaciones independentistas, el apoyo al ELA descendió a 60.4% y la Estadidad obtuvo el 39%. En el plebiscito del 1993 el apoyo al ELA descendió aún más, al 48.6%, mientras la Estadidad subió al 46.3% y la Independencia obtuvo 4.4%.

En el plebiscito del 1998 se incluyeron como alternativas la Estadidad, la Independencia, la Libre Asociación, el ELA actual bajo la soberanía del Congreso y Ninguna de las Anteriores (por mandato del Tribunal Supremo de Puerto Rico). Ninguna de las Anteriores obtuvo el 50.3%, pero es evidente que bajo dicha alternativa votaron innumerables puertorriqueños que rechazan el actual ELA territorial, además de los que lo aceptan.

[305] Este escrito se limita a analizar la estadidad desde el punto de vista del interés nacional de Estados Unidos. En varios artículos, he analizado esa alternativa como contraria a los intereses de Puerto Rico. Desde una perspectiva económica, la limitada autonomía fiscal de Puerto Rico -que exime de pago de casi toda contribución federal- desaparecería con la estadidad. La uniformidad que la Constitución de Estados Unidos exige no permitiría el tipo de incentivos económicos necesarios para atraer inversiones extranjeras. Así pues, Puerto Rico se convertiría en una región permanentemente subdesarrollada de Estados Unidos, de donde los de mayor escolaridad emigrarían, mientras el resto de la población sobreviviría gracias a las siempre crecientes dosis de beneficencia federal aseguradas por la delegación congresional puertorriqueña. Las fuerzas del mercado son inexorables, como lo demuestran los casos de la Apalachia, el sur del Bronx y otras áreas crónicamente subdesarrolladas en Estados Unidos. Puerto Rico sería un estado mendigo, un estado ghetto. La estadidad para Puerto Rico podría ser una solución jurídica a la ausencia de representación con derecho a voto en el Congreso de Estados Unidos. Sin embargo, el problema básico de Puerto Rico es la dependencia y la subordinación, no solamente legal y política, sino también económica, cultural, social y sicológica, inherente al colonialismo. La estadidad sería para Puerto Rico simplemente otra forma de dependencia y subordinación -colonialismo con otra máscara- que agudizaría aún más la dependencia. *Véase* Rubén Berríos Martínez, Puerto Rico's Decolonization, Foreign Affairs, Vol. 76, Núm. 6, Nov/Dic/1997, pág. 100. Véase también Rubén Berrios Martínez, *Independence for Puerto Rico: The Only Solution*, Vol. 55, Núm. 3, abril 1977, págs. 551-638.

cuándo la voluntad de las colonias determina las decisiones de los imperios, particularmente cuando esa voluntad no está dirigida a combatir al imperio, sino a abrazarlo más íntimamente?

¿Por qué Estados Unidos habría de aceptar como estado a un territorio que por su nivel de ingreso[306] sería el que menos contribuiría al Tesoro Federal y el que más recibiría del mismo?, ¿Por qué Estados Unidos habría de concederle la estadidad a un territorio que por razón de su población tendría una cantidad igual o mayor de votos en el colegio electoral que 27 estados de la Unión Americana?

¿No contribuiría acaso la anexión de un estado caribeño e hispanohablante a elevar a otra dimensión los problemas de las minorías «hispanas» de Estados Unidos, en un momento en que el imparable flujo de inmigrantes provenientes de la América Latina ha llevado a levantar un muro en la frontera con México y en el que se hace urgente para Estados Unidos la paulatina incorporación de esas minorías a la cultura americana?

Las consecuencias potencialmente explosivas de la estadidad de Puerto Rico para Estados Unidos son múltiples. En ese país, como hemos señalado, ya existen condiciones peligrosas de tensión, principalmente en aquellos estados donde hay una masiva concentración de mexicanos (ciudadanos de extracción mexicana, ciudadanos duales, y residentes documentados e indocumentados). Particularmente en un país donde subyacen poderosas tendencias históricas de mayor descentralización respecto al poder federal, un Puerto Rico estado agudizaría con su poder político la polarización política, económica y social ya existente, pues podría ser un factor aglutinante, precipitante y multiplicador de los reclamos de los mexicanos y de otras minorías hispanas residentes en Estados Unidos.

El espectro de la secesión no ronda el mundo norteamericano desde la Guerra Civil, pero ¿quién puede responder por el futuro, a la luz de los problemas que padecen estados plurinacionales como

---

[306] El Ingreso Personal disponible en Puerto Rico en el 2007 fue de $12,627, (Apéndice Estadístico, Junta de Planificación de Puerto Rico, tabla 1); mientras en Estados Unidos en el 2007 fue de $34,561 (Bureau of Economic Research, U.S. Department of Commerce).

España, Canadá y Gran Bretaña y que pusieron fin a la Unión Soviética y a Yugoslavia? Las mayorías van y vienen pero las nacionalidades (particularmente cuando se trata de Puerto Rico, un país latinoamericano y caribeño, de nacionalidad homogénea y densamente poblado) se perpetúan y el derecho a la libre determinación de los pueblos no prescribe.

En caso de crisis futura, ¿con quién estaría la lealtad de Puerto Rico? ¿No sería Puerto Rico un factor disgregante en el cuerpo político de Estados Unidos? Para Estados Unidos, Puerto Rico estado podría ser un chispazo de fuego en un polvorín.

Por último, ¿quiere Estados Unidos agriar sus futuras relaciones con la América Latina mediante la integración política de un pueblo latinoamericano como Puerto Rico?

Para Estados Unidos no existe una sola razón de peso para convertir en estado a un pueblo, a una nación como Puerto Rico, parte integral de América Latina. Por el contrario, tendría muchas y poderosas razones para no hacerlo. Igualmente, el interés nacional de Estados Unidos demanda atajar el problema antes de que haga crisis, poniéndole fin a la colonia que es el puente que conduce inexorablemente a una petición de estadidad, según lo comprueba la historia del último medio siglo. Desde esta perspectiva, ese país tendrá que reevaluar su política de promover la dependencia, tendrá que facilitar un proceso de transición[307] y tendrá que enfrentar el problema de la ciudadanía que ha sido el símbolo de su afán de dominio colonial sobre Puerto Rico y que se ha convertido en el punto de encuentro y bandera de la pretensión asimilista de muchos puertorriqueños.

Ese momento llegará sólo cuando Estados Unidos se vea forzado a enfrentar el problema de *status* de Puerto Rico. Una nación tan heterogénea y compleja como Estados Unidos enfrenta sus grandes problemas de política pública cuando éstos hacen crisis.

---

[307] Desde la fundación del PIP en octubre del 1946, mucho se ha escrito sobre el proceso de transición a la independencia. Pero no fue hasta el 1991, por primera vez en la historia de la relación entre Estados Unidos y Puerto Rico, que un proyecto de ley federal con una definición positiva de la independencia (en contraste con una definición punitiva como la del Proyecto Tydings de la década del 30) obtuvo la aprobación de los más importantes comités senatoriales con jurisdicción en la materia, el P.S. 244 del 23 de enero del 1991 (Congreso 102, Primera Sesión) (originalmente 5 712 del Congreso 101, según enmendado). El proyecto incluía disposiciones de transición relativas a programas federales, Seguro Social, relaciones comerciales, moneda y finanzas, entre otras.

El proyecto de ley 5. 712, aprobado por el Comité de Energía y Recursos Naturales, comité de jurisdicción original en el Senado, y, en sus aspectos económicos, por el Comité de Finanzas durante el Congreso 101, fue el primero en la historia de la relación entre Estados Unidos y Puerto Rico en contener una definición detallada de independencia y del proceso de transición. Sin embargo, el proyecto no llegó a ser votado por el pleno del Senado durante el Congreso 101 que finalizó en octubre de 1990. Como resultado, al iniciarse el Congreso 102, el 23 de enero de 1991 se sometió nueva legislación, el proyecto 5. 244. El S. 244 recogía las disposiciones del proyecto 5. 712 aprobado por el Comité de Energía y Recursos Naturales del Senado en el anterior Congreso, así como las enmiendas al mismo que aprobó el Comité de Finanzas y otras enmiendas menores. No obstante, en febrero de 1991, tras extensos debates en el Comité de Energía y Recursos Naturales del Senado y de inútiles esfuerzos por aclarar que el proyecto no constituía compromiso de tipo alguno con respecto a la estadidad, el 5. 244 fue rechazado mediante una votación de empate (10-10) por los miembros del Comité.

También se aprobó por el pleno de la Cámara la H.R. 4765, Congreso 101, Segunda Sesión del 10 de octubre del 1990 que disponía en la Sección 4-a para un proceso de transición. Aunque muchos de los elementos contenidos en dichos proyectos han sido rebasados por los acontecimientos de los últimos 17 años, tanto en Puerto Rico como en Estados Unidos e internacionalmente, las propuestas norteamericanas contenidas en los mismos demuestran, fuera de toda duda, cuán factible es lograr un acuerdo de transición a la altura del siglo 21. El interés mutuo es la mejor garantía para un acuerdo de transición hacia la república.

Para una discusión detallada del periodo de consulta y negociación que duró del 1989 al 1991 y que dio margen a los referidos proyectos por parte del Congreso de los Estados Unidos, *véase* RUBÉN BERRÍOS MARTÍNEZ, NACIONALIDAD Y PLEBISCITO, (ed. Libertad, Puerto Nuevo, Puerto Rico, 1992).

No los enfrenta, a menos que tenga que hacerlo. En la medida en que Puerto Rico no sea percibido como un problema crítico para Estados Unidos, triunfa el inmovilismo. De ahí que Estados Unidos enfrentará el problema del *status* de Puerto Rico sólo cuando los puertorriqueños lo forcemos a hacerlo.

El proceso específico que llevará a Estados Unidos a enfrentar el problema es difícil de anticipar. Podría ser consecuencia de una compleja serie de eventos o factores, en ocasiones complementarios y en otras contradictorios. En Puerto Rico, diversos escenarios o combinación de ellos podrían anticiparse: los que surgirían de una petición de estadidad; de una petición por un perfeccionamiento del ELA incompatible con la Constitución de Estados Unidos; de un aumento importante del voto por la independencia; de la desobediencia civil masiva; de la agitación y militancia política; de una Asamblea Constitucional de Status sobre la base de la verdadera soberanía y que excluya alternativas coloniales; de un referéndum que tuviera como resultado un reclamo de solución a Estados Unidos, entre otros.[308] A lo anterior hay

---

[308] Un ejemplo del tipo de iniciativa proveniente de Puerto Rico que podría sentar las bases para forzar a Estados Unidos a enfrentar el problema de status fue el frustrado Proyecto Sustitutivo P. de S. 221, 333, 362, 366, del 30 de marzo del 2005.

El proyecto proveía para la celebración de un referéndum en que el pueblo de Puerto Rico se expresaría «para exigir del Presidente y del Congreso de Estados Unidos que, antes del 31 de diciembre de 2006, expresen su compromiso de respaldar el reclamo del pueblo de Puerto Rico para resolver el problema de status político entre alternativas plenamente democráticas de naturaleza no colonial ni territorial". Disponía la ley, además, en su art. 2: «*Pasados los noventa (90) días después del cumplimiento de la fecha límite y el Congreso no reacciona o si reacciona declinando antes de la fecha límite, esta Asamblea Legislativa se compromete a legislar para que el Pueblo de Puerto Rico escoja el mecanismo procesal, incluyendo, entre otras cosas, una Asamblea Constitucional de Status o una solicitud de Plebiscito con Aval Federal, que habrá de utilizar para proponer al Gobierno de los Estados Unidos aquellas de dichas alternativas de status por la que decida mayoritariamente optar.*»

Dicha iniciativa, promovida por el Partido Independentista Puertorriqueño, fue aprobada por unanimidad en el Senado y la Cámara de Representantes y luego vetada por el Gobernador, a pesar de haberse comprometido con la misma y de haber participado en las negociaciones previas a su aprobación en la Legislatura.

que añadir como factores fundamentales la presión internacional y la presión interna en el propio Estados Unidos. Lo que ha sido y seguirá siendo determinante en este proceso es la persistencia de un movimiento independentista claramente definido, con una identidad institucional propia que ha sido factor fundamental en nuestro desarrollo histórico y que no renunciará bajo circunstancia alguna a la lucha por hacer valer nuestro derecho inalienable a la libre determinación e independencia.[309] Vieques demostró de una vez y por todas que la meta política que en un momento parece inalcanzable puede transformarse en realidad casi de la noche a la mañana. Nuestra es la obligación de crear las condiciones para forzar a Estados Unidos a enfrentar el problema. Ése es el camino de la descolonización. Pero como sentenció Martí: «*Mientras todo no esté hecho, nadie tiene derecho a descansar*»

En ese contexto desempeñará un papel insoslayable el concepto de nacionalidad dual, el de nacionalidad recíproca, un acuerdo de libre tránsito tradicional,[310] o un tratado que le garantice a los puertorriqueños entrar y salir y ejercer otros derechos en Estados Unidos, sin que para ello se requiera conservar la ciudadanía americana. Con respecto a la ciudadanía americana de los puertorriqueños, ésas son para Estados Unidos las únicas alternativas rea-

---

[309] VÉASE, DECLARACIÓN SOBRE LA CONCESIÓN DE LA INDEPENDENCIA A LOS PAÍSES Y PUEBLOS COLONIALES, RESOLUCIÓN 1514 (XV), ASAMBLEA GENERAL DE LA ONU, 14 DE DICIEMBRE DE 1960.

[310] Existen múltiples acuerdos de esta naturaleza. La extensión y amplitud de los mismos depende de los intereses mutuos de los países envueltos. Entre naciones independientes, el más conocido es el Tratado de la Unión Europea. *Véase* RICHARD CORBETT, , THE TREATY OF MAASTRICHT, FROM CONCEPTION TO RATIFICATION: A COMPREHENSIVE REFERENCE GUIDE (1993). El Tratado reconoce el derecho a movimiento y residencia en Tit. II, art. G (C), art. 8 (A). *Véase también* CARLOS CLOSA, CITIZENSHIP OF THE UNION AND NATIONALITY OF MEMBER STATES, EN LEGAL ISSUES OF THE MAASTRICHT TREATY (Daniel O'Keeffe & Patrick M. Twomey Eds. 1994). Respecto a los ex territorios en fideicomiso de Estados Unidos, ver nota 143 supra. Debe señalarse, además, que en Estados Unidos son muy pocos los derechos de los que no pueden disfrutar los residentes legales en comparación con los ciudadanos, con la excepción de los pagos de bienestar y el derecho al voto. Véase Hampton v. Mow Sung Wong 426 U.S. 88 (1976); In Re Griffiths, 413 U.S. 717 (1973).

les. Al igual que Puerto Rico, Estados Unidos «*no puede sustraerse a la lógica de las cosas...* ».[311]

Por los caminos modernos de la reciprocidad y no por el de convertir a Estados Unidos de un estado unitario en un estado multinacional transitará esa nación en sus futuras relaciones con la nación puertorriqueña.

---

[311] *Véase* Root *supra* texto en las págs. 59-60.

Made in United States
Orlando, FL
10 July 2024